以国家一流思政本科专业建设示范
引领一流思政课程建设的探索与实践

高质量思政课程
建设之"术"

赵中源 左康华 邓 妍 等 著

人民日报出版社

北京

图书在版编目（CIP）数据

高质量思政课程建设之"术" / 赵中源，左康华，邓妍等著 . -- 北京：人民日报出版社，2025. 6.
ISBN 978-7-5115-8789-3

Ⅰ . G641-53

中国国家版本馆 CIP 数据核字第 20253H5E59 号

书　　名：高质量思政课程建设之"术"
　　　　　GAOZHILIANG SIZHENG KECHENG JIANSHE ZHI "SHU"
作　　者：赵中源　左康华　邓　妍　等　著

责任编辑：寇　诏
封面设计：人文在线

出版发行：人民日报出版社
社　　址：北京金台西路 2 号
邮政编码：100733
发行热线：（010）65369527　65369512　65369509　65369510
邮购热线：（010）65369530
编辑热线：（010）65363105
网　　址：www.peopledailypress.com
经　　销：新华书店
印　　刷：北京市海天舜日印刷有限公司

开　　本：710mm×1000mm　　　1/16
字　　数：226 千字
印　　张：14.25
印　　次：2025 年 6 月第 1 版　　2025 年 6 月第 1 次印刷

书　　号：ISBN 978-7-5115-8789-3
定　　价：88.00 元

目 录

第二编 新形势下讲好思政课的思考与探索

第三编 教学展示与教学创新优秀案例

第一编

思政课教学改革的教学探索

高校思想政治理论课必须正视
"迎合式"教学的误区*

赵中源　陈　倩**

一直以来，基于各种原因，少数高校思想政治理论课教学中形成了一种"迎合"现象，即部分教师在教学中刻意迎合部分学生的偏好，以获取学生的"好评"。其具体表现为课堂氛围娱乐化、教学内容随意化、教学风格自我化、课堂管理柔情化。"迎合式"教学的产生原因是多方面的，有效解决这一问题需要从多方面入手：一是切实完善教学评价机制；二是切实强化教师内在修养；三是切实改进实践教学环节。针对当前高校思想政治理论课（以下简称"思政课"）建设在教师、教材、教学等方面存在的不足，中央宣传部、教育部联合印发了《普通高校思想政治理论课建设体系创新计划》，为教师队伍的建设、教材体系的完善以及教学方法的创新等指明了正确方向和基本路径。但在高校思政课教学实践中，仍有一些问题有待正确认识与解决。其中，"迎合式"教学是一个亟待解决的问题。

一、"迎合式"教学的主要表现

所谓"迎合式"教学就是教师立足于学生现有的认知水平，以一些学生的学习态度、认知偏好及思维习惯为转移，通过投其所好来组织实施课程教

＊　广东省高校本科教学质量工程项目"最受学生欢迎思想政治理论课教师团队"、广东省教育教学成果奖培育项目"培育'受欢迎'教师团队，提升思想政治理论课教学魅力"的研究成果。本文载于《思想教育研究》2016 年第 4 期。

＊＊　赵中源，广州大学马克思主义学院教授、博士生导师。陈倩，广州大学马克思主义学院研究生。

学活动，以期获得一些学生的认可和提高学生对教学的满意度。这种一味地迎合部分学生口味的做法，导致课堂教学娱乐化、随意化、自我化和柔情化，其直接结果是高校思政课走向形式化和庸俗化。

（一）课堂氛围娱乐化

思政课的魅力在于理论本身的说服力与感召力。显然，这门课程相对于其他强调专业知识性的课程在教学方面对教师有着更高的要求，需要教师在课外下足功夫，研究授课内容、授课方式与学生特点，以增强课堂教学的针对性与感染力。而抛开思政课的严肃性与思想性，为取悦部分学生不恰当的偏好而刻意娱乐课堂，则会导致学生对思政课的误读，从而淡化思政课的意识形态教化功能，同时会助长教师的惰性。

课堂氛围娱乐化主要表现在以下四个方面。一是刻意追求视觉冲击力。PPT 是现代教学的辅助手段，直接服务于教学内容和效果，但试图以 PPT 的视觉冲击力提升课堂吸引力显然是一个误区。我们发现，在个别教师 90 分钟的课件中有近一半为各式各类的图片，其中不乏诸如搞笑与夸张的画面、动漫效果图等，一些图片与课堂教学内容和教学目标毫无相关性，甚至可能误导学生认知。

二是课堂互动的游戏化。课堂互动是教学的必要环节，其意义在于通过师生思想的交流与碰撞寻求一种真理性的共识，但部分教师将其变成了游戏环节，甚至将企业员工拓展训练模式照搬到思政课课堂；或者刻意挑选一些学生感兴趣的话题，不加引导地让学生"畅所欲言"，使讨论变成"八卦"。

三是语言风格的庸俗化。有些教师为引发学生"共鸣"，刻意搜集网络段子或网络热词，以博得一些学生的喜爱与掌声，课程的说理性、原则性、深刻性、教育性被淡化和忽视。

四是教学方式的愉悦化。少数教师将一些与教学内容有一定相关性或纯属当下社会追捧的影像资料穿插于教学之中，直接导致思政课课堂教学的异化。

（二）教学内容随意化

思政课课程有一套严谨、科学的逻辑体系。无论我们怎样强调教师的能动性和学生的主体性，其课程内容的结构是不可以任意拆解、随便取舍的。

但在"迎合式"教学中，部分教师却显然忽视了这一基本原则，在具体课程内容安排上，随意解构教材、教学内容，使教学大纲成了摆设。其具体表现如下：

一是教学内容脱离教材。个别教师无视教学大纲的规范性要求，将教材内容随意合并或嫁接，或者索性跳出教材，自行讲授个人的"独到见解"，在学生面前彰显个性与主见，迎合部分学生的"独立性"偏好。

二是以学生"爱听"为取向，为挑起学生的好奇心而随意发挥，或者让学生讨论一些已有历史定论的问题，以达到让学生"耳目一新"的效果。

三是随意取舍教材。个别教师不愿系统研究教学内容，对不熟悉或不感兴趣的内容点到为止，甚至干脆跳过不讲。

四是教学内容天马行空，个别教师想到什么讲什么，什么流行讲什么，不讲究教学的思想性与实效性，只在乎自己讲得"过瘾"，课堂轻松愉快。

(三) 教学风格自我化

思政课教师必须具有个性和特色，在课堂教学、个人形象，甚至言谈举止等方面都应恰当展现个性风采，这既是教师个人魅力的体现，也是思政课获得好评、取得实效的基本要求。但如果教师无视教学基本规范而过分追求个性，就可能将个性演变成一种盲目的自我化，即教师以自我为中心，将教学过程异化成服务或彰显自我的舞台或途径，抛开挖掘理论本身魅力和教学的技巧，刻意从外在层面迎合一些学生的审美偏好，从而造成受"追捧"和"欢迎"的形象和声誉，这实际就背离了思政课教学的本质和目的。其具体表现如下：

一是对自我形象的过度包装。少数教师在装束打扮上尽可能迎合一些年轻人的审美时尚，塑造"白富美"或者"冷俊酷"形象，吸引学生关注和仿效。

二是刻意追求新、奇、特的授课方式，将课堂变为自我表演的舞台。诸如在讲解中刻意模仿领导人的讲话语气或肢体动作，营造讲课"气场"；以时事评论员或者现实批评家的角色点评教学内容，"彰显"个性和水平；或直接将课堂教学变成对某个所谓名人的模仿秀；等等。这些做法实际将学生的注意力转移到了教学内容之外。

三是以特立独行的行为方式刷"存在感"。一些教师为强化"存在感"，选择以特立独行的思维方式和行事方式吸引学生注意力，这是一种心理危机意识的体现，显然偏离了思政课教学的行为规范和价值取向。

（四）课堂管理柔情化

简单地说，课堂管理柔情化就是放弃课堂教学的基本原则和学习考核的基本标准，以"相安无事"的心态，对学生的课堂行为听之任之，对考试考核不加要求，以"老好人"的形象获取学生的好评。其具体表现如下：

一是对课堂秩序不加约束，我讲我的，你做你的，互不干扰，相安无事，做"老好先生"。在这样的"零约束力"课堂上，教师讲课俨然成了一种自说自话的程序，毫无效果可言。

二是对学生要求无条件满足。造成学生课堂"零负担"。比如在教学内容上迁就学生偏好，对学生的平时作业和考核放任不管，对学生出勤不作要求，以及将课件直接发给学生等。这些做法无疑助长了一些学生的学习惰性，甚至不诚信行为。

三是在学业考评中"高抬贵手"。个别教师出于多种考虑，对学生学业考核持"三个尽可能"态度，即复习范围尽可能小，考试题目尽可能简单，判分标准尽可能宽松。个别教师因此获得一些学生的好评，形成了师生看似"互利"实则互害的畸形格局。

二、消除"迎合式"教学的有效路径

"迎合式"教学所产生的结果显然是消极和负面的。在高校成为意识形态斗争前沿阵地的当下，这种现象的危害性显而易见，如使思政课应有的思想性、科学性与严肃性遭到削弱，甚至导致思政课教学的形式化与庸俗化。因此需要对这一不良现象予以高度重视。在实践中，我们不难发现，"迎合式"教学产生的原因是多方面的，既包括了教师的主观因素，也与现行教师业绩考核取向、课程教学管理体系、学生评价机制等密切相关。为此，有效突破这一教学误区，必须从上述多个层面入手，综合考量。

（一）切实完善教学评价机制

高校思政课教师作为弘扬马克思主义正能量的传播者，其教学成效"已成为现代教育评价衡量教育成就的指标之一"。[①]基于现阶段高校思政课教学实际，进一步完善考评制度，有必要从以下几个方面着手：

一是建构教学评价的多元主体，解决好由谁来评的问题。以学生评价"定终身"显然是"迎合式"教学的直接诱因之一。解决这一问题首先需要保障评价主体的科学性，真正将学生评价、督导评价、同行评价、自我评价有机结合，根据不同评价主体的实际影响力合理设置评价权重。同时，还应建立对这些评价的客观公正性进行考评的机制，保证教师对评价结果的申诉权，并建立对不恰当结果的矫正机制，以此保障教学严谨、把关严格的教师得到应有的肯定和尊重。

二是注重评价方法的多样性，解决好怎样评价的问题。课堂教学评价一般通过听课打分来进行，这一传统做法对教师改进教学有一定的督促作用，但显然也存在着缺陷与不足。首先，它反映的是听课时段的教学场景，而不是一门课程的整体教学状况。其次，教学包含了备课、授课、课后指导咨询等一系列完整的流程，听课所涉及的只是其中一个非常小的片段，这种方面的评价显然并不科学。最后，教学业绩应包括教学态度、教学能力、教学效果以及专业水平等多个层面，将教学评价简单化显然难以得出客观结论，不仅不利于保护和激励教师的工作积极性，甚至会产生消极后果。

三是完善教师业绩评价机制，解决好公正评价的问题。尊重人才、尊重劳动、维护公平是高校科学办学的基本要求，也是社会主义核心价值观的内在要求。课堂教学是一种特殊而复杂的实践活动，教师的时间与精力投入不仅在讲台上，更多的在于课外的准备和后续指导等环节。思政课有其特殊性，与其他专业知识课相比，思政课要想取得教学成效，教师需要承担更多的付出和更大的担当，尤其在如何处理以理服人、以情动人与对学生严格要求等方面需要付出更多的心血。近年来，基于多种原因，在高校教师的业绩考核指标体系中，硬化科研权重、软化教学业绩的现象比较普遍，思政课教师往往承担着繁重的教学工作量，对专业研究相对缺乏时间与精力，容易导致综

---

① 陈如平：《效率与民主——美国现代教育管理思想研究》，教育科学出版社 2004 年版，第 23 页。

合业绩考核不佳，其经济待遇和社会评价相应趋低，甚至整体地位开始走向边缘化，这显然也是部分思政课教师消极教学的原因之一。

(二) 切实强化教师内在修养

高校思政课教学的中心任务是把青年一代培育成马克思主义的潜心学习者、坚定信仰者、躬身实践者和忠实传承者。这就决定了思政课教师是党的理论、路线、方针、政策的宣讲者，以及大学生健康成长的指导者和引路人的角色定位。① 无论是宣讲者、指导者还是引路者，其使命的达成都包含着一个基本条件，那就是学生对教师的真心信服，因此，教师需要具备相应的素质与魅力。就当前思政课面临的主要问题来看，提升教师教学"魅力"关键取决于以下几个方面：

一是自身过硬的思想素养。这里所说的思想素养包含了政治信仰与道德水准两个基本层面，是思政课教师的立身之本。思政课的特殊性首先要求思政课教师具有坚定的政治立场和高度的时代使命感，理直气壮地充当好党的意识形态的坚定捍卫者和社会主义核心价值观的忠实传播者。对于马克思主义理论，尤其是马克思主义中国化理论成果要真学、真信、真懂、真用；对中国特色社会主义道路、理论和制度要保持高度自信；对于改革发展中出现的问题要理性客观地加以分析；对当今复杂的社会思潮要旗帜鲜明地敢于"亮剑"。同时，思政课的特殊性对教师的道德水准提出了特别的要求，不能只限于"高节清风"的自我修为，还应承担起说道者和示范者的角色。大学生思想意识与道德修养具有鲜明的实践特性，其中包含了教师示范的重要内涵。课堂教学更多的是让学生明白事理，而实践才是认知内化的最终路径和效果呈现。道德高尚的教师本身就是一部学生更易读懂和更易接受的思政课的活教材，这实际对教师道德自律提出了具体要求。

二是自身高度的岗位认同。自我认同是自信的源泉，也是魅力形成的土壤。在相当长一段时间里，少数高校办学的功利倾向，加剧了思政课教师地位的边缘化，个别教师因此而产生了彷徨或迷失，缺乏自信和自我认同，甚至不愿在社交场合公开自己的职业身份，这是当前少数高校思政课教师面临

---

① 教育部思想政治工作司组编：《加强和改进大学生思想政治教育重要文献选编（1978—2008）》，中国人民大学出版社 2008 年版，第 532 页。

的一个现实困境。增强教师的职业认同与自信，社会环境和学校重视是一个方面，但根本还在于思政课教师对所从事事业的极端重要性的正确认知，有了时代使命感，才能有"咬定青山不放松"的信心和意志。

三是自身突出的业务能力。业务能力主要是专业功底与教学技能，二者构成了教师教学魅力的核心要素。马克思主义理论是中国特色社会主义的行动指南，同时是一门有着深厚底蕴的科学，思政课的魅力取决于教师能在多大程度上挖掘和阐释出其中的理论奥妙，并以此说服和吸引学生。同时，马克思主义理论具有与时俱进的内在品质，在推进中国特色社会主义伟大事业的进程中，不断形成的马克思主义中国化的最新理论成果需要专业的诠释和解读，这也是讲好这门课程的内在要求。理论研究是思政课教师业务能力之"本"，教学魅力之"源"，忽视理论研究，教学内容必然是空洞和僵化的，教学水平和魅力也便无从谈起。因此，进一步唤醒和激发思政课教师研究意识，是当前高校马克思主义学院面临的共同课题。

(三) 切实改进实践教学环节

思政课具有实践特性。一方面，一些理论知识需要通过实践加以展示，才能更好地被学生理解和接受；另一方面，思政课的教学成效更多地需要通过学生的具体社会行为加以呈现。因此，改进思政课教学，除了采用"慕课"教学等现代手段外，重在完善实践教学环节，落实实践教学效果，让教师从教案中走出来，从教室里走出来，真正和学生一道深入社会，了解国情，在指导学生实践中和学生一起接受锻炼，共同增长才干，携手作贡献，以此增强社会责任感与时代使命感。同时，实践教学也是丰富教学资料和素材，提升教学效果，增强教学亲和力、吸引力和感染力的重要手段，是消除"迎合式"教学误区的有效途径。改进实践教学环节包含探索教师社会实践新模式与完善实践教学两个基本层面的内容。

一方面，完善新形势下教师社会实践的有效模式，让教师真正"动"起来，"沉"下去。在完善既有以学习考察为主要内容的教师社会实践模式的基础上，进一步探索结合项目研究的实践模式，以及以服务社会为内容的实践模式。现有以学习考察为主的实践模式，已在实践中取得了积极效果，但仍需要解决好分类组织、校地互动，以及成果有效转化等问题。结合项目研究的实践模式，主要是鼓励教师立足经济社会发展重大现实问题展开实证性研究，把这一研究注入社会实践的内涵，并纳入教师业绩加以支持和考核，以激发教师的社会责任感，实现深入科学研究、丰富教学资源、提升自身能力的有机统一。服务社会的实践模式，主要包括理论服务与决策服务，这是思政课教师发挥自身专业优势，服务经济社会发展的有效路径。这一模式的关键在于建构高校与社会的资源和信息共享平台，以及打通理论与实践的有效互动渠道。

另一方面，进一步推进实践教学的创新发展。实践教学是使思政课接地气、聚人气、增底气的有效途径和方法，对学生有着极强的吸引力，也是教师有效改进教学方式方法，进一步了解社会、贴近学生、丰富教学内容以及提升教学魅力的重要载体。现阶段主要在于探索从根本上解决思政课学生人数众多、实践教学难以组织以及如何实现教师有效指导，并真正达成大学生社会实践的有效成果等问题。这是涉及学校、学生、地方等诸多方面的系统工程，教师在其中承担着关键性的组织、协调与指导作用。教师精心筹划和深度介入，既需要教师结合教学内容不断创新实践教学的载体和模式，又需要教师立足实践教学成果，不断完善课堂教学的内容和方法。

社区志愿服务：作为思想政治理论课
实践教学方式的探讨*

罗明星　陈丽平**

如何有效开展实践教学，是高校思想政治理论课建设面临的时代课题。2004 年，中共中央、国务院发布的《关于进一步加强和改进大学生思想政治教育的意见》中强调，要 "坚持政治理论教育与社会实践相结合。既重视课堂教育，又注重引导大学生深入社会、了解社会、服务社会"。2009 年，教育部通过了《关于深入推进学生志愿服务活动的意见》，强调 "高校要把志愿精神作为加强和改进大学生思想政治教育的重要内容，纳入思想政治理论课教育教学"。基于上述文件精神和思想政治理论课实践教学现状，本文拟将社区志愿服务作为实践教学方式展开讨论，以期为思想政治理论课实践教学提供一种可行性思路。

一、社区志愿服务作为思想政治理论课实践教学方式的必然性

志愿服务是大学生参与社会生活的重要形式，主要由团委或学生工作处组织，以学生活动名义进行。但此类志愿服务活动通常带有明显的任务性和背景性色彩，学生参与度及活动持续度有限，学生对志愿活动的理性反思亦显不够。因此，将社区志愿服务纳入高校教学体系，运用于思想政治理论课

* 本文系广东省教育教学成果奖培育项目 "培育 '受欢迎' 教师团队，提升思想政治理论课教学魅力"、广东省教育教学改革研究重点项目 "社区志愿服务：作为思想政治理论课实践教学方式的研究与实践" 的研究成果。本文载于《思想教育研究》2016 年第 6 期。

** 罗明星，广州大学马克思主义学院教授。陈丽平，广州大学马克思主义学院研究生。

实践教学，是顺应教育发展趋势、符合中国国情的合理选择。

（一）社区志愿服务纳入实践教学体系是国外高校的通行做法

无论是发达国家还是发展中国家，社区志愿服务均已成为高校重要的教学内容。在美国，高校将社区志愿服务应用到日常教学活动，为学生提供形式多样、内容丰富的志愿服务学习课程（Service Learning）。20 世纪 80 年代中期，美国共有 121 所院校联合制定协议，将学生参加志愿服务规范化和制度化。据全美独立学校协会称，其半数以上会员学校提供各种形式的志愿活动，约 1/4 的会员学校将志愿活动作为学生取得毕业证书的条件。[①]

美国官方数据统计显示，2010 年到 2011 年，通过校园契约参与机构（Campus Compact Participat ing Institutions），37% 的美国大学生参与了志愿服务学习课程。[②] 在德国，学校同样鼓励支持青年学生参与社区志愿服务学习。2002 年 7 月，德国政府通过《奖励志愿社会年法》修正案、《奖励志愿生态年法》修正案等，加强对志愿者进行针对性辅导，将志愿服务学习效果进一步优化。在英国，大学生每年都要进行志愿服务学习，每人每年平均时间达到 3 个月。[③] 在经济发展水平相对较低的泰国，为了开展大学生志愿服务活动，政府每年给高教部相当于 80 万美元的专项拨款。[④] 随着社会的发展，大学生通过参与社区志愿服务而进行学习的方式日益被世界多所高校认可与完善，成为实践教学的重要形式之一。所以，将社区志愿服务纳入思想政治理论课实践教学体系，符合世界高等教育的发展趋势。

（二）社区志愿服务与思想政治理论课的教学宗旨高度契合

社区志愿服务是志愿者不受私人利益驱使和法律强制，基于道义、信念、良知、同情心和责任感而从事的社会公益行为。志愿者的誓词鲜明地展现了

---

① 周文贵：《转变教学观念、完善教学管理制度、培养高素质公民》，《广东外语外贸大学学报》2007 年版，第 S2 期。

② Campus Compact, "Deepening the Roots of Civic Engagement: 2011 Annual Membership Survey Executive Summary", see in http: //digitalcommons. unomaha. edu/slcehighered/152.

③ Justin Davis Smith. *International Volunteering Toolkit: A Draft by Justin Davis Smith*, *the Institute for Volunteering Research*. INDEPENDENT SECTOR, Washington, DC, USA. 2000: 121.

④ 刘健：《国外如何开展志愿者活动》，2014 年 12 月 1 日，见 http: //www. people. com. cn/GB/40531/40557/41317/41320/30246602. htlm。

其行为价值取向："我愿意成为一名光荣的志愿者。我承诺：尽己所能，不计报酬，帮助他人，服务社会。践行志愿精神，传播先进文化，为社会进步贡献力量。"① 志愿服务活动"帮助学生认识到，他们不仅是自主的个人，而且是他们对之负有责任的一个更大的公共社会的成员"②。社区志愿服务所倡导的奉献、友爱、互助和进步的志愿服务精神，与思想政治理论课培养大学生正确世界观、人生观与价值观的教学宗旨高度一致，思想政治理论课的根本目标，正是为了提高大学生的思想道德素质，促进其全面发展。③

(三) 社区志愿服务实现了社会教学资源在思想政治理论课中的有效利用

社会教学资源是思想政治理论课可以利用的重要财富，不仅包括历史文化古迹等有形资源，也包括中华优秀传统文化等无形资源，但最重要的资源却是真实而生动的现实生活。正如著名教育家杜威所说，教育就是生活，而"生活就是通过对环境的行动的自我更新过程"④。社区志愿服务实现了思想政治理论课与社会教学资源之间的有效链接，志愿服务对象的多样性、内容的广泛性、方式的灵活性等，为大学生提供了全方位的社会生活实景，满足了思想政治教育内容丰富性的要求，使思想政治理论课从单一走向多元、从浅显走向深刻。通过社区志愿服务，大学生既可直观社区居民的生活状态，了解中国社会的民生状况，也可以在服务过程中学会如何与人沟通、独立承担责任。社区志愿服务是思想政治理论课利用社会教学资源，对大学生进行心灵洗礼、思想凝聚与精神升华的过程。社区志愿服务是正在兴起的社会友爱行动，必然受到社区民众的广泛欢迎。

二、社区志愿服务对思想政治理论课实践教学难题的破解

强化思想政治理论课实践教学，已经是教育界的共识。但是，思想政治

---

① 《中国注册志愿者管理办法》，2013 年 12 月 2 日，见 http://news. youth. cn/gn/201312/t20131202_ 43159040. htm。

② 美国卡内基教学促进会主席欧内斯卡·博耶普语，转引自张敏杰：《欧美志愿服务工作考察（上）》，《青年研究》1997 年第 4 期。

③ 陈万柏、张耀灿：《思想政治教育学原理》，高等教育出版社 2007 年版，第 38 页。

④ 杜威，著，王承绪，译：《民主主义与教育》，人民教育出版社 2001 年版，第 61 页。

理论课实践教学的真正落实，面临着诸多现实难题，这也成为教育界的共识。将社区志愿服务纳入思想政治理论课实践教学，则有助于破解有关难题。

（一）破解思想政治理论课实践教学难于组织的难题

思想政治理论课面向全体大学生开设，由于学生人数众多，教师数量有限，实践教学的组织工作成为困难。目前，多数高校采用的实践教学方式主要包括参观学习、社会访谈及专题社会调研等。由于集中组织困难，高校多采用分散的实践教学方式，但是，分散实践缺乏教师现场指导，也欠缺相应的质量跟踪机制，教学容易流于形式。将社区志愿服务纳入思想政治理论课实践教学，可以从根本上破解实践教学的组织难题。学校与社区合作，使遍布城镇的各个社区均可以成为实践教学的固定场所。与目前有限的实践教学基地相比较，社区拥有承载实践教学的巨大空间优势，足以让每个在校大学生获得充分的实践机会。更为重要的是，社区工作人员可以成为学生的现场指导教师，通过规划服务目标、制订服务计划、创设服务条件及提供服务监督等，为学生的社会实践提供现场指导，因师资缺乏导致的实践教学组织困难将由此化解。可喜的是，大学生对社区志愿服务活动充满热情，有关调查数据显示："青年志愿者活动颇受大学生欢迎，近八成的学生愿意参与志愿者活动。"① 这意味着，把社区志愿活动纳入思想政治理论课教学，将会获得大学生的充分支持，客观上为实践教学活动的有效组织创设重要的主体条件。

（二）破解思想政治理论课实践教学难于常态化的难题

实践教学的生命力在于行动，行动的生命力在于常态化，但是，非常态化刚好是当下思想政治理论课实践教学的常态。受各种因素制约，实践教学往往成为一次性的教学活动。尽管偶尔的一次参观、单纯的一次调查，能够让学生对社会有一定了解，却并不足以实现学生与社会的深度结合，它可能让学生产生即时性的情感震撼，却难以让学生产生持续性的理性反思，教学效果很难有效达成。思想政治理论课实践教学的常态化，体现在学生社会实践活动的历时性之中，只有时间的连续性才能支撑实践教学的常态化。社区

---

① 王延隆：《以青年志愿者行动为载体加强大学生思想政治教育工作》，《黑龙江教育学院学报》2008 年第 1 期。

志愿服务刚好能满足实践教学常态化的要求，当学校与社区签订志愿服务协议之后，学生按个人兴趣自由选择相应的服务项目，一旦参与特定项目，就必须按规定完成相应的服务时间和任务，常态化成为志愿服务的基本样态。以美国纽约大学为例，每学年伊始，学校会提供部分理论学科的志愿服务学习课程，学生只要参与，就必须按要求至少完成 20 小时与课程相关的社区服务，学生大约 15%的学期时间都用于志愿服务学习。① 可见，作为课程的社区志愿服务有一整套流程，正是规范化和系统化的流程，保证了实践教学的常态化。

（三）破解思想政治理论课实践教学难于真实化的难题

由于不能实现全方位的现场监督和跟踪指导，思想政治理论课实践教学容易走向虚化，具体体现为过程虚化与结果虚化。过程虚化表征为学生社会实践活动过程的非真实化，即学生没有按照教学要求实际参与或没有完整参与实践教学过程。结果虚化表征为学生社会实践活动结果的非真实化，即学生没有按照教学要求提交真实的社会实践学习成果。虽然思想政治理论课实践教学的过程虚化与结果虚化没有精确的统计数据支撑，但思想政治理论课教师均有直观的教学感知。社区志愿服务则有一套相对完整的跟踪和评价体系，可以基本保证实践教学的真实性。志愿服务是在社区工作人员（社区指导教师）的直接指导下进行的，社区可以为学校提供学生志愿服务的完整信息，包括志愿服务次数、服务时间、服务对象、服务内容及服务质量等，实现对志愿服务过程的全程监督。同时，学生提交的志愿服务报告，有社区指导教师及服务对象的签名确认，有活动照片及视频资料等材料支撑，基本可以避免实践教学的过程虚化与结果虚化，进而保证实践教学的真实有效。

三、社区志愿服务作为思想政治理论课实践教学方式的理念创新

社区志愿服务纳入思想政治理论课教学，不仅是实践教学方式的改变，

---

① Johanson Land. A. S.，"Service Learning：Deepening Students Commitment to Serve."，*Journal Christian Nursing*，Vol. 26，No. 2，2009，p. 95–98.

还伴随着实践教学理念的创新。

（一）实践主体身份创新：以"我"者代替"他"者

思想政治理论课实践教学强调书本知识的实际运用，主张让学生走向社会，但较少考虑让学生以怎样的身份走向社会。通常，学生以"他"者身份进入社会，通过参观、访谈及问卷调查等方式了解社会，却没有以"我"者身份融入社会，不能在"我与你"的交往关系中体验社会。将社区志愿服务引入思想政治理论课实践教学，要求实现对学生主体身份的确认，志愿服务学生不再是以"他"者身份存在的局外人，而是以"我"者身份存在的社会生活主人。通过社区志愿服务活动，学生走进真实的社会，走近真实的人，获得真实的社会经验，借此达成对社会现状的直观性认知，形成对思想政治理论课相关知识的实践性评价。社区志愿服务让学生由基于社会观察的知识运用转向基于生活体验的实践学习，促进学生以"我"者身份获得自我反思与自我评价，最终提高自我认识、自我监督、自我激励及自我控制的能力。

（二）实践教学过程创新：从一次性活动转向持续性活动

现有的思想政治理论课实践教学，无论是参观学习、社会访谈、专题社会调研等校外实践，还是情景模拟、辩论会、微电影制作比赛等校内实践，基本上都是一次性活动，学生真正接触社会的广度和深度都相当有限。将社区志愿服务纳入思想政治理论课实践教学，必然能够带来实践教学过程的改革与创新。具体地说，就是在实践活动的频次上，由单独的一次活动转向多次的持续性活动，保证学生有一个相对长的时间周期接触社会，让学生在实践活动中有更多的情感投入与理性投入，让学生深度融入社会生活。由于服务对象与服务场所均保持一定稳定性，学生的社会实践将不再流于浅表。持续性的时间和劳动付出，则会让学生承担更多的社会义务，学生将会感受到更多的公民责任，进而获得更丰富的人生愉悦体验。

（三）实践教学管理创新：由单向度管理走向共同管理

现有的思想政治理论课实践教学通常由任课教师组织和管理，但是，由于学生人数众多，学生实践活动时间与地点分散，教师客观上没有能力实施有效管理。将社区志愿服务纳入思想政治理论课，实践教学将由任课教师的单向度管理转向由任课教师和社区指导教师共同管理。任课教师负责学生志愿服务计划的制订，引导学生志愿服务地点的选择，指导学生志愿服务报告的撰写，评定学生实践教学成绩，通过志愿服务记录和随机检查对学生实践活动进行监督。社区指导教师是社区全职工作人员，负责学生志愿服务项目的具体工作安排和现场指导，学生志愿服务记录的审核，以及对学生志愿服务质量的评价。由于任课教师和社区指导教师各司其职，双方的共同管理可以充分保证实践教学的有序进行。

（四）实践教学考核创新：由一维评价走向二维评价

现有思想政治理论课实践教学考核，基本上以学生社会实践报告（包括社会访谈、调研分析、参观感悟等不同形式）为依据，但是，学生社会实践报告只是社会实践的结果展示，并不能体现学生参与社会实践的实际过程。换句话说，依据社会实践报告的实践教学考核只能是结果考核而非过程考核，考核并不能完全反映学生社会实践的真实状况，尤其在学生社会实践报告真实性难以保证的情况下，对学生成绩的考核难以做到客观公正。将志愿服务纳入思想政治理论课实践教学，就是要将一维的社会实践报告考核转向以学生志愿服务原始记录和学生志愿服务体验报告为依据的二维考核。由于志愿服务原始记录必须得到社区指导教师确认，志愿服务体验报告又与学生服务经历密切相关，实践教学考核变得更加科学。

四、社区志愿服务作为思想政治理论课实践教学方式的实施策略

以教学形式实施的社区志愿服务是一项系统工程，每一个环节都必须审慎思考，方可付诸行动。

（一）学校作为教学单位和社区作为志愿服务机构的工作机制的建立

为了保证社区志愿服务作为实践教学活动的规范性，学校（或学校授权的思想政治理论课教学组织单位）应该与社区签订具有法律效力的合作协议，明确学校和社区各自的权利与义务；学校和社区要有对口联络的工作机构，保证思想政治理论课任课教师与社区指导教师的工作对接及教学事务处理；

学校与社区应该制订年度工作计划，通过计划的预制性保证志愿服务的有序性；学校与社区之间还要有突发事件的处理机制，充分保证志愿服务学生的人身安全和心理安全。学校和社区均要以学生为中心，通过精心合作，保证学生参与志愿服务的真实性、客观性和有效性。

（二）以社区志愿服务为内容的思想政治理论课实践教学方案设计

思想政治理论课实践教学方案包括实践教学目的、实践教学内容、实践教学实施方式、任课教师与社区指导教师配备、志愿服务记录表的制定、学生实践教学成绩的评定等。实践教学目的应该与思想政治理论课课程性质和志愿服务活动性质同时契合，应致力于实现知识、价值与行动的目标统一；实践教学内容要明确志愿服务的具体对象及服务项目；实践教学实施方式要明确志愿服务的时间、地点、技术路线及行动流程等；任课教师与社区指导教师配备，不仅要明确具体人选，更要明确各自的角色责任；志愿服务记录表的制定，主要是为了详细记录学生每次志愿服务的活动信息，记录表内容包括学生个人资料、志愿服务时间、志愿服务对象、志愿服务内容、志愿服务自我评价及志愿服务机构评价等，记录表的每一次记录均要求学生和社区指导教师共同签名确认；学生实践教学成绩的评定一般应该有三个层面，一是学生自评，二是社区指导教师评价，三是任课教师评价，最后根据不同权重给出总评成绩。

（三）保证社区志愿服务教学效果的制度性安排

社区志愿服务的实践教学效果要得到落实，刚性而合理的制度安排必不可少。一方面，建立社区志愿服务学分认证制度。从思想政治理论课总学分中列出专门的实践教学学分，将"社区志愿服务"纳入必修课程。如果社区志愿服务被高校选定为思想政治理论课的实践教学方式，所在高校学生必须无条件参与，只有修满"社区志愿服务"相应学分，学生才能毕业或结业。另一方面，建立社区志愿服务质量监控制度。明确任课教师与社区指导教师对学生志愿服务活动的监督责任，通过严格的签名制度保证学生志愿服务记录表的真实性，通过社区志愿服务的视频、录音、照片、调研数据等，保证学生志愿服务总结报告真实可信。

新媒体环境下高校思想政治
理论课教学的实效性探析*

吴阳松　余亦笑**

习近平总书记在学校思想政治理论课教师座谈会上明确指出,我们办中国特色社会主义教育,就是要理直气壮开好思政课①。高校思想政治理论课教学是高校思想政治工作的主渠道,自从《〈中共中央宣传部 教育部关于进一步加强和改进高等学校思想政治理论课的意见〉实施方案》实施以来,高校思想政治理论课建设得到显著加强,教学实效性得到实质性提升,但同时思想政治理论课教学面临一系列现实问题亟待解决,特别是在新媒体已成为当代大学生学习和生活的基本媒介环境下,如何有效提升思想政治理论课教学实效性成为一个突出的现实问题。

一、新媒体新技术衍生的基本环境对高校思想政治理论课教学提出了新要求

新媒体新技术广泛使用,改变的并非仅是信息传播的效率与速度,本质上带来生活方式和思维方式的急剧变迁。正如著名的传播学家麦克卢汉指出,铁路的作用,并不是把运动、运输、轮子或道路引入人类社会,而是加速并

---

　* 本文系广东省教改项目"新媒体时代思想政治理论课混合式教学互动模式研究"、广州市教育科学规划课题"新媒体时代高校思想政治理论课教学实效性提升研究"的研究成果。本文载于《高教论坛》2019 年第 8 期。
　** 吴阳松,广州大学马克思主义学院教授,博士生导师。余亦笑,广州大学马克思主义学院研究生。
　① 《习近平主持召开学校思想政治理论课教师座谈会强调:用新时代中国特色社会主义思想铸魂育人 贯彻党的教育方针落实立德树人根本任务》,《人民日报》2019 年 3 月 19 日,第 1 版。

扩大人们过去的功能，创造新型的城市、新型的工作、新型的闲暇。对于当代大学生而言，新媒体早已成为他们学习和生活的基本媒介环境，成为影响其世界观、人生观和价值观形成与嬗变的重要因素，这对高校思想政治理论课教学提出了新挑战、新要求。

一是从教学环境来看，新媒体运用下海量信息的无序传播对大学生理想信念的冲击，弱化了思想政治理论课的教学效果。高校思想政治理论课与一般的专业课不同，有其自身的特殊性与复杂性。"它不是以传授系统知识为目标，而是力求通过系统知识的传授来触动学生的灵魂，进而服务于培育中国特色社会主义事业的合格建设者与可靠接班人。"① 高校思想政治理论课本质上是政治课和育人课，是培养大学生树立正确的世界观、人生观和价值观的综合性课程，而以互联网为载体的各类新媒体以其独特的功能和魅力，强烈地吸引着最易接受新生事物的大学生群体，并已成为当代大学生获取信息和交流沟通的主要渠道，大学生价值观的形成与嬗变越来越受到新媒体的影响。一方面新媒体的交互传播模式传递和展现的多元价值观，极大地改变了大学生原有的交往方式、生活方式和思维方式，使得大学生在价值选择上容易产生茫然；另一方面新媒体的海量信息与难以监管的现实，使得各类新媒体容易传播各种低俗、黄色、反动等不健康、不正确的信息，使大学生在价值认知上产生困惑和紊乱。大学生正处于世界观、人生观、价值观的重要形塑阶段，难以对价值客体有一个正确、全面的认知，缺乏理性的判断能力和分析能力，从而很容易衍生出叛逆心理，容易消解高校思想政治理论课课堂上的正面教育与宣传，冲击和弱化思想政治理论课的教学效果。

二是从教学对象来看，新媒体环境下传统的单向度授课模式难以满足当代大学生追求自我与创新的强烈需求。当前多数高校思想政治理论课教学采取的是单向度授课模式，这一模式的特点就是教师主导课堂、学生被动接受知识，教师与学生之间是一种典型的主导与被主导的关系，教学表现为从教师到学生的单向度过程，而作为教学对象的当代大学生，主要生活在新媒体即时、开放和交互的传播环境下，他们可以便捷地获取各种前沿信息，触及各类价值观念、生活方式和社会思潮，这使他们自主意识较强，崇尚自由言说，强调平等对话，喜好创新与探索，追求时尚与新潮，对新事物具有极强

---

① 纪亚光：《思想政治理论课综合评价体系建设的新举措》，《思想理论教育导刊》2015 年第 11 期。

的接受和尝试的兴趣，厌恶刻板枯燥的灌输和说教。单向度演绎下的思想政治理论课教学普遍存在着单向灌输和简单强制的特点，对于在新媒体环境下生活和成长的当代大学生来说，这极易使他们产生逆反和抗拒心理，对教师的照本宣科、强制灌输感到厌倦，生出不想听、听不进去、听了也没用的心理，从而认为思想政治理论课无趣、无味、无用，把思想政治理论课视为一种可有为无的睡觉课、学分课和流量课，这一状况最根本的原因是传统的单向度授课模式难以满足当代大学生追求自我和创新的心理需求。

三是从教师能力来看，新媒体环境下少数教师获取的信息滞后且对现实问题剖析不深、引导不强，从而难以有效驾驭课堂。今天网络已成为大学生学习和生活不可缺少的工具之一，大学生获取信息的渠道、方式和速度甚至要强于教师，如杨端如认为，"与教师相比，大学生头脑反应灵活，接受新知识的能力较强，在计算机技术的掌握和运用上具有教师无法比拟的优势，他们很容易通过网络率先掌握最新的知识和信息"①，这就对思想政治理论课教师的媒介素养提出了要求。思想政治理论课教师要勤于关注最新信息、关心社会热点，并善于把这些信息和热点很好地融入相关教学中去，同时要善于通过自身的专业知识和专业能力去分析、研判，从而有效引导学生对这些信息和知识的认知。在当前高校思想政治理论课教学实践中存在个别教师不关心时事新闻，不关注社会热点，不了解学生旨趣，对相关问题缺乏系统的认知和深入地分析的现象，这类教师既不能帮助学生增加信息量，拓宽学习视野，又不能正确分析、有效引导提高学生的认知能力与分析能力，自然也就无法触动学生的内心认同，难以引起学生的兴趣和共鸣，从而很容易使学生产生对思想政治理论课的反抗心理和不屑心态。

二、新媒体环境下高校思想政治理论课教学实效性提升的着力点

要用好课堂教学这个主渠道，思想政治理论课要坚持在改进中加强，提升思想政治教育亲和力和针对性，满足学生成长发展需求和期待。新媒体环

---

① 杨端茹：《网络环境下高校思想政治理论课教师的角色转换》，《西南农业大学学报（社科科学版）》2011年第4期。

境下提升思想政治理论课教学的实效性，重要抓手之一就是实现要思想政治理论课教学与当代大学生学习和生活的新媒体环境的无缝对接，切实提升教学的亲和力、吸引力和针对性。

一是要适应新媒体新技术创设的基本环境，进一步转变思想政治理论课教师的授课观念，倡导对话教育理念。教师的授课观念至关重要，直接关涉教学的接受度、认可度与实效性。新媒体环境下学生渴望在平等、宽松的环境下进行价值观和意识形态方面的交流，传统的灌输教育必须扬弃。"在课堂上教师机械地灌输主流意识形态和价值观念的方式，不仅事倍功半，甚至会磨灭学生的求知热情和探讨欲望，并将思想政治理论课推向边缘化"①。这就要求进一步转变思想政治理论课教师的授课观念，倡导对话教育理念。对话教育本质上是基于平等基础上的一种蕴含期待和反思的思想实践过程，本质上就是要求教师要尊重学生、不能以权威方式来操控学生，要尊重新媒体时代学生的心理特点和接受规律，形塑平等、民主的新型师生关系。这就要求思想政治理论课教师要摒弃传统灌输、说教式的授课观念，放下教师的权威，平等地与学生进行沟通和对话，深挖教学内容的科学性和时代性，通过理论的深度、形式的新颖、方法的多元来吸引学生注意力、提高学生的接受度，特别是要切实增强学生在课堂教学中的参与度，突出学生在教学实践中的主体作用，有效激发学生的主动性和能动性，使学生感受到在平等、民主的交流对话中探索国家发展与民族振兴是一种快乐的体验，更是一种道德和责任意识的升华。

二是要积极学习新媒体新技术，进一步提升思想政治理论课教师的媒介素养，特别是对信息的分析、引导能力。一般来说媒介素养主要是指人们接受、使用媒介的能力以及面对媒介传播而表现出的信息选择能力、质疑能力、理解能力和批判能力的总和。高校思想政治理论课教师媒介素养匮乏是当前思想政治理论课教学的一个短板。首先要进一步提升思想政治理论课教师接触、使用网络媒体、手机媒体等相关媒介的能力，特别是要提升教师从各类新媒体中查阅信息、搜集资料，并把相关信息资源转化为教学资源的能力，能够丰富 PPT 课件或 CAI 等相关课件的内容和形式，使课件集文字、图表、

---

① 杨怀中、程宏燕：《新媒体对思想政治理论课教学的挑战及评价机制创新》，《高教发展与评估》2012 年第 3 期。

动画与音频于一体，从而能够丰富教学内容、活跃教学形式、触发学生感官，从而强化学生学习热情。

其次要进一步提升思想政治理论课教师对媒介信息的分析、批评和引导能力。新媒体环境下面对纷繁复杂的海量信息，思想政治理论课教师要切实提升信息筛选、辨别、剖析和评价的能力，特别是要具备运用马克思主义的立场、观点和方法对相关信息进行有效分析、正确解读和合理引导的能力。同时，要进一步更新、丰富思想政治理论课教师的知识结构。随着新媒体新技术的广泛使用，知识的传播、更新速度日益加快，新知识的累积和旧知识的淘汰呈加速态势，"知识横移"现象日益加剧，一方面思想政治理论课教学内容融入了许多其他社会科学甚至自然科学方面的知识，另一方面在新媒体环境成长的当代大学生，其知识面和兴趣点也越来越广泛，这对教师的知识结构与知识更新提出了更高的要求。

再次要有效利用新媒体新技术，突出混合式教学模式的运用。新媒体环境下高校思想政治理论课教学面临挑战更面对机遇，在新媒体新技术的作用下，学生对相关知识和资料的获取更为便捷，与教师的互动交流更为简洁、易行，这为思想政治理论课教学进一步创新教学模式提供了必要性和可能性。传统教学主要是"课堂教学+课后作业"的模式，教师根据课程大纲集中在课堂讲授，学生在课后复习巩固，而新媒体环境下思想政治理论课课堂教学内容不宜面面俱到，要进一步改进教学模式，把线上课堂与线下课堂有机结合起来，突出混合式教学模式的运用。一方面教师利用新媒体发布系统的教学内容、授课计划、课件及相关参考用书等相关资料，围绕教学目标和教学内容设置议题，将课程一些基础性内容交给学生在线下完成，然后在课堂时间进行有效引导，课堂讲授内容集中于教学的重点、难点、疑点和相关社会热点，课堂教学的主要职责就是要把这"四点"讲清楚并有效拓展知识的深度，展现理论魅力。另一方面，运用新媒体优势把课堂教学与课外自学有机结合起来，能够有效拓展教学的空间和领域，把教师从教材和课件的"播音员"的处境中解放出来，既可以激发学生的学习兴趣、学习热情和学生的主体性作用，又可以使教学做到有的放矢，高效合理地利用课堂时间，促使教师从传统的知识传授者转变为学生学习的促进者、指导者和监督者，促使学生从被动接受到主动学习研究。

最后要主动融入新媒体、新技术创设的语言环境，进一步调适思想政治理论课教学的话语体系。困扰思想政治理论课教学实效性的一个深层症结，就在于传统的思想政治理论课教学话语体系无法对接新媒体环境下大学生的思想行为特点。少数思想政治理论课教师不善于把课程语言转化为教学语言，课堂上多是讲空话、套话、大话，从而使思想政治理论课教学被有的学生认为是一种空洞、虚无缥缈的说教。新媒体环境下思想政治理论课教学要进一步调整教学的话语体系：一方面要坚持通俗原则，提升教学话语的吸引力。思想政治理论课教师要结合教学内容尽可能地把党的重要文件、重要会议、历史文献等类型的语言转化为适合大学生特点的话语，力求做到把语言内容的政治性与语言风格的通俗性有机结合起来，既把握住正确的政治方向，又要使大学生乐于接受。另一方面要坚持贴近实际原则，提升教学话语的感染力。教师要从当代大学生学习和生活的实际环境中提炼新话语、新话题、新事件，话语体系力求向生活世界回归，积极借鉴日常生活中的健康、有益、流行的话语形式和内容，善于使用新潮、幽默、简洁和形象的网络语言，使思想政治理论课教学融入学生的生活实际中去。

三、确保高校思想政治理论课教学创新取得实效的制度保障

高校思想政治理论课教学实效性提升是一个系统工程。运用新媒体新技术来使思想政治理论课教学落到实处、取得实效，一个关键性问题就是要从整体层面来顶层设计，有序规划，特别是建立健全相关的体制机制，完善优化相关保障措施。

一是要完善以激励创新为主要特点的思想政治理论课教学考评体系。从教育规律的视角来看，教学考评体系是影响教育活动的"指挥棒"。科学有效的评价体系和评价机制能够有效激发和保障思想政治理论课教师的教学热情和创新动力，促使教师发现问题并着力改进、提高教学质量，确保教学能够朝良性向上的方向前进。当前高校思想政治理论课教学评价主要是结果评价，评价目标缺乏明确的导向性和激励性，评价指标的科学性与权威性也亟待提升。鉴于此，进一步完善思想政治理论课教学的评价模式和评价指标体系，就是要从结果评价向过程评价、内容评价、方式评价转移，建立复合式评价体系；就是要使评价指标进一步精细化，要在评价指标体系上体现出对教学

方法、教学手段、教学模式、教学拓展等创新的激励性和导向性；就是要把课堂教学是否体现了师生的交流、沟通和对话，授课内容是否贴近学生生活实际等内容体现在评价指标体系上；就是要把社会热点、现实问题的讲解、评析和引导体现在评价要求上；同时要为教师的教学创新创造保护条件和成长条件。

二是要完善以明晰边界为主要特点的思想政治理论课教学干预机制。新媒体环境下高校思想政治理论课教学需要在改革中进一步加强创新，但改革创新应树立底线思维，要有边界意识，建立健全思想政治理论课教学的干预机制。建立健全干预机制就是要从总体上把握思想政治理论课育人的本质要求，规避教学实践中盲目使用新媒体新技术而一味追求所谓效果，提防把思想政治理论课变成有意思而无意义的荒唐课、形式课。这其中有两个问题要尤其重视。第一就是要提防以借助新媒体技术创新教学手段为名，使思想政治理论课沦为新闻课、视频课、讨论课甚至自习课，使教师从讲课变成了听课，从上课变成了下课，本质上没有提升学生的学习兴趣，反而使得思想政治理论课沦为一种流放状态，从而极大地降低了课程的教学质量。第二是要规避盲目利用新媒体、新技术的便利优势，把思想政治理论课变成了学生的窥探课。在教学实践中个别教师借助新媒体信息传播的及时性、便捷性特点，在课堂讲授中穿插大量的根据不足、来源不正的所谓秘闻、趣事和观点，以满足学生的窥探欲，从而表面上课堂教学活跃而实质上脱离了课程的本质追求。总之，新媒体环境下要鼓励思想政治理论课教学的创新，但要明确创新的边界和管理要求，使新媒体环境下思想政治理论课教学创新在一个健康的轨道上前进。

三是要完善以优化保障环境为主要特点的思想政治课教学保障制度。新媒体环境下提升高校思想政治理论课教学实效性是一项复杂的系统工程，需要进一步优化教学的保障制度。首要任务就是要进一步优化思想政治理论课经费保障的体制机制。运用新媒体、新技术提升高校思想政治理论课教学实效性需要相关的物质保障条件，而一些地方高校仍对思想政治理论课的重要性认识不到位，相关政策条件的保障落实不到位，"将思想政治理论课等同于普通的课程，甚至出现挤占、压缩和挪用学时的现象，教学管理工作不规范，严重削弱了思想政治理论课的教育教学"① 要提升思想政治理论课教师的实效性，就要完善、落实相关保障制度，确保思想政治理论课建设的稳定性和长期性。其次要进一步优化思想政治理论课教师的成长环境，激发教师教学的创新热情。运用新媒体、新技术提升高校思想政治理论课教学实效性，离不开一线教师的教学创新热情。当前高校思想政治理论课教师的角色仍然比较尴尬，特别是在一些理工科高校尤为突出，与国家相关部门要求的要进一步支持思想政治理论课教学队伍建设的精神存在差距，因而高校相关部门要整体规划、有序设计，通过制度的导向效应来催化教师的教学热情。最后要从相关制度上厘清教学与研究的关系，特别是要进一步优化教师的研究导向，要明确思想政治理论课教学育人的特殊性，通过探索建立符合思想政治理论课教师教学特点的相关评聘标准，提高教学和教学研究的占比，从而引导和鼓励思想政治理论课教师把更多的精力投入到深入教学内容、创新教学方法、提高教学实效的研究上。

---

① 姚昌、张晓波：《高校思想政治理论课教学现状分析与改进对策》，《思想理论教育》2015 第11 期。

概论课教学中讲授毛泽东的几点思考[*]

吴阳松[**]

"毛泽东思想和中国特色社会主义理论体系概论"（以下简称概论）是高校思想政治理论课的核心课程，该课程的主要内容是由毛泽东思想和中国特色社会主义理论体系两个部分组成，一个不可回避的重要问题是如何讲授毛泽东，这是第一次讲授该课程时必须要明确回答的。毛泽东家喻户晓，事迹众人皆知，如何结合概论课程来讲授毛泽东？笔者结合自己的思考和教学过程中的经验，谈一谈这一问题。

一、有效把握毛泽东在不同阶段革命生涯的内在关系

讲授概论课程的第一个问题就是讲授毛泽东，这个问题必须讲而且不能回避，它是贯穿概论课程的一条线，不了解毛泽东，就无法透彻地理解什么是新民主主义革命理论，什么是社会主义改造理论，什么是中国特色社会主义理论体系的创立和发展的前提和历史动因。在有限时间里讲好、讲透毛泽东，并且要达到概论课的教学实际要求，并不是一件容易的事情。结合讲授的体会和思考，笔者认为讲授毛泽东可以分为三个阶段。毛泽东1893年出生，1976年逝世，享年83岁，讲授时结合中国文化"虚岁"的传统，其"实际"享年是84年，而这84年一分为三，正好是毛泽东革命生涯的三个阶

* 广州大学年度教研项目"'概论'课实践教学模式创新研究"、广东省教育教学成果奖培育项目"培育'受欢迎'教师团队，提升思想政治理论课教学魅力"的研究成果。本文载于《经济与社会发展》2016年第3期。

** 吴阳松，广州大学马克思主义学院教授、博士生导师。

段：第一阶段为 1983 年到 1921 年，这是他的第一个 28 年；第二个阶段为 1921 年到 1949 年，这是他的第二个 28 年；第三个阶段为 1949 年到 1976 年，这是他的第三个 28 年。

毛泽东的第一个 28 年（1893—1921）。这一阶段主要是毛泽东的"成长"阶段。这一阶段要讲授几个问题。一是介绍其家庭出身等相关情况。二是重点讲授他的学习和成长历程，突出他的理想追求，这里可以引用他的一首诗："孩儿立志出乡关，学不成名誓不还。埋骨何须桑梓地，人生无处不青山。"[①] 介绍书籍《盛世危言》等对他认识的提高，介绍杨昌济、徐特立等老师对他思想成长的影响，介绍北大图书馆时期的经历对他意志的磨砺，讲解创办《湘江评论》对他实践能力的提升，等等。三是要介绍毛泽东的婚事，这一时期毛泽东完成了人生中的一件大事，即与恩师杨昌济的女儿杨开慧成婚。这里可以用毛泽东的一首词《虞美人·枕上》来讲述毛、杨的感情："堆来枕上愁何状，江海翻波浪。夜长天色总难明，寂寞披衣起坐数寒星。晓来百念都灰烬，剩有离人影。一钩残月向西流，对此不抛眼泪也无由。"这突出了毛泽东伟人一面的"凡人"本色。总结这一阶段，结合毛泽东思想的成长路径，特别是要强调他把个人的进步与国家的荣辱完美结合，从一个封建家庭一步一步走上了革命道路。

毛泽东的第二个 28 年（1921—1949）。1921 年 7 月毛泽东参加中国共产党第一次全国代表大会，正式迈入他的"创业"阶段。这一时期要突出讲授几个问题。一是大革命时期毛泽东领导的农民运动，强调他到湖南农村为期 29 天所作的社会调查《湖南农民运动考察报告》，他对农村实际情况的了解和对中国国情的洞察，突出 1927 年大革命失败后毛泽东"把酒酹滔滔，心潮逐浪高"的革命自信。二是土地革命时期，毛泽东提出的"枪杆子里面出政权"、坚持中国革命先"上山"到农村而开创的"农村包围城市"道路的形成，这里要突出讲授毛泽东"上井冈山"，开创中央革命根据地的历程，讲授毛泽东在"赣南会议""宁都会议"等被错误批判后的顽强的革命意志和大局观念。三是讲授长征胜利结束后毛泽东到达陕北，结合他和当时中国共产党的处境，重点讲授毛泽东对中国革命和中国命运前途的思考，突出革命道

---

① 毛泽东：《七绝·改诗赠父亲》，转引自刘俊：《"孩儿立志出乡关"诗的由来》，《党史博彩（纪实）》2004 年第 3 期。

路上的艰难险阻，突出毛泽东对中国革命和中国共产党的自信。四是抗日战争时期讲授毛泽东为中国革命道路和中国命运前途而写的一系列著作，如《矛盾论》《实践论》《新民主主义论》《中国革命和中国共产党》等。五是讲授解放战争的胜利，这里可以引用毛泽东所作的诗《人民解放军占领南京》："钟山风雨起苍黄，百万雄师过大江。虎踞龙盘今胜昔，天翻地覆慨而慷。宜将剩勇追穷寇，不可沽名学霸王。天若有情天亦老，人间正道是沧桑。"要突出讲授最后两句"天若有情天亦老，人间正道是沧桑"，讲明在人生社会发展和个人的奋斗历程中，是没有"上天的眷顾"的，必须历经挫折、沧桑甚至失败等磨难才会取得成功，这是人生的哲理和生活的真谛，这是"人间正道"，以此来引导学生要正确看待人生历程中的磨难和失败。

毛泽东的第三个 28 年（1949—1976）。1949 年中华人民共和国的建立拉开了毛泽东新的人生阶段，期间有成功的尝试也有失败的教训，结合概论课的教学内容，要重点讲授毛泽东在这一阶段对探索社会主义建设的努力和尝试。这一阶段的讲授重点：一是建设热情的高涨和对建设成就的肯定。可以引用两首词。一首为《水调歌头·游泳》："……子在川上曰：逝者如斯夫！风樯动，龟蛇静，起宏图。一桥飞架南北，天堑变通途。更立西江石壁，截断巫山云雨，高峡出平湖，神女应无恙，当惊世界殊。"突出毛泽东对建设社会主义的热情和信心。另一首为《水调歌头·重上井冈山》："……风雷动，旌旗奋，是人寰。三十八年过去，弹指一挥间。可上九天揽月，可下五洋捉鳖，谈笑凯歌还。世上无难事，只要肯登攀。"突出他对建设社会主义事业中"换了人间"的肯定和对"世上无难事，只要肯登攀"的自信。二是讲授毛泽东在这一阶段失误的原因。在社会主义建设时期，毛泽东有过一些失误，要讲清楚毛泽东的失误不仅仅是个人判断上的失误，也由于我们党对社会主义建设经验不足，对经济发展规律和中国经济基本情况认识不足。其中主要原因是对中国社会状况和社会性质判断的失误，主要表现是毛泽东关于社会主义社会阶级斗争的理论和实践上的错误发展得越来越严重。"毛泽东一生为党和人民的事业作出了杰出的贡献，但晚年犯有严重错误。"[1] 三是恰当介绍晚年毛泽东的心境。在经历了人生的大起大落之后的毛泽东，特别是在"九·一三"事件之后，作为一代伟人的毛泽东对"人生和事业"的思考。这里可

---

[1]《毛泽东思想和中国特色社会主义理论体系概论》编写组：高等教育出版社 2015 年版，第 16 页。

以介绍，1965 年毛泽东在会见法国文化部长马尔罗时说 "我是孤独的"，"我孤独地和群众在一起"；1975 年会见基辛格等人时，毛泽东悲哀地说自己不过 "是为来访者准备的一件陈列品"；而在过 1976 年那个最后的春节观看电影《难忘的战斗》时，毛泽东看到解放军入城的场面，垂暮之年的他竟泪如泉涌，泣不成声。

二、坚持大格局地把毛泽东的功绩与错误讲清楚

相关教材明确，"就他的一生来看，他对中国革命的不可争论的功绩远大于他的过失，他的功绩是第一位的，错误是第二位的，他仍然受到中国人民的崇敬"[①]。要让学生接受和认可，就必须把毛泽东的功绩有哪些、错误有哪些以及为什么说功绩是第一位的系统地梳理清楚、讲解透彻。

结合相关教材和资料可以把毛泽东历史功绩归纳为五个方面来讲解：一是创立和发展了中国共产党。毛泽东是党的一大代表，是党的创始人之一。从后来的历史发展看，毛泽东是从中国共产党一大时期全国的 50 多名成员，逐渐发展成马克思主义执政党的主要领导者和主要贡献者。二是创立和发展了中国人民解放军，没有一支人民的军队，便没有人民的一切。在南昌起义后，毛泽东领导了湘赣边界的秋收起义，并把起义部队改名为工农革命军。1928 年 4 月朱德领导的南昌起义部队辗转达到井冈山，实现了 "朱毛会师"，并把部队整编为工农革命军第四军，这就是中国人民解放军的前身，所以说毛泽东是人民军队的主要缔造者。三是中华人民共和国的主要缔造者。鸦片战争以后，中国沦为半殖民地半封建社会，人民大众生活在水深火热之中，在革命一次次陷入绝境的历史紧急关头，以毛泽东同志为核心的党的第一代中央领导集体为中国革命找到了一条 "农村包围城市、武装夺取政权" 的正确道路，并取得了革命的胜利。四是确立了社会主义制度。1956 年随着社会主义改造的完成，社会主义制度得到了全面确立，这是我国历史上最深刻、最伟大的社会变革，它成为新中国一切进步和发展的基础。五是创立了毛泽东思想。毛泽东是毛泽东思想的主要创立者，作为党的指导思想，毛泽东思

---

① 《毛泽东思想和中国特色社会主义理论体系概论》编写组：高等教育出版社 2015 年版，第 17 页。

想永远是中华民族最宝贵的精神财富。

1956 年社会主义改造完成之后，我党在探索社会主义建设道路的过程中，由于各种原因产生了失误，甚至犯了如"文化大革命"这样严重的错误，毛泽东作为党的主席负有主要责任。综合起来看，毛泽东后期的错误主要有两个方面：一是在建立了社会主义政权、完成了社会主义三大改造之后，没有及时地、明确地把工作重点转移到社会主义建设上来，并且在具体的经济建设工作中犯了贪多图快的急性病错误；二是他把不属于阶级斗争的问题看作阶级斗争，把党内不同意见的正常争论当作所谓路线斗争的表现，提出了一套关于社会主义时期阶级斗争的理论，并采取大规模疾风暴雨式群众斗争方式，从而导致阶级斗争严重扩大化，结果被"林彪集团""四人帮"等利用，导致了"文化大革命"的十年浩劫。如何看待这些错误，要引导学生从历史的大环境中去理解和解读，因为在中国建设社会主义是一项崭新的实践，人们对如何走出一条适合中国国情的社会主义建设道路还缺少规律性认识，加上当时复杂严峻的国际环境影响，我们党虽在社会主义建设道路的探索中出现了挫折和失误，但也取得了"两弹一星"等一系列卓越成就，要辩证看待这一时期。

三、立足《关于建国以来党的若干历史问题的决议》精神科学评价毛泽东与毛泽东思想

正确认识毛泽东思想的历史地位和指导意义，必然面临一个怎样科学评价毛泽东和毛泽东思想的问题。邓小平曾说过："这不只是理论问题，尤其是个政治问题，是国际国内的很大的政治问题。"[①] 因为它关系到怎样看待党和国家过去几十年奋斗的成就，关系到党的团结、国家的安定，而且关系到党和国家未来的发展道路。在讲授评价毛泽东与毛泽东思想这一问题时，要坚持 1981 年党的十一届六中全会通过的《关于建国以来党的若干历史问题的决议》的相关精神，对毛泽东和毛泽东思想的评价作出客观的、科学的、权威的评价。

毛泽东同志是伟大的马克思主义者，伟大的无产阶级革命家、战略家、

---

① 《邓小平文选》第 2 卷，人民出版社 1994 年版，第 299 页。

理论家,是近代以来中国伟大的爱国者和民族英雄。他为我们党和中国人民解放军的创立和发展,为中国各族人民解放事业的胜利,为中华人民共和国的缔造和我国社会主义事业的发展,建立了不可磨灭的功勋,彻底改变近代中国积贫积弱形象和被动挨打地位,为我们民族赢得了世界的和历史性的光荣,中华民族得以以独立自主的豪迈姿态走上世界舞台。以毛泽东同志为核心的党的第一代中央领导集体确立了社会主义基本制度,使中国走上了社会主义发展道路,为当代中国的进步发展奠定了根本的政治前提和制度基础,并且带领全国人民在一穷二白的基础上迅速实现国家工业化,综合国力大大增强,奠定了我们今天赖以存在和发展的基础,"为新的历史时期开创中国特色社会主义奠定了宝贵经验、理论准备、物质基础"①。以毛泽东同志为代表中国共产党人奠定了新中国在国际上的大国地位,以独特鲜明的旗帜、恢宏的世界政治观和全球战略,深远地改变和影响世界的未来。因此,评价毛泽东思想的关键要讲清楚两个问题:一是毛泽东是毛泽东思想的主要创立者,但不是唯一创立者,要把毛泽东的"思想"与"毛泽东思想"两个不同的概念讲清楚。毛泽东的"思想"是指毛泽东个人的思想,其有正确和错误之分,而"毛泽东思想"是马克思列宁主义在中国的创造性运用和发展,是被实践证明了的关于中国革命和建设的正确的理论原则和经验总结;二是讲清楚毛泽东思想的历史地位问题,毛泽东思想是指以毛泽东同志为主要代表的中国共产党人把马克思列宁主义普遍原理和中国革命具体实践相结合的产物,实现了马克思主义中国化的第一次历史性飞跃,是中国共产党始终要坚持的指导思想,是中华民族的宝贵精神财富。

---

① 胡锦涛:《坚定不移沿着中国特色社会主义道路前进 为全面建成小康社会而奋斗》,人民出版社 2012 年版,第 10 页。

感谢思想·塑造理想

——打造有品质的大学哲学课堂

陈咸瑜[*]

德国哲学家黑格尔讲过一个让人印象深刻的小故事：一个小男孩，站在水塘边，从地面上捡起一块小石头，朝水面扔去，水面上泛起一串串的水圈，小男孩看着水圈，高兴地笑了。故事隐含着普遍的哲理，以至于每当笔者谈到教师的快乐，就常常想起那个可爱的小男孩。

有品质的大学课堂应该是教师在其中感到快乐的课堂。快乐是有品质的生活的主观感受和重要标准。当然，这里讲的快乐绝不是一种肤浅的简单的快乐，而是一种根本的有意义的快乐，应把这种快乐的根源还原到思想和思想的事业中去理解。

一、在传播思想的事业中收获根本的快乐

如何成为黑格尔故事里的"小男孩"，是一个始终具有魅力和挑战的问题。每次走上讲台，看着台下那些年轻的脸庞与淳朴的心灵，笔者时常会不由自主地涌起两种纷杂如絮的心情，一种是幸福，另一种是忐忑。如果说，幸福出于相遇中初识的好奇与感动，那么，忐忑则必定出于激荡思想水圈的渴望与等待。

课前如履薄冰，课间如痴如醉，课后如梦方醒，是笔者课堂内外真实心情的写照。如果说，如履薄冰是对思想水圈的焦虑与敬畏，如痴如醉是对思

* 陈咸瑜，广州大学马克思主义学院副教授。

想水圈的迷恋与陶醉，那么，如梦方醒也只是因为那横亘在思想与现实之间的沟壑，常常让人不忍离开课堂这一特殊的思想场域罢了。

有品质的大学课堂应该是有思想的课堂。打造有品质的大学课堂，对教师而言，最重要的就是要善于制造和欣赏"思想的水圈"。思想是大学课堂的灵魂，是大学课堂价值彰显的阿基米德点。大学教育要回归常识，大学课堂要回归本分，其实质就是要回归思想。

真正有才华的人应该是自动、自觉、自愿学习过思想的人。从教三十年以来，笔者努力在课堂教学中摆脱形式主义的束缚和功利主义的压迫，努力用思想的色彩点亮课堂，用思想的魅力教化学生，用思想的力量培养人才。一言以蔽之，用思想说话，说思想的话，始终是课堂教学追求的目标。

教育是一项事业，尤其是思想政治理论课，在根本上乃是一项关于思想的事业。因此，只有对思想始终保持激情与虔诚的人，才可能称得上是真正的师者，只有既能保持思想的庄重与活力，又能彰显思想的敏锐与深刻的课堂，才可能是真正的、有价值的、有品质的大学课堂。

二、在启迪思想中塑造崇高的理想

有品质的大学课堂应该是有个性的、充满理想主义色彩的课堂。个性并不等于另类，理想也不是幻想。无论是思想的个性、语言的个性，还是指向现实关怀的理想主义，皆是能够打动人心的力量。

无聊的人不聊无，聊无的人不无聊。如果说，"聊有"是科学的目标，那么，"聊无"则是思想的任务。一个受欢迎的思政课教师，不仅仅是一个既能坚持并善于与学生"聊有"的人，也应该是一个既能深刻理解"聊无"的意义，又能始终坚持与学生聊无的人。如果说，"聊有"是一项具有更多功利色彩的活动，一项关乎知识及其运用的活动，那么，"聊无"则要求拥有更多理想主义的情怀和更充沛的生活激情。可以想见，一旦缺失理想主义情怀，失却了对生活的热情和向往，再巧舌如簧、舌绽莲花的人也不可能在生活中获得哪怕点滴深刻的快乐。

用思想启迪思想，用心灵感动心灵，大学教育应该始终充满理想主义。理想从哪里来？理想从思想中来，理想的基础是思想。无论如何，大学的课堂决不应满足于知识、逻辑、经验的传授和演绎，让学生在观察生活、反思自我、启迪思想的过程中不断靠近思想、运用思想、提出理想，应是一种更高的追求。因此，判断大学课堂是否智慧，是否有品质，并不在于外在的形式和条件，而仅在于学生是否可能形成一种"运用思想，提出理想，运用生命，实践理想"的能力和自觉。

三、在实践中触摸价值的真实感

有品质的大学课堂应该是能践行价值真实性的课堂。一种思想观念，倘若其价值的真实性无法在实践中得到确认，也就只能是一种形而上的迷思。因此，教导学生独立思考，建构学生自由人格，应是打造有品质的大学课堂真正任务。

独立思考意味着对人云亦云和正确废话的坚决反对，自由人格意味着对自身一切行为的责任担当。面对学生，教师应把他们视为具有理性能力、能够独立思考和自我担当的自由个体。"自由签到、用心请假"是笔者在课堂上一贯执行的考勤规则。执行"自由签到"，既是因为相信学生是理性的人、主体的人，并因此是自由的人，亦必然应该是诚信的人。所谓诚信，就是对自我理性的遵从与执守，就是始终做到把个人欲望和私利控制在理性的支配之中。只有当每一次的违规行为都被确认为"对自己自由的破坏和否定"的时候，自由的种子才可能在人心深处安放下来。教师的任务是引导学生在实践中成为一个真正自由、理性的存在者。

思想是大学课堂的灵魂，教导学生"勿以正确反对深刻""勿以庸俗充当通俗"同样非常重要。当然，这并不意味着我们的课堂应该放弃生活化和通俗化的努力。

在课堂上，笔者曾以发给电视相亲节目《非诚勿扰》主持人孟非的一条短信为引子，与学生展开一段关于爱情的哲学思考。"《非诚勿扰》把爱建立在观察、计算、效率，也即人类理性及其功能的发挥基础上。它这样做，一定遗忘了一个重要的事实，那就是，爱是人类理性前的最丰富的人性活动，而决不是人类理性的活动。尽管如此，我还是尊重了这个节目。因为，在现代性的祛魅面前，《非诚勿扰》仍然真诚地展示着一扇爱的窗口，并保持着人们对爱的向往。"课堂上此段经历，不仅亲切自然，充满生活的趣味，而且极易触动学生的心灵。通过对《非诚勿扰》节目背后隐藏的关于爱的基本理念和态度的分析，师生试图在生活中建构一种关于爱的伟大性和神圣性的实践方式。

思想政治理论课可以有轻松愉悦的笑谈，但同时师生也决不能放弃思想和思考。毕竟，思想在很多人眼中是抽象、枯燥、晦涩、严肃的代名词，它似乎总是板起一副面孔，皱着眉头，拒绝被靠近、被理解。但是，人们一旦真正进入思想的世界，注视那些神奇美妙、让人惊叹、不管经过多么久远的沧桑，依旧闪闪发亮的思想，就有机会让那些年轻的生命感受到一种博大，一种厚重，感受到那恰如马克思所说的最"精致"、最"有价值"、但可惜"看不见"的"精髓"。那些曾经作为"文明的活的灵魂"的思想者，那些努力奔向真理之路并无数次逼近真理的思想精髓，始终应是有品质的大学课堂的"精灵""灵魂"。努力以更为通俗化、生活化的方式让思想触及学生的心灵世界，既是师者的使命，也是课堂教学的至高乐趣。

有品质的大学课堂应该是真诚的课堂。真诚是通向真诚的唯一道路。教师把学生当作同行的旅伴，向他们阐述自己的思考和看法，倾听他们的苦恼或困惑，使他们在感受被尊重的同时，亦回报教师以最大的真诚。哲学中关于平等、尊重、自由和理性，笔者希望在言传身教中，让学生感知、触摸它们因被践行而带来的价值真实感和成就感。打造有品质的大学思政课，教师必须具备三样东西——有思想、有个性、有情怀，学生必须能领会三种感受——痛苦感、崇高感、真实感。笔者常以两句话自勉：用头脑编织让人信服而不失优美的逻辑，用心灵抒发让人动容而不失深刻的真情。

关于新媒体语境下高校
马克思主义哲学教学改革的思考[*]

邵小文[**]

当前,新媒体的迅猛发展,不仅冲击着以报刊、电视为主体的传统传媒,而且以全新的传播方式、传播载体和传播特点改变舆论生态环境,从而也极大影响了思想政治教育极其重要阵地——高校思想政治理论课的教学效果。在这一前提下,如何改进高校公共课中马克思主义哲学的教学效果,就成了必答题。因为,马克思主义哲学作为马克思主义的科学的世界观和方法论的统一,为思想政治教育提供了理论依据、方向导引、价值根基和方法论指导,是思想政治教育的哲学基础。如果马克思主义哲学不能真正"走近"学生、"走进"头脑,赢得学生的认同,为学生所掌握,那么思想政治教育的成效就无从谈起。从这一点来讲,看上去远离生活、给人以"高冷"印象的马克思主义哲学的教育教学,如何在新媒体语境下高质量发展,就成了当前改进高校思想政治理论教育教学的重要环节。

一、新媒体语境下高校马克思主义哲学教学面临的挑战

2004 年中共中央、国务院发布的《关于进一步加强和改进大学生思想政治教育的意见》指出:"一些地方、部门和学校的领导对大学生思想政治教育

* 本文系广州市教育科学规划课题"十二五"规划课题"马克思主义大众化视域中高校政治课的改革策略研究"、广州大学年度教育教学研究立项项目"马克思主义大众化视域中马克思主义哲学教学方式创新研究"的研究成果。本文载于《时代教育》2016 年第 13 期。
** 邵小文,广州大学马克思主义学院副教授,硕士生导师。

工作重视不够，办法不多。全社会关心支持大学生思想政治教育的合力尚未形成。学校思想政治理论课实效性不强，哲学社会科学一些学科教材建设滞后，思想政治教育与大学生思想实际结合不紧，少数学校没有把大学生的思想政治教育摆在首位、贯穿于教育教学的全过程。学生管理工作与形势发展要求不相适应，思想政治教育工作队伍建设亟待加强，少数教师不能做到教书育人、为人师表。加强和改进大学生思想政治教育是一项极为紧迫的重要任务。"① 党和国家高度重视高校思想政治理论课的教学改革，采取了许多具体的改革措施，取得了不错的成效。具体到马克思主义哲学教学，一方面精心组织和编写了一批优秀教材，切实加强教师队伍的培养与培训；另一方面从教学方法、教学形式、教学平台的构建上不断革新，紧跟时代步伐，推动"慕课"等依托新兴媒介平台的教学改革。

总的来说，当前新媒体的迅猛发展对高校公共课马克思主义哲学教学的影响主要体现在以下几个方面。

第一，"去中心化"的传播环境对教学导向性的冲击。

新媒体营造"去中心化"的传播环境，在各种媒介平台上，人人都可以是信源和信宿，即每个人都既是信息的发布者，也是信息的接收者。这种形式上信息传播的多元主体，或者说多向互动主体的模式，使得信息环境呈现出开放、多样、杂冗的状态，各种思潮、观点互相竞逐，抢占信息阵地，单一权威信源的优势不复存在。对于思想活跃又远未成熟，追求自由个性又缺乏实践历练的大学生群体来说，这使他们呈现出"新媒介化生存"② 的特点，获取各种信息的来源对新媒体有较高的依赖程度；同时，他们甄别辨析各类信息、观点的主动性和思辨能力却还很不够，需要马克思主义哲学作为世界观和方法论的指引，却又对此持一定的排斥心理。高校马克思主义哲学教学具有明确的意识形态属性，负有守护思想文化领域马克思主义领导地位的责任，不应当回避自身鲜明的立场和价值导向性。在面对新媒体多元冗杂又竞

---

① 中共中央、国务院：《关于进一步加强和改进大学生思想政治教育的意见》（中发［2004］16号文）见 2004 年 10 月 15 日，见 www. moe. gov. cn/jyb_ xwfb/g2dt_ g2dt/moe_ 1485/tnull_ 3939. html。

② 笔者曾参与一项有关新媒体对青年影响的大型调研活动，于 2013 年 7 月至 2014 年 7 月间、先后两次组织实施大规模的广州青年新媒体使用偏好的社会调查。调查结果显示，青年人正迈向"新媒体化生存"。分析详见黄禧祯、邵小文：《新媒体与青年思想引导研究报告——基于广州青年新媒体使用偏好调查的实证分析》，载张其学等主编：《中国广州文化发展报告》，社会科学文献出版社 2015 年版，第 245—275 页。

争激烈的传播环境时，教师越是立场暧昧、导向模糊，越是会沦为"去中心化"的"牺牲品"，反而失去学生的支持与兴趣。

第二，"短平快"的传播特点对教学深刻性的冲击。

新媒体的信息传播具有"短平快"的特色，信息的生产、传播、流转、收效无不追求耗时短、效益高、见效快。应用技术的进步与发展，商业与社交应用的结合，终端设备的随身性、移动性，等等，进一步加剧了这种"短平快"的特点。这一特点对大学生的生活与学习都产生了巨大的影响，其主要表现为大学生的需求娱乐化和思考惰性化。"短平快"消解的是生活的严肃性和深刻性，取而代之的是"碎片化"和"表层化"。对此，思政教师必须有清醒的认识，做好充分的准备，以应对新媒体迅猛发展带来的挑战。

第三，"虚拟化"的传播形态对教学模式的冲击。

新媒体是数字化媒体，是基于数字技术、网络技术，以互联网为主渠道，依托电脑、手机等终端，向用户提供信息和服务的传播形态，是一种"虚拟化"的传播。"虚拟化"技术使得新媒体的信息往往以声音、文字、图形、影像等复合形式呈现，可以进行全天候、跨时空、跨媒体的传播和交流互动。这与高校马克思主义哲学依托于传统课堂为主的教学模式形成了鲜明的对比。受限于固定时间、固定地点、固定设备，课堂教学的互动无论如何都是有限的，信息量也是有限的，比不上"虚拟化"传播在这些方面发挥的作用，这就使得能否充分发挥课堂教学面对面交流的优势、延伸课堂教学的效果，从而将课堂与生活、与社会、与时代密切联结起来、融合起来，成为能否将学生真正"留住"的关键。

二、新媒体语境下高校马克思主义哲学教学存在的问题

当前许多高校思想政治理论课开始高度重视新媒体的影响，都在研究如何有效利用新媒体技术来改进教学效果，"慕课"热的兴起就是明显的例子。但是，"资源不能取代教师"[1]，教学平台和资源的开发利用，只是课堂教学的延伸与补充，依托互联网的个人自主学习尚不能完全取代面对面的教学。

---

① 郑文宝：《慕课热的冷思考——一种问题意识下的学理审视》，《教育导刊》2015 年第 6 期。

对于马克思主义哲学来说，可能尤为如此。一方面，马克思主义哲学的教学并不是单纯的理论传播，它不仅是知识及概念的传习，更是对思维的训练与锻炼，是对现实的透视和把握，是对价值信念的培养和修护，它最根本的目的在于培养和确立学生科学的世界观、人生观和价值观，实现学生自觉站在马克思主义的立场上，用马克思主义的观点、方法去分析问题、解决问题，这不是学生通过个人的自主学习能完成的，更不是"资源"能传授的。另一方面，马克思主义哲学的根本特征是实践性基础上的科学性和革命性的统一，它的生命力和影响力也正是源自这种根植于实践的科学性和革命性。马克思主义哲学的魅力，离不开对活生生的现实的剖析与引领，离不开对困扰生活的实际问题的答疑解惑，而发挥这种魅力，需要马克思主义哲学的教学面向生活，面向实践，面向学生最真切的需求和困惑。然而，也必须承认，正是由于不能很好地发挥出马克思主义哲学教学的独特功能和价值，当前马克思主义哲学教学仍然存在一定缺陷，新媒体时代的大学生才对其兴味索然，甚至厌倦反感。

其一是教学的时代疏离感。这种疏离感在一定意义上说，其实是新媒体时代的产物。"新媒体化生存"也许就可以看作这种疏离感的突出表现。新媒体技术的发展，使人们的公共生活与日常生活高度重合，并通过社交平台与商业服务的应用融合，几乎将人们的大部分生活需求和服务都通过"虚拟平台"来解决，并制造出"虚拟世界"里的亲密与现实世界的疏离并存的景象，公共场所随处可见的"低头族"就是一例。作为网民主要群体的大学生，同样存在类似的问题。马克思主义哲学的教学如果不能切中这种"时代病"的要害，不能真正地通过思想引领和行为引导帮助学生认识到问题并且走出这种"新媒体化生存"的困境，那么这种时代的疏离感是难以得到有效消除的。

这就需要教师在教学内容的活化、教学话语的转换和教学体系的设计上下功夫，从根本上来说，就是需要将马克思主义哲学教育教学生活化，真正走近学生、走进社会、走入实践。要让学生体悟到马克思主义哲学的魅力。认同马克思主义，就必须彰显马克思主义理论对现实生活的解释力，贴近学生的思想和生活实际，从思想和行为上为学生答疑解惑、指引方向，发挥理论对实践的指导作用。

其二是媒介素养上教师与学生之间的差距问题。与庞大的学生网民群体相比，教师队伍中的网民比例相对要低一些，对年龄较大的教师群体来说，新媒体的应用显然更为困难。不过，问题的关键不在于教师是否使用新媒体，而是教师是否熟悉新媒体，是否具备良好的新媒体条件下的媒介素养。正是在这个问题上，教师与学生之间存在一定的差距。当前的大学生群体，大多数可谓"互联网一代"，丰富的新媒体经验锻炼和培养了他们的媒介素养，不少大学生对新媒体信息传播中存在的问题，比经验相对欠缺的教师反而更能察觉。此外，从对新媒体的应用能力和知识了解的角度看，学生也从总体上超过了教师。一些利用人们对新媒体平台的不熟悉而制造的谣言，骗过了不少教师，却骗不到早已习以为常、熟悉新媒体情况的学生。从事马克思主义哲学教育的教师队伍，如果不能及时更新知识，跟上时代的步伐，同样可能掉入这些新媒体"陷阱"，在学生面前闹笑话。

三、改进高校马克思主义哲学公共课教学方法的思考

正如前文所提到的，新媒体语境下马克思主义哲学要"赢得""留住"学生，靠的是将课堂与生活、与社会、与时代密切联结起来、融合起来。从这一点来说，马克思主义哲学教学不能停留在课堂教学上，一定要引导学生走向社会，关注身边的现实世界，深入实践开展各种形式的社会调查，真正感受和走入在马克思主义哲学的指导下改造世界的历史进程。

当然，就改进教学方法来说，最为直接关系到教学成效的还是课堂教学环节。以下笔者谨结合自身教学实践，从两个角度谈谈看法。

第一，要让课堂丰富起来。

马克思主义哲学对学生世界观、人生观、价值观的塑造起着非常重要的作用，还有助于锻炼学生独立思考、辩证思考的能力，提升学生的哲学理论素养。而要实现这些教学目标，首先必须靠丰富多彩的课堂。当然，这里的丰富多彩是有内涵有深度的丰富，不是一味地取悦学生。这样的丰富多彩可以从教学内容和教学形式两个方面来着手。

一方面是教学内容的丰富。众所周知，仅就知识点来说，马克思主义哲学的许多教学内容在中学阶段学生就已经不同程度地接触过。只是中学阶段的学习受到高考压力的影响，无论从教学方式还是学生的接受心理来看，其成效恐怕不尽如人意。不少学生，尤其是学习理工科和艺术、体育等学科类的学生，

对马克思主义哲学有较强的排斥心理。为此，笔者在教学实践中尝试了采取"理论联系实际，并结合学生的专业特点实行差异化教学"的方式。事实证明，这样做虽然极大地增加了备课的任务和压力，但却收到了较好的教学效果。

理论联系实际，是马克思主义哲学教育的必然要求。马克思主义哲学的教学如果沦为一个概念接一个概念地讲解，一个命题接一个命题地阐述，则讲得再深刻也难免枯燥无味，且偏离了马克思主义哲学最根本的品格——实践性。而实践性在马克思主义哲学教育的首要体现，就是要理论密切联系实际，要实现哲学教育的生活化。这就要求我们的教学要紧贴学生的现实生活，切中他们所困惑的、所关心的、所必需的，能够让学生从中得到解答、得到启发、得到指引。因此，教师在教学中要善于及时抓住社会热点，要善于针对学生的需求，以马克思主义哲学的立场、观点、方法为学生答疑解惑，使马克思主义哲学教育生活化，充分发挥马克思主义哲学对现实的解释力。

另一方面，是教学形式的多样化。教学形式的多样化既应当体现为教学方法和手段的多样化，还应当表现为教学组织形式的多样化。当前教学设施的完备给教学方法手段的多样化奠定了硬件基础，给教师提供了极大的便利。在多媒体的教学环境中，图文并茂的课件自不必说，恰当添加影音视频资源作为辅助，也能很好地弥补语言表达所不能达到的效果。当然，不能过于追求形式的花哨而冲击了内容的深刻，否则丰富只会流于表面。这就需要恰当地选择教学辅助资源，不能为多样而多样，更需要在运用图片、影音资料时，事先有铺垫，事中有指引，事后有讨论。此外，就笔者个人的教学体会来说，哲学常常不得不涉及一些抽象而复杂的概念，当解析这些概念时，使用概念图这一工具也能收到很好的效果。

在课堂教学组织形式方面，多样化体现为打破传统上过于依赖教案的"讲授式"教学的局限，尝试更多地开展"师生合作、生生合作"的教学形式，把培养学生自主学习、自主探究的能力作为教学关键，探索实现"教为主导、学为主体"的有效方法。例如，设置若干与知识点密切相关的热点问题，让学生以小组合作的形式进行课后研讨，并在课堂上以多种形式展示研讨的结果，笔者的教学课堂上尝试过学生合作形式包括辩论会、模拟情境、新闻发布会、记者招待会等多种形式，其中有许多还是学生自己根据选题表达的需要创制出来的。在这些教学环节开展的过程中，一定要注意适时加以引导和评论，既要有助于充分发挥学生的主体性和积极性，又能够帮助学生掌握知识点，提高运用马克思主义哲学的立场、观点和方法分析问题、解决问题的能力。事实证明，只要引导得当，敢于放手让学生成为课堂的主体，他们的创造力和主动性就是惊人的，效果也很好。

第二，要让课堂快乐起来。

课堂教学若要吸引学生主动地投入，除了使课堂丰富多彩外，还要让课堂快乐起来。只有营造出快乐活泼的教学氛围，马克思主义哲学才不会让学生觉得"艰涩难懂"。当然，这里的快乐并不是靠讲段子，靠扯一些与课堂教学无关的野史轶事获得的。一方面，教师要努力发挥语言艺术的魅力，将课讲得生动活泼，如可以恰到好处地使用学生熟悉的语汇将复杂的知识讲清楚；另一方面，教师要善于设计一些有趣的教学环节，让学生带着愉快的情绪投入学习。

课堂上，在把持好度的情况下，教师在"引经据典"时不妨多举些生动有趣的例子，就像讲好故事一样，娓娓道来。适当地设置一些小悬念，不仅能引起学生的好奇心和注意力，还能使深奥复杂的知识点讲解起来生活化些、大众化些，更容易被学生接受和吸收。当然，上课毕竟是上课，不是讲故事，不能为追求"笑果"而牺牲效果。否则，哄笑一堂之后啥也没留下，更别提让马克思主义哲学入脑、入心了。笔者经常尝试设计一些类似"思维游戏"或"思维训练"的环节，来增加课堂教学的趣味性。总之，通过这样的教学环节的设计，课堂就不再只是干巴巴的知识点的罗列，而是可以变成师生共同追求真理、探索真理的愉快的旅程。

基于 SPOC 的思想政治理论课 "翻转课堂" 教学效果的多维分析*

吴九占　郭　宇**

基于 SPOC（Small Private Online Course 小规模限制性在线课程）的"翻转课堂"教学是以计算机网络技术为基础和依托的一种教学模式。它的静态构成（空间布局）和动态流程（时间结构）是：学习者在"翻转课堂"之外，首先利用课程网站完成基本知识和基本理论的学习、技能和能力的初步掌握以及形成初步的思想观点；在"翻转课堂"上，通过教师与学生之间和学生与学生之间的互动，包括知识的检测、能力和技能的展示以及情感（特别是价值观）的引导等，完成教学任务，达成教学目标。随着教学环境与条件的改变，新时代教学供给端、需求端和中介端的变迁，以及慕课和 SPOC 建设的推进和应用推广，思政课教师应该增强教学改革的自觉与自信，充分利用和发挥"互联网+"的技术优势，大胆探索"互联网+思政课"的教学模式，在新的条件下整体提升思政课的教学效果。

一、思政课教学效果评判的前提性认知

分析和评价思政课教学效果，需要对相关理论和概念形成基本认知，这是对教学效果进行价值判断的依据，也是分析和评价教学效果的共同基础。

---

* 本文系广东高校省级重点平台和重大科研项目（教育科研）"基于 SPOC 的翻转课堂教学有效性实证研究"、广州市高校第九批教育教学改革研究项目"基于 SPOC 的翻转课堂教学'四要素'的有效性及其整合的探索与实践"的研究成果。本文载于《思想教育理论导刊》2018 年第 8 期。
** 吴九占，广州大学马克思主义学院教授。郭宇，广州大学马克思主义学院研究生。

对思政课教学效果的评判，主要涉及教学理念、教学目标和教学效果三个层面的分析维度。

1. 思政课的"三维立体"教学理念

教学理念对课程教学具有导向和指引作用，具有方向调控和目标定位功能，正如发展理念要解决实现怎样的发展一样，教学理念要解决开展怎样的教学问题。因此，对教学理念的分析成为探讨教学效果的逻辑起点和理论起点。

课程教学效果在一定程度上取决于教学理念，因为课程教学需要教学理念的统领。正确而科学的教学理念是取得良好教学效果的前提条件，也是评价教学效果的前提性因素。教学理念的确立受课程性质、特点和教学内容等要素的直接影响，但正确的教学理念必须充分体现教育的本质功能，促进学生的发展。因此，一定要以学生为中心，满足学生的当前需要和未来需求，遵循学生学习的内在规律，激发学生学习积极性；同时，发挥教师在教学过程中的组织者、引导者、合作者的作用。就思政课来讲，应该确立以下三维教学理念：

第一，教育性教学。教育性教学是思政课的基础性教学理念。它强调思政课教学要落实立德树人根本任务，以理想信念教育为关键，以社会主义核心价值观为引领。这就意味着思政课教学要以培养学生正确的世界观、人生观和价值观为根本取向和第一功能。

第二，发展性教学。教育的本质是促进人的发展。因此，发展性教学是思政课的基本教学理念。发展性教学决定了思政课教学要以学生发展为主要取向，突出学生的主体地位，促进学生在知识、能力和情感等方面都得到发展和提升。

第三，实效性教学。实效性教学是思政课的指向性和目的性教学理念。思政课教学要实现学生"真心喜欢、终身受益"，就要追求和体现实效性教学，突破学科本位观，实现科学世界与生活世界的联动，使学生能够把思想政治理论内化为人生信念和行为指南。

2. 思政课的"三位一体"教学目标

教学目标是教学理念的逻辑呈现，既体现教学活动的实施方向，又展现教学活动预期的结果。教学目标的达成情况和实现程度，是衡量和评判课程教学效果的直接依据和基础性、主体性指标。依据上述教学理念，根据教学大纲、教学要求和学生实际，思政课教学应确立以下"三位一体"教学目标：

第一，知识目标。知识目标是课程教学的基础目标。任何一门课程都有自己的知识体系，使学生掌握基本知识和基本理论并形成相应的智力技能，是每一门课程教学的基础性目标，也是分析和评价课程教学效果的基础性要求。

第二，能力目标。能力目标是课程教学的核心目标，也是衡量课程教学效果的核心尺度，主要是培养学生分析问题和解决问题的能力。

第三，情感目标。情感目标是思政课教学的重要目标，也是判断课程教学效果的重要尺度。思政课教学要培养学生正确的世界观、人生观和价值观，提高学生价值判断和辨别是非的能力。

3. 思政课教学效果的三个时间维度

教学效果或者说教学有效性或实效性，从时间维度来看，有评价表达方式，即课堂教学效果、课程教学效果和教育效果。这三者既有必然的联系又有明显区别，是思政课教学效果分析和评价中需要界定和区分的衡量尺度。

第一，课堂教学效果。课堂教学效果是教与学双方在课堂教学过程中所体现出来的"现场效果"，具有即时评价的特点，其核心观察指标是课堂气氛。课堂气氛是指课堂中师生之间和学生之间在教与学的活动中形成的某种占优势的心理状态。课堂教学气氛是否活跃，成为评判课堂教学效果的基本标志，而师生之间的互动、学生之间的互动就成为活跃课堂气氛和展现课堂教学效果的基本要求和评判依据。

课堂教学效果是教学效果在课堂教学过程中的即时展现。由于课堂教学通常不对整体性教学目标达成情况进行量度，所以课堂教学效果不等于课程教学效果，但对课程教学效果又有必然的影响，而且这种影响关系是比较复杂的。通常来讲，活跃的课堂气氛有利于带来良好的教学效果。填鸭式课堂教学由于缺乏师生之间和生生之间的互动，不利于形成良好的教学效果；但娱乐化的课堂教学往往出现偏离教学目标的情况，因而也不能达成良好的教学效果。

第二，课程教学效果。课程教学效果主要是指课程教学结束后，经过学生的知识内化、能力迁移和情感融汇，经由一定的考核方式，学生在达成教学目标方面所体现出来的结果。课程教学效果主要反映在学生方面，并不体现课堂互动等实时状态，而是反映课程教学的结果，更具有全面性等特征。

课程教学效果的评价主要是观察学生在课程教学目标方面的实现程度，往往是通过考核等结果性评价指标来衡量的。

这里需要说明的是，"翻转课堂"的教学效果，其基本界定一是课程教学效果这个概念，不是课堂教学效果的概念，"翻转课堂"代表的是一种教学模式，使用这个概念的目的是与传统课堂教学相区分和比较；课程教学效果指的是课程理论教学的效果（不含实践教学），与传统课堂教学效果相对应。这样界定的目的是，课程教学效果是课程教学结束后通过组合式考核方式对达成教学目标程度的评价，一是体现了评价的客观性和合理性，二是展现了评价的综合性和整体性，三是实现了教学效果的可比性和操作性。

第三，教育效果。狭义的教育效果是学生经过课程教学和学校培养，在学生走上社会以后，学校教育所体现的学生成为中国特色社会主义事业的合格建设者和可靠接班人方面的教学成效。它与课堂教学效果以及课程教学效果相比，在考核评价方面具有时段的滞后性，是在学生毕业之后；同时，教育效果往往是对学生毕业以前接受教育达成最终教育目标的综合性认定，因此它与本文界定的教学效果在内涵和外延上不具有对应性，不是本文的研究对象。

以上对思政课教学理念、教学目标的分析，奠定了评价课程教学效果的理论基础，而对教学效果的界定则增强了对教学效果评价的指向性和操作性。下文将基于以上的前提性认知，对基于 SPOC 的"翻转课堂"教学效果进行三维分析。

二、基于 SPOC 的"翻转课堂"教学效果的三维分析

这里要明确的是，我们讨论的"翻转课堂"是基于 SPOC 的"翻转课堂"，区别于慕课（Massive Open Online Courses 大规模在线开放课程）。另外，教学效果是本文定义的课程教学效果。2016—2017 学年，广州大学以参加"中国近现代史纲要"SPOC"翻转课堂"教学的学生和参加传统课堂教学的学生为对照组，对学生知识掌握、能力提升和情感培养三个维度的教学效果开展了两次大规模调查，通过实证分析，证明基于 SPOC 的"翻转课堂"教学效果较为理想。

1. 在学生知识掌握方面的教学效果分析

在课程教学中，无论是从教的过程还是从学的目的来看，知识的传授和学习掌握总是处于最基础的地位，也是最基本的教学目标。对于思政课来说，这也是提升学生能力和培养学生价值观的基础。调查结果显示，基于 SPOC 的"翻转课堂"教学更有利于学生的知识掌握。

首先，课前教学环节。学生在参加"翻转课堂"教学之前，要登陆 SPOC 网站，根据课程公告安排和 SPOC 平台学习机制，开展线上学习，主要是观看教学视频，学习 PPT 课件和教案，完成章节测验，等等。其中，教学视频是主讲教师根据课程大纲、教学内容、知识点而系统录制的。学生需要完成视频中插入的客观题，还要完成章节测验，测验内容为基本知识和基本原理，包括单项选择题、多项选择题和判断题，基本涵盖了所在章节的所有知识点。课程教学如果设定为随堂模式或闯关模式，学生必须完成所有任务点的学习，这就为学生掌握知识提供了教学机制。需要说明的是，由于成长环境的变化和影响，智能手机的普及以及 SPOC 手机 APP 的下载使用等，学生比较适应和习惯了线上学习，而且学习的积极性和主动性大为提高，投入了更多的时间和精力，有效解决学生课堂教学前基本不预习的问题，确保了"翻转课堂"教学之前学生对基本知识的大体掌握。

其次，课堂教学环节。由于学生在"翻转课堂"教学之前进行了线上学习，大致掌握了基本知识和基本理论，这就把教师从课堂的知识讲授中"解放出来"，解决了课时少、内容多，教师不能讲细，甚至不能讲全的问题。另外，在"翻转课堂"这个环节，学生带着对知识点的理解或者困惑与教师、同学进行讨论交流，是知识的深化吸收环节。在讨论解惑的过程中，教师帮助学生巩固知识和加深理解，能更好地实现使学生掌握知识的目的。

最后，考核环节。基于 SPOC 的"翻转课堂"教学的课程教学考核，不同于传统课堂教学的考核。第一，它更加注重学习过程和形成性考核，其成绩构成既有线上成绩又有线下成绩，其中线上成绩由多个学习环节组成，包括知识性题目，因此更有利于对学生知识掌握情况的考核。第二，它具有计算机网络的技术优势。课程教学结束后，学生还要参加线上期末考试，考试题型包括多种类型的客观题和主观题等，而且试卷是电脑随机组题，教师不可能进行考前辅导，学生必须进行全面复习，因此在体制机制和技术上保证了学生对知识的全面掌握。

2. 在学生能力提升方面的教学效果分析

能力是广义知识的一部分，是知识的应用与活化。提升能力是课程教学的核心目标。基于 SPOC 的"翻转课堂"教学在提升学生能力方面也具有一定的优势，这与教学模式本身有密切关系。首先，教学组织流程上的优势。基于 SPOC 的"翻转课堂"教学突出学生主体地位，突出问题意识和问题导向。在"翻转课堂"之前的线上学习环节，学生就要完成课内讨论，在教师的引导下思考和回答重点和疑难问题。同时，学生也可以在论坛区进行有关问题的讨论，拓展疑难问题研究范围，表达自己的观点，进行师生之间、同学之间的交流和讨论。在"翻转课堂"之上，教师根据线上学习阶段学生对课内问题的认识和把握情况，以及在自由论坛上集中关注的重点问题和疑难问题，以学生为主体进行讨论交流，进行问题解析和疑难解答等，有目的、有意识、有指向地锻炼学生的思维能力，提高学生分析问题的能力。在"翻转课堂"之后，学生可以继续在 SPOC 平台的论坛上以发布帖子的方式进行讨论交流，教师继续在课程论坛区给予指导和引导。这种对学生思维能力的全程培养，有效提高学生分析问题的能力。

其次，教学侧重点布局上的优势。基于 SPOC 的"翻转课堂"教学把教学侧重点和核心教学目标放在提高学生分析问题的能力上。由于在"翻转课堂"之前的线上学习阶段，学生完成了课程基本知识和基本理论的学习任务，所以在"翻转课堂"上，师生可以集中时间和精力分析和讨论问题，这个过程无疑更有利于提升学生运用知识分析问题的能力。

最后，教学内容设计上的优势。有些思政课在 SPOC 建设过程中，在教学内容设计上进行了"有意"安排，更有利于提高学生分析问题的能力。例如广州大学"中国近现代史纲要"课教学视频是教师之间相互讨论的问题解析式教学，把课程内容体系转变为具有逻辑关联的问题体系，而且具有一定的难度。学生在线上观看这样的教学视频，实际上是体验了教师分析问题和解决问题的过程，学习如何运用知识分析和解决问题，从而能够引发学生的思考，培养和提升学生的逻辑思维能力和用唯物史观分析问题的能力。

3. 在学生价值观培养方面的教学效果分析

培养正确的价值观是思政课教学的重要目标。教学效果的优劣体现在学生价值观的培养上。调查证明，基于 SPOC 的"翻转课堂"教学在学生价值观培养上具有教学模式上的优势。

首先，教学顶层设计上的优势。思政课SPOC建设是一项系统工程，其科学性和严谨性要求进行科学合理的教学顶层设计。

在体现教育性教学、发展性教学和实效性教学 "三维立体" 的先进的教学理念中，教育性教学居于首位。同时要有既合目的性又合规律性的教学目标，即知识、能力和价值观 "三位一体" 的教学目标，其中价值观培养是重要教学目标。这样的教学顶层设计，体现的是理念引领、目标导向、学生主体、问题主线，即以学生为中心，以育人为根本，所有的教学活动指向为学生正确价值观的培育，从而达到教书育人的目的。

其次，教学视频特色上的优势。SPOC建设重要的是教学视频，不同课程的教学视频可以根据课程性质和特点而各具特色。例如广州大学 "中国近现代史纲要" 课SPOC教学视频，在教学内容上实现了 "三个转变"：一是把教材内容体系转变为教学内容体系；二是把教学内容体系转变为具有逻辑结构的问题体系；三是把问题体系落脚到价值观体系。通过观看这样的教学视频并参加讨论交流方式为主的 "翻转课堂"，能够实现教师之间、师生之间、学生之间的观念碰撞和观点交流，更好地培育学生正确的价值观。

最后，教学主导方法上的优势。基于SPOC的 "翻转课堂" 教学，居于主导地位的教学方法是交互讨论式问题解析教学，这种观点交流式的教学方法贯穿于教学过程始终，并立体地展现在教学过程的各个环节。讨论式教学的主体从学生与教师的维度，扩展到教师与教师的维度，以教师相互讨论的方式拍摄教学视频，讨论式教学的时间由课堂上前移到教学视频拍摄中，讨论式教学的空间从实体课堂迁移到了线上，既有教学视频中教师之间的互动，又有讨论区多主体的讨论交流。因为教师已经把问题体系落脚到了价值观体系，所以这种问题解析式的教学设计，可以帮助学生直接进行是非判断，从而有效培养学生正确的价值观。

三、基于SPOC的 "翻转课堂" 教学效果提升的三个维度

基于SPOC的 "翻转课堂" 教学在学生知识掌握、能力提升和价值观培养方面具有自己的优势，但将这些优势转化为教学效果，或者说要进一步提升教学效果，还需要供给端、需求端和中介端共同发力，即是说在整个教学

系统中，要充分发挥教的有效性、学的有效性和平台的有效性，才能确保和提高基于 SPOC 的"翻转课堂"的教学效果。

1. 提升教师教学行为（供给端）的有效性

基于 SPOC 的"翻转课堂"教学，要求以问题为导向，有意识、有目的、有针对性地发挥教师在分析问题、辨析问题等方面的主导作用，这是"翻转课堂"教学有效性的重要体现。

首先，教师要主动引发问题。"翻转课堂"教学必须以问题为导向。在 SPOC 学习中，学生已经通过课内讨论和综合区讨论提出了许多问题，但问题的深度和广度存在不少局限，因此，在"翻转课堂"教学中，经常需要教师主动引发问题，特别是引发和预设思辨性问题，激发学生的求知欲和探究欲。同时，要灵活运用问题导入式、讨论式、研讨式、辩论式等多样化教学方法，激发学生好奇心，调动学生参与讨论交流的积极性，这是提高教学行为有效性的前提性和基础性条件。

其次，教师要科学建构问题。"翻转课堂"上的问题讨论不是随意的，而是以培养学生的思维能力为目标取向的。因此，教师把教学内容以问题的形式展现出来时，一定要精心设计，使问题之间具有逻辑关系，构成具有目标指向的问题体系。同时，教师也要引导学生按照一定的逻辑方式提出具有启发性、探究性和开放性的问题，在与学生互动交流的过程中，有目的、有意识地发展学生的思维能力。

最后，教师要正确辨析问题。辨析问题是"翻转课堂"教学的核心任务，也是引发问题和构建问题体系的落脚点。辨析问题是对教师综合能力的考察，是体现"翻转课堂"教学有效性的重要方面，也是衡量教学效果的重要指标。在"翻转课堂"教学中，教师要从整体高度和系统视野把控问题，有些问题启发学生自求其解，从而有效发挥学生的主体作用，促使他们主动、积极地去探求问题的答案。而对疑难性问题，教师要引导甚至带领学生去分析和辨析，培养学生解决问题的逻辑思维方法，提高教学的实效性。

2. 提升学生学习行为（需求端）的有效性

"翻转课堂"教学效果也取决于学的方面，因为"翻转课堂"是以学生为主体的课堂，学生是"翻转课堂"的主角，只有学生把握好自己的角色定位，充分发挥主体要素的作用，才能保证和提高教学效果。

首先，学生要紧跟时代潮流，积极参与教学改革。基于 SPOC 的"翻转课堂"教学是"互联网+"时代的一场教育革命，是教学模式的颠覆性变化，学生的学习方式等必然发生根本性改变。学生要顺应时代发展的大潮，用改革的视野和发展的眼光看待新的教学模式，积极参与"互联网+"时代的教学改革。

其次，学生要主动转变教学观念，增强主体意识。基于 SPOC 的"翻转课堂"教学强调以学生为主体，以问题为导向，以问题讨论等形式作为基本教学方式。因此，学生必须改变传统的学习观念，充分认识自己在教学中的主体地位，充分发挥"翻转课堂"主角的作用，以"主导型参与者"的角色参与课程教学的各个环节，以主人翁的态度融入教学过程中，以实现真正的课堂翻转。

最后，学生要积极适应新的教学模式，严格遵守教学流程。"翻转课堂"教学模式与传统课堂教学模式的教学流程不同，需要学生在时间、精力等方面更多地投入，特别是随堂模式和闯关模式的"翻转课堂"教学，要求学生不折不扣地完成所有教学环节的学习任务，并且不能有延迟性。这种严谨与严格的教学流程安排，成为实现良好教学效果的重要保障，也对学生的自觉性提出了更高要求。

3. 提升课程平台（中介端）的有效性

基于 SPOC 的"翻转课堂"教学不同于传统意义上的"问题解析式"教学，一个重要区别是有没有 SPOC 平台。因此，建设和使用好课程网站成为影响教学效果的一个重要因素，为此必须提升课程平台的有效性。

要建设功能齐全的高质量、高水平课程网站。其基本要求包括：一是功能齐全，能够满足教与学各方面的需要；二是高质量，即课程内容要体现主讲教师的科研与教学能力；三是高水平，主要指在计算机网络技术上能够站在技术的高端。通常来讲，以下板块是 SPCC 平台建设的重点。第一，教学视频的拍摄。高质量的教学视频，不仅要体现科学的教学理念、明确的教学目标，而且要根据课程的性质、特点和教学要求系统拍摄，既展现重要的知识点，又重点突出，难点分散，有利于学生的学习和掌握。第二，讨论区的设置。讨论区可以分为随堂讨论区（教师主导的课内讨论区）和综合讨论区（以学生为主体的课外讨论区）。通过讨论区的设置，实现教学主体间的互动。第三，测验及线上考试系统。每章学习内容的最后要有测验板块，以检测学生的学习效果。此外，还要开发建设使用方便的多功能考试系统。只有建设好课程网站，才能联通课程教学供给端与需求端，实现教与学的有机互动，实现好基于 SPOC 的"翻转课堂"教学。

课程网站建设好之后，还要充分发挥网站的各项功能，使之服务于课程教学。第一，教学流程的设定。按照教学大纲和教学内容的安排，要在课程公告中明确学习进度和要求。通常来讲，SPOC 不同于慕课，内容上应该采用随堂学习的模式，进程上采用闯关的模式，保证学生高质量按进度完成线上学习。第二，重要环节的把控。一是把每章的测验设定为任务点，并且设定一定的分数才能过关，以保证学习的质量；二是课内外的讨论也要作为任务点，并设定参与一定数量和质量的讨论才能获得此环节的成绩，以更好地实现师生之间、生生之间的互动；三是要给学生布置适当的作业，允许学生之间互评，增加学生互相学习的机会。学生对互评成绩有异议，可通过投诉由主讲教师判定。第三，线上考核的设定。基于 SPOC 的"翻转课堂"教学是线上、线下相结合的混合式教学，按照一定的比例设定线上成绩和线下成绩是题中应有之义。目前，就 SPOC 的建设和使用而言，已经没有技术上的障碍，只要建设好并使用好课程网站，就能展现出线上教学和线下教学的叠加优势，取得良好的教学效果。

综上所述，基于 SPOC 的思政课"翻转课堂"教学效果是一个涉及教学理念和教学目标的抽象问题，也是一个具有不同时间性评价表达方式的具体问题，需要从多种维度形成基本认知。从理论探讨与实践验证相结合的视角分析，基于 SPOC 的思政课"翻转课堂"教学在学生知识掌握、能力提升和情感培养三个方面都具有优势。只有教学的供给端、需求端和中介端都能发挥应有的功能，才能保证良好的教学效果。

浅论"形势与政策"课对大学生
创新创业能力培育的重要作用*

宋学来　张雪娇**

　　2019 年 10 月，教育部发布《关于深化本科教育教学改革全面提高人才培养质量的意见》，提出了"挖掘和充实各类课程、各个环节的创新创业教育资源，强化创新创业协同育人，建好创新创业示范高校和万名优秀创新创业导师人才库"的任务。高校组织了形式多样的活动，如创新创业中心、创业大厦、创业训练营、创新创业人才孵化器等。同时，各种创新创业大赛纷纷举办，如"互联网+大学生创新创业大赛""中国大学生服务外包创新创业大赛"等。这些举措引发社会对大学生创新创业活动的关注，对促进高校产学研一体化进一步发展，提高大学生创新创业素质与能力，促成创新创业人才集聚与成长具有积极意义。但是，对于以人才培养、科学研究、服务社会为己任的高校来说，创新乃应有之义、应担之责。具有实操性的创业活动如何在高校不仅是一句口号，是高校教育工作者应该深入思考的问题。"形势与政策"课作为一门思想政治教育课程，并不提供某一专业领域知识及实操性的技能训练，而是紧跟国际国内形势、紧扣国家大政方针、紧追社会热点问题，在引领大学生认清形势、抓住机遇、承担使命等方面发挥着独特的作用。在"形势与政策"课教学中融入创新创业教育，使其成为大学生创新创业的重要理论和实践平台，是"形势与政策"教学改革方向之一。

---

　　* 本文系广州市教育规划项目"新媒体环境下高校'形势与政策'课教学实效性研究"的研究成果。本文载于《文教资料》2021 年第 6 期。
　　** 宋学来，广州大学马克思主义学院教师。张雪娇，广州大学马克思主义学院教授。

一、"形势与政策"课有利于培育大学生科学的创新创业理念及自觉的创新创业意识

创新创业是人类社会发展的永恒主题，是一个国家和民族发展进步的不竭动力。马克思提出"劳动创造了人类、创造了人类文明"的观点。那么什么样的劳动才能够让人类延续呢？当人类活动走过了依赖"资源禀赋"阶段后，社会基本共识是实现"可持续发展"，而要做到"可持续发展"，唯有依靠人类"创造性"劳动及其成果。只有如此，才能推进人类社会实现新的革命性进步。正是在这一背景下，国家提出创新驱动发展战略，出台多项措施，鼓励人们通过多种渠道、多种方式积极参与"双创"，并着重强调引领青年人加入这一行列中。这既是对青年人创新创业的支持与鼓励，更是党和国家对大学生学业和职业发展的殷切期待。

大学生是富有想象力和创造力的，是创新创业的生力军。但也应看到，大学生社会历练不多，对国家大政方针了解不全，对社会发展趋势的预判不准，创新创业意识不强，实践经验和能力不足。为了弥补这一不足，加强对大学生创新创业教育，很多高校开设了"大学生职业发展与就业指导"课程，但仅靠一门课的指导是远远不够的。一些高校还调整了专业课程设置，挖掘专业课程的创新创业教育资源，促进专业知识传授与创新创业教育的有机结合。同时充分发挥思想政治理论课程的重要作用，拓展创业创新教育的途径。因此，作为与国内外形势联系最密切的时政课，"形势与政策"课应该承担起在创新创业方面对大学生思想上引领、方法上指导、思维上强化、实践上历练的责任与义务。在教学过程中，"形势与政策"课对创新驱动发展战略、国家创新创业政策的解读，有利于大学生充分理解这一战略的深刻意蕴和时代内涵，了解创新创业与我国经济社会发展的内在关联，明晰国家鼓励高校毕业生创新创业的一系列举措，如税收减免优惠政策、网络申领"高校毕业生自主创业证"政策等，使其能更好地认清形势，明确角色定位，从而激发大学生参与创新创业的自主意识，积极而理性地投身于"双创"活动之中，以创新创业带动就业，以创新创业促进自身发展，更好地承担起推动人类文明接续创造的重任。

二、"形势与政策"课有利于培养大学生的社会责任感和创新创业的时代精神

社会责任是社会成员个体对整体的道德义务，体现在个体对国家、社会、集体及家庭中对他人的关怀与服务上。履行社会责任的理想境界是确立承担社会责任的自觉意识。"双创"是建立在深刻理解与自觉认识人类社会历史发展尤其是现代社会发展需要和促进人类文明延续基础上的，承载着国家和民族未来的大学生应积极参与其中，充分认识自己肩上的使命和责任，这也是"形势与政策"课教育教学活动所要达成的基本要求和重要目标——让大学生理解和认识中国共产党带领全国各族人民在实现中华民族伟大复兴的历程中面临的形势与任务、机遇与挑战，在"百年未有之大变局"的重要时间节点上，担负起国家、民族、社会发展与进步的责任与使命。

党的十八大以来，以习近平同志为核心的党中央团结带领全党全国各族人民，推动党和国家事业取得历史性成就，发生历史性变革。这体现了共产党人的历史责任感和对国家、民族的使命担当。在"形势与政策"课堂上，及时对大学生宣讲党中央的精神，宣传党的路线、方针、政策，领悟党和国家的战略目标、战略任务和各项方针政策，把握好国家和民族发展的历史方位与趋向，使其能充分认识自身的使命与担当，强化大学生的社会责任意识，让创新创业有明确的方向。也就是说，通过"形势与政策"课教学，要让大学生明确几个问题：为什么创新创业，由谁创新创业，怎么创新创业，创新创业为了谁，怎么评判创新创业成绩？这些问题解决了，大学生对创新创业在推动社会持续发展中重大意义的认识就会更加清晰和透彻，就会更加自觉地以国家、民族发展需要为导向，把个人的发展同国家、民族、社会的发展结合起来，激发热情，开发潜能，全身心地投入"双创"之中，成为新时代负责任的创新创业者，具有现代企业家精神的创新创业者，一个胸怀天下、脚踏实地的创新创业者，更好地回馈国家和社会，承担起中华民族伟大复兴的大任。

三、"形势与政策"课有利于培育大学生人文精神，塑造大学生创新创业的民族情怀

人文素养是一名优秀的创新创业者必备的素养。所谓人文素养，是人类繁衍至今在生产、生活及交往中形成的一些人之所以为人的优良传统与社会经验，是以人为中心的一种基本素质与涵养，是人的内在品质的外在表现，包括人文精神与能力。人文素养的灵魂不是能力，而是精神。人文精神重在以人为本，通过对人类历史发展的透彻洞察，对人类命运的终极思考，对人类社会生活的现实关怀体现，倡行人与人、群与群、国与国之间的互助关怀、相互尊重、平等相处、科学理性等精神与实践，它是人为人处世的基本德行。创新创业者良好的德行是创新创业能够持续开展的前提条件。人文精神塑造的人的良好德行和世界观念可转化为服务社会、贡献社会的能力和水平。人文精神对社会成员尤其是年轻人养成良好的社会德行具有很大的帮助，使创新创业者具备闪光的人格魅力，较高的心理素质，出色的职业素养，良好的法治观念，求实的科学精神，不断提高创新能力、经营管理能力、社会活动能力，树立平等互助、合作包容、和平发展等理念，以更好地适应创新创业形势，在创新创业过程中取得更大的成就。

"形势与政策"课是一门思想政治教育课，以习近平新时代中国特色社会主义思想为指导，建立在深厚的人文与社科理论知识的基础之上，它所展现的人文社科知识为人文精神的弘扬和社会创新创业提供了重要的基础。"形势与政策"课的授课者大部分是长期从事马克思主义理论教学与研究的工作者，是具有哲学和历史学、政治学、经济学、法学、伦理学、教育学、心理学等各门社会科学知识背景的有学识、有经验、有功底的教师、党政部门领导及优秀创业者代表，对培养大学生扎实的理论涵养、浓烈的家国情怀、厚重的人文底蕴等具有积极的影响。大学生的"创新创业"能力培育及素质提升，不仅需要具备专业知识及技能，更需要厚积薄发的综合能力的培养与沉淀。当前"形势与政策"课教学除了讲授者的专业素养较高之外，教学内容丰富，教学方法灵活，教学手段多样，能够较好地开阔大学生的视野，使其充分认

识世界格局大发展、大变革、大调整产生的重大影响。立足祖国，放眼世界，站稳马克思主义世界观和方法论的立场，追求真理，崇尚科学，维护公平正义和人类的和平与发展。

四、"形势与政策"课有利于提升大学生的公共素养，推动大学生创新创业社会环境的共建

人类的创新创业活动离不开良好的社会环境。历史和现实都表明，创新的本质在于突破社会历史发展中人类认知的局限，推动社会进步与人类发展。创新可以由一次技术变革而引发，也可以是一场联动的社会革命。但即便是非常重要和关键的技术变革，如果缺乏适合的土壤或者存在不良的社会环境，也无法获得孵化与成长，甚至有的技术还会走向人类的反面。创新是创业的基础和前提，创业是创新的目标、体现和延伸。因此，共同营造有利于创新创业的社会良好环境，是推动大学生创新创业持续发展、快速发展的重要保障。有利于创新创业的社会环境有赖于社会成员共同营造。大学生首先是作为社会成员参与公共社会生活的，然后才作为创新创业生力军贡献社会。大学生的公共素养、政策认知与实践能力直接关系到未来社会环境的质量。"形势与政策"课程集理论性、政策性、时效性于一体，经过大学本科教育教学全过程的"四年八期"，通过分析纷繁复杂的形势热点、政策聚焦点引导大学生全面、系统把握社会、事物发展的动态，判断或预测形势的发展趋势，培养大学生认识中国与世界的宏观视野的同时，亦能充分认识事物内部各种因素及不同事物之间的相互关联，共同为创新创业环境的改善而努力。其次，以"形势与政策"课为中介，挂设校外创新创业实践基地，通过与政府机构、社会组织及企业单位的合作，充分利用各主体单位的资源优势，打破碎片化的实践僵局，形成多元互联互动的创新创业格局，为大学生创新创业营造积极的社会环境。最后，在系列校园文化建设与活动中，把创新创业意识和精神培养作为校园文化建设的重要内容，如开展创新创业沙龙活动，创新创业主题讲座、讲坛等活动，分享成功者创新创业过程和经验，为大学生进行创新创业实践提供参考与借鉴，使其在学习过程中拟订与自己的实际情况更符合的创新创业方案，提高创新创业成功率，降低创业成本和创业风险。另外，

还可以创建创新创业网上平台，线上与线下相互配合与相互补充。这样，定能出现各部门联动、社会全员关注、大学生积极参与、实际成效显著的大学生创新创业的良好局面。

新媒体时代对大学生思想
政治教育的影响与对策研究*

马　娟**

随着新媒体技术的迅速发展，大学生作为新媒体时代的主要消费群体，受到新媒体的影响越来越深。思想政治教育是促进大学生全面发展的重要内容，然而，新媒体给大学生思想政治教育带来了一系列的影响。因此，深入研究新媒体时代对大学生思想政治教育的影响及应对策略，对于完善大学生思想政治教育体系，培养具有良好思想政治素养的大学生具有重要意义。

一、新媒体概述

新媒体是一种基于现代信息技术的媒介形态，通过数字化、网络化和互动化的方式，传播、交流和共享各种形式的信息和媒体内容。它利用计算机、互联网和移动通信技术等先进工具，使信息的传递和获取变得更加高效、便捷和普及①。新媒体的数字化特征，使得信息能以数字形式被创造、存储、传输、展示和使用。数字化使信息具备了可复制、可修改和可传递的特点，同时扩大了信息的存储容量和处理速度。这使新媒体成为大规模信息传播和共享的有效工具，也为信息消费者提供了更广泛、精确和个性化的信息体验。随着互联网的发展，新媒体通过建立全球范围的广域网和局域网，实现了信

＊　本文载于《成才之路》2023 年第 36 期。

＊＊　马娟，广州大学马克思主义学院团委书记。

①　冉杰俊：《微信传播对大学生思政教育的影响及应对策略——评〈新媒体时代下的高校思想政治教育研究〉》，《新闻爱好者》2022 年第 6 期。

息和媒体内容的网络化传播和互联。借助广域网，人们能够通过互联网访问和获取来自世界各地的信息资源，实现信息的全球化传播和共享。而通过局域网，企业、教育机构等可以构建内部网络，实现组织内部信息的快速传递和共享。新媒体强调互动性，其不再是传统媒体单向的信息传播，而是用户和信息之间的双向互动，用户可以以主动的方式参与、评论和分享信息，由被动的信息接收者转变为信息的共同创造者和传播者[①]。这种互动性使信息传播更加多样化、丰富化，也极大地丰富了用户的体验。

二、新媒体时代特点

1. 网络技术的迅猛发展

新媒体时代，互联网连接速度快速增长，从拨号上网到宽带、光纤网络，用户能够以更快的速度访问和传输数据。这种高速连接改善了用户的体验，使他们能够更快地加载网页、观看高清视频和实时互动。移动互联网技术的快速普及，使人们能够随时随地访问互联网；智能手机、平板电脑等移动设备的广泛使用，使网络技术变得更加便捷和无处不在；云计算技术的兴起，使数据存储和处理变得更加灵活和高效。大数据分析工具的发展，也使组织和个人能够从大规模数据中提取有价值的信息，用于决策和创新。

2. 社交媒体的兴起

社交媒体平台允许用户轻松地创建、发布和共享自己的内容，如文字、图片、视频等。这使得社交媒体成为用户生成内容的主要平台，使个人具有了更大的发挥空间。除此之外，社交媒体平台提供了各种互动功能，如评论、点赞、分享等。用户可以通过互动功能与他人进行交流、表达意见和分享观点，促进社交关系的建立和社群的形成[②]。社交媒体还具有快速传播信息的特点，用户可以通过分享、转发等操作，将感兴趣的内容迅速传播给自己的社交圈子和更多的受众。

---

① 尹春苹：《新媒体对高校思想政治教育的影响研究——评〈新媒体时代下的高校思想政治教育研究〉》，《新闻与写作》2021 年第 9 期。

② 王恳：《新媒体短视频对地方院校大学生成长发展的影响及启示研究——以潍坊学院为例》，《潍坊学院学报》2021 年第 2 期。

3. 多媒体形式的丰富

新媒体时代，文本形式的多样化为信息传递提供了更多的选择。除了传统的文字表达方式外，还有字母、符号等的运用，以及排版风格、字体样式的个性化设置，使得文本内容更加生动、多样化。而现在，图像的运用，可以丰富信息传递的方式，为人们提供更直观、生动的视觉感受。音频和音乐的运用，能为人们传递语音信息、分享音乐等，丰富了信息传递的形式，满足了人们对声音的需求。

4. 用户参与度的提高

新媒体时代，用户可以自主创建和分享内容。例如，用户可以发布文字、图片、音频、视频等多种形式的内容，使自己的观点、经验和创作得以传播和分享。用户不仅是信息的接受者，更是信息的创造者和传播者。社交媒体的兴起，也使用户之间的互动和社交变得更加便捷，用户可以通过点赞、评论、分享等方式与他人进行交流和互动，提高自身的参与度。这种互动和社交的方式，促进了信息的扩散和交互，也满足了人们对社交的需求。

三、新媒体在大学生思想政治教育中的消极影响

1. 部分新媒体内容的杂乱性给大学生思想政治教育增加了难度

新媒体时代，大量信息源涌现，导致信息的数量和多样性迅速增加。大学生面对如此庞杂的信息，有时很难准确地辨别信息的质量与可信度。大学生还可能遇到信息过载的困扰，难以获取准确和有用的思想政治教育内容。新媒体的信息往往以碎片化的方式展现，如微博、短视频等。这种碎片化的信息传播有时容易造成部分大学生对思想政治问题的片面理解和表达，或者他们只获取到某个问题的局部信息，缺乏整体和系统性的思考与理解。除此之外，部分新媒体的信息真实性和可信度较难保证。由于新媒体的信息发布渠道广泛且开放，虚假信息、谣言、偏见等内容时有出现[①]，部分大学生很难准确判断信息的真伪，有可能受到不准确或带有误导性的信息影响，从而对

---

① 高倩楠：《新媒体与高校思想政治教育研究——评〈新媒体视域下高校思想政治教育的解读与重构〉》，《中国测试》2021 年第 5 期。

思想政治问题产生误解。综上所述，新媒体对大学生思想政治教育确实存在一定的消极影响。这就需要政府、学校和家庭等各方面通过引导、教育和监督来帮助大学生合理利用新媒体，增强思考和判断能力，培养批判性思维，从而更好地认识和应对新媒体带来的问题。

2. 新媒体的虚拟性不利于大学生的心理健康

当前，部分大学生在虚拟世界中会花费大量时间，与他人进行在线交流和社交互动。然而，虚拟社交无法替代真实的面对面交流和人际互动。长时间的虚拟社交，会导致部分大学生与现实生活中的社交圈脱节，感到孤独和孤立。在虚拟世界中，大学生可以随意扮演不同的角色并表达自己的观点。然而，虚拟身份与真实身份之间的差异，也会使大学生感到困惑和不安。例如，部分大学生可能会面临虚拟世界和现实生活之间的身份认同问题，导致情感上的困扰和心理上的不稳定，这不利于其心理健康。

3. 新媒体的开放性对大学生思想政治教育模式形成挑战

新媒体提供了大量的信息和资源，但是选择合适和正确的资源对大学生来说却是一个挑战。面对诸多信息，大学生要学会判断信息的真实性、可信度和价值。但是总的来看，部分大学生缺乏对信息的判断能力，容易受到不准确、低质量信息的影响，进而导致思想政治教育的失真。新媒体的碎片化特征，会使大学生获取信息和知识时形成零散的片段，难以形成完整的知识体系，这对大学生系统性思考和深度理解思想政治问题提出了挑战。与传统的教育模式相比，新媒体注重即时性和个性化，会造成部分大学生缺乏跨学科和系统性的思考与学习。新媒体往往基于个人的兴趣和习惯，通过算法推送内容，这容易形成封闭的信息环境，导致部分大学生难以获得多元和客观的观点，形成狭隘的思维。

四、新媒体在大学生思想政治教育中的积极影响

1. 新媒体的开放性有利于拓宽大学生思想政治教育平台

首先，新媒体提供了丰富多样的信息来源，大学生可以从不同渠道获取并比较各种观点和信息。这能使大学生接触到来自世界各地的声音和观点，拓宽知识范围和视野，形成开放和包容的思维。其次，新媒体提供了各种社

交平台和在线论坛，使大学生可以与其他同龄人及专业人士进行交流。大学生可以分享自己的观点、听取别人的看法，并参与到各种讨论和辩论中①。通过这种互动，大学生可以更深入地理解不同观点，加深对政治和社会问题的思考。最后，新媒体为大学生提供了多样的学习途径。大学生可以通过在线课程、学术论文、电子书籍等形式获取知识，并根据自己的兴趣和需求进行选择。这种自主学习方式有助于培养大学生的学习能力和自主思考能力，使他们不局限于传统的课堂教育，能主动探索和学习。

2. 新媒体的便捷性有利于提高大学生思想政治教育的时效性

首先，新媒体可以随时将新闻、观点和社会动态推送给大学生。通过新闻客户端、社交媒体等渠道，大学生可以即时获取到热点新闻、政策发布、重大事件等信息，了解时事动态，迅速获得相关知识。这种即时性的信息传播有助于大学生及时了解重要的政治议题，加深对时事问题的认识和理解。其次，新媒体为大学生提供了参与讨论的平台，他们可以通过发布观点、评论、转发等方式与他人进行互动交流。这种实时互动，有助于大学生思考问题、交流观点，提高思辨能力和社交能力。最后，新媒体可以根据大学生的兴趣和需求，有针对性地为他们提供相关的学习资料和资源。大学生可以通过搜索引擎、在线学习平台等渠道，快速找到自己需要的学习资料，有针对性地进行学习。这种便捷性能使大学生更高效地获取和理解信息，提高学习效果。

3. 新媒体的多样性有利于增强大学生思想政治教育的自主性

首先，新媒体为大学生提供了丰富的观点和声音。大学生通过不同的新闻媒体、社交媒体等，可以获取来自不同领域和背景的观点。这种多样性使得大学生有机会接触和比较各种观点，培养独立思考和判断的能力。其次，新媒体为大学生提供了多元的学习资源，如在线课程、学术论文、电子书籍等。大学生可以根据自己的兴趣和需求自主选择学习材料，并可以按照自己的学习节奏进行自主学习。这样的自主选择，能让大学生根据自己的兴趣、学习风格来规划和组织自己的学习过程②。最后，新媒体的多样化特点能使大学生根据自身需求进行个性化学习。这种个性化学习，可以满足大学生的个

————————

①　程莉：《新媒体时代大学生思想政治教育信念与挑战——评〈新媒体时代大学生思想政治教育的挑战与创新〉》，《领导科学》2022 年第 1 期。

②　谭丙华：《新媒体对高校思想政治教育的影响及其质量提升研究——评〈新媒体时代下的高校思想政治教育研究〉》，《科技管理研究》2022 年第 2 期。

人需求，使其更主动积极地参与到思想政治教育中，享受学习的乐趣。

4. 新媒体的灵活性有利于丰富大学生思想政治教育的手段

首先，新媒体丰富了大学生思想政治教育的手段。教师通过音频、视频等形式，可以呈现丰富多样的内容，如专题讲座、座谈会、演讲等。这些形式使思想政治教育更加生动、有趣，能够激发大学生的兴趣和参与积极性。其次，新媒体为大学生提供了各种互动交流的方式。大学生可以参与到各种讨论和互动中，与同学、老师、专家共同思考和讨论思政问题。这种互动交流的形式使得思想政治教育更具有参与性和实践性，增强学生的互动能力和批判思维能力。最后，新媒体为大学生提供了自主学习的机会和方式。大学生可以根据自己的学习兴趣和需求，在合适的时间和地点进行学习。大学生还可以利用在线课程、学习平台等自主选择学习内容，通过自主学习提升自身的思想政治素养。

五、新媒体时代下大学生思想政治教育的对策

1. 基于新媒体，加强意识形态教育

高校和教育机构可以整合并提供优质的新媒体资源，建立思想政治教育在线平台，通过筛选、推荐有价值和可信度的内容，为大学生提供丰富多样的学习资料和信息来源，抑制信息的泛滥和碎片化。高校要利用新媒体的多样化特点，创新思想政治教育形式。教师可通过制作短视频、互动游戏、在线讨论等方式，将知识和观点生动地呈现给学生。这样的形式可以更好地激发学生的兴趣和参与热情，提高他们对思想政治教育的关注度。

高校要通过新媒体，鼓励学生在思想政治教育中主动参与和表达。例如，可以建立社交媒体群组、在线论坛等互动平台，鼓励学生分享自己的观点和经验，并鼓励学生之间进行交流和讨论。这样的互动参与，有助于培养学生的批判性思维和沟通能力，促进思想政治教育的深入。新媒体时代，高校要高度重视意识形态教育，借助新媒体等对一些教育载体、教育形式、教育内容进行创新，不断为学生推送一些相关的内容、事例，使学生树立正确的理想信念。

2. 基于新媒体，拓展虚拟教育

高校和教育机构可以建立虚拟学习平台，通过在线教育平台、虚拟仿真

实验室等资源，为学生提供丰富多样的学习内容和互动机制。这样的虚拟学习平台能突破时间和空间的限制，让学生在任何地点和时间都能参与到思想政治教育中。利用新媒体的优势，高校可以开设虚拟课程和讲座，将思想政治教育内容以在线视频、音频或漫画等形式进行展示。大学生可以根据自己的兴趣和需求选择参与，并按照自己的节奏进行学习，从而拓展思想政治教育的学习途径。虚拟实境技术可以带给大学生身临其境的学习体验，使他们更深入地理解和体验思想政治教育内容。通过虚拟实境技术，大学生可以参观历史事件的真实场景、模拟社会决策的情境，增强对思想政治问题的感知和理解，提高学习效果。

3. 基于新媒体，掌握主动权

高校应加强对大学生的信息素养教育，包括培养学生对信息的理解和分析能力，使学生学会甄别真假消息、评估信息的可信度和价值。教师要通过教授学生信息搜索、筛选和评估的技巧，让他们主动获取高质量的思想政治教育内容。高校要通过新媒体平台，鼓励学生主动参与思想政治教育，汇集学生的观点和声音，如建立在线讨论区、学生社交平台等，促进学生的互动和交流，让他们发表意见和观点，并与其他学生互动讨论。通过新媒体平台，高校能掌握主动权，培养学生的批判性思维能力，让他们对思想政治问题进行深入思考和分析。教师要通过推出精选文章、观点对话、辩论赛等活动，引导学生理性思考和评估政治问题，培养他们的批判性思维和分析能力。例如，开展思政教育时，教师可将"自律"作为主题，不断增强学生的内心力量，使学生形成正确的审美趣味、判断能力，自觉抵制有害思想的侵入。

六、结语

综上所述，新媒体时代给大学生思想政治教育带来了挑战，也为大学生思想政治教育提供了更多的机遇。高校要正确引导大学生使用新媒体，通过加强意识形态教育、拓展虚拟教育、掌握主动权等，培养大学生对信息的辨识能力，不断提高大学生的思想政治素养。这样，大学生才能正确使用新媒体，提高政治站位，深化思想认识，获得更好的成长和发展。

试析高校思想政治教育实效性

——基于高校门户网站的视角*

王振华　　蚁晓霞**

网络以其普惠性、便捷性、资源共享性吸引大学生，思想政治教育工作者应该高度重视网络思想政治教育，提高教育实效性，培养德智体美劳全面发展的社会主义建设者和接班人。

一、校园门户网站提高思想政治教育实效性的可能

校园门户网秉承为大学生学习生活服务的目标，践行繁荣校园文化的主题，以贴近学生、服务学生为口号，推进思想教育。校园门户网站是服务于学生学习、生活、成长的网站，网站建设应该贴近学生，如学生在门户网站上应能找到日常学习、生活、娱乐所需要的资源和信息。网络不再单纯扮演工具的角色，它逐渐成为人们活动于其中的一种环境。让学生对网站产生归属感和依赖感，进而成为持久用户，高校门户网将赢得越来越多的学生用户群。网站的管理者应根据思想政治教育要求利用高校门户网站创建窗口对大学生群体施加积极的影响，进而实现思想政治教育的目的。高校门户网站的特殊之处在于，它不仅为学生服务、提供信息，而且加入了思想性，寓教于乐，将思想政治教育渗透于日常信息中，不仅具有服务性，更兼具思想教育性。

＊　本文载于《湖南大众传媒职业技术学院学报》2016 年第 6 期。
＊＊　王振华、蚁晓霞，广州大学马克思主义学院研究生。

马克思指出，工具是人本质力量的对象化，而这种对象化又反过来增强了人的本质力量，人类所创造的各种工具都是人类某一部分的延伸。[①] 工具是人的延伸，具体到网络，其成为人类社会存在方式、交往方式不可或缺的要素。利用网络有目的、有计划、有组织地对大学生施加思想观念、政治观点、道德规范渗透教育，可使青年大学生形成符合一定社会发展所需的政治品德。[②] 当高校门户网站发展成熟时，大学生对高校门户网站形成依赖，由此而形成一个特殊的传播子系统，形成一个高校传播圈。这个传播圈蕴含着育人的氛围，具有现实性、疏导性、可控性等基本特点，体现了网络与现实两者的沟通联系及相互影响。互联网不是同这个现实社会相隔绝的，而是现实社会的一个反照。互联网究其本质，就是社会本身。在网络环境中，传统的社会结构并没有因网络的开放性而消失，而是通过网络产生强大的社会凝聚力和影响力并反作用于学生的现实生活，引发学生思想和行为的变化，继而产生强大的现实意义。

二、高校门户网站建设面临的问题

高校门户网站开创了网络教育的新局面。但是，由于网站发展历史较短，很多高校门户网站的建设不够完善，对大学生的吸引力不强，实现思想政治教育的目标也很难。

一方面，信息更新滞后，未能有效吸引学生。互联网的魅力之一就是信息传达的即时性，高校思想政治教育要想达到高效，前提是吸引学生注意力，赢得学生群体广泛关注。可是很多高校门户网站的信息更新并没有做到即时性。一个长时间不更新的网站对访客来说是没有任何吸引力的。高校门户网站占据先天优势，本校学生需要在上面完成一系列操作，比如，学生注册、网上选课、考试报名、查询成绩、下载各种表格等。如果大学生登录高校门户网站后，页面总是一成不变或者只有不足以引起访客注意的变化，那么这样的静态门户网站将仅仅被视为工具，无法构成网络环境，也不能发挥思想

---

① 《马克思恩格斯全集》第 31 卷，人民出版社 1998 年版，第 102 页。
② 韦吉锋：《网络思想政治教育研究》，新华出版社 2005 年版，第 143 页。

政治教育的作用。

另一方面，网络资源整合不完整，失去固定的学生用户。高校门户网站的网络资源不完整表现在版块的设计复杂，登录校园门户网站有学校概况、组织机构、学科研究等链接，资源只是简单地堆积，分类并不够简洁明了，没有根据用户的使用习惯、目的对资源进行整合加工，复杂的页面降低了搜索速度。互联网设计的初衷就是便捷传递信息，但有的校园门户网站显然没有做到这一点。思想教育类网站通常采用纯理论灌输的模式进行教育，大学生的思维方式比较活跃，对于这种说理性很强的教育，他们往往感到枯燥甚至失去耐心，因而实效性不强。寓思想政治教育于信息、服务、娱乐之中的教育方式会使大学生更容易接受。有的校园门户网站没有提供像新闻、图片、音乐、搜索引擎、游戏等海量信息和全方位的服务，信息资源分类不够明确，种类不够丰富，未能给思想政治教育内容提供足够的渗透空间。

三、高校门户网站发展对策

（一）完善版面整体设计，提高吸引力

心理学家勒温提出了群体动力学，个体目标和群体目标具有高度一致性，引起群体变化而改变个体的思维方式或行为习惯比直接去改变个体要容易得多。只要群体价值观没有改变，就很难使个体放弃群体标准来改变原有的主见。[①] 大学生是一个同质性很强的群体，他们的心理发展特点、学习生活环境相似度很高，如果高校思想政治教育者想通过门户网对学生进行思想政治教育，学校教育者应该创建一个属于大学生自己的网站，使其内容丰富，涵盖面广，吸引学生的注意，赢得学生的认同，这样才可以在学生中赢得好口碑，实现团体传播、组织传播、校内外传播的效果。

网站信息要丰富，满足大学生海量信息的需求；网站栏目框架设计应清晰、准确，并将简单、直观作为基本要求。高校门户网站不同于思想政治教育类网站的重要特点是，它集教育、学术、科研、新闻、生活、体育等于一体，涵盖全面，与在校学生学习生活息息相关，而思想政治教育类网站的内

---

① 勒温，著，高觉敷，译述：《形势心理学原理》，正中书局1944年版，第36页。

容相对严肃。网站管理者应该考虑青年学生的认知风格，尽量避免生硬晦涩的内容，表现形式也要多样性，融入动画、图片、声音等精心设计的多媒体资源。思想政治教育是一个润物细无声的过程。高校门户网站是要服务于大学生生活、引导其学习、满足其兴趣爱好的网站，要注重整体设计，以便有效吸引青年学生群体的关注，当他们受到潜移默化熏陶的同时，也会主动加入新闻评论的队伍，把自己的思想收获传递给更多的同学。

（二）重视门户网舆论引导，把握学生思想动态

伴随着多媒体互联网时代的到来，思想政治教育进入崭新的网络空间，生发出新的道德伦理和价值观念，教育实践的广度和深度得到进一步发展。对于高校而言，舆论工作是繁荣发展、安定校园的大事。思想政治教育工作者，最重要的职责是守正、求真、创新、鼓励，帮助受教育者能够在纷繁复杂的网络信息中明辨是非，规范和管理网络群体的发展，加强门户网站的舆论引导，正确选择自己的立场并形成观点，教育引导青年树立正确的价值观和思想体系。思想政治教育者应该充分利用校园网络实事求是、客观公正、积极理性的评论，引导学生思想朝向正确方向成长，形成积极向上的校园舆论氛围。

由于网络开放性，人们认识到视野和网络行为的范围可以没有时空的限制，了解到世界任何国家和地方所发生的事情，接收到最新的信息，网络开放了人们认识活动的领域。高校门户网站可以通过对校内外事件进行全面真实、客观公正的报道，高校门户网站逐渐树立其在广大学生中的影响力，成为具有公信力和权威性的新闻媒体。网络是一个具有平等性、互动性的空间，高校门户网站应该开通网站信箱、热点评论，通过公开回复、在线对话等交流方式收集学生的评论来分析他们的思想状态。高校门户网站对青年学生进行正确舆论引导，构建师生信息沟通、信息交流的渠道，正确引导校园舆论的同时也要发挥学生的自我教育能力，在学生积极参与和平等交流的环境下，提高思想政治教育的实效。

第二编

新形势下讲好思政课的思考与探索

试析高校思想政治理论课教师魅力的构建*

赵中源　杨　亮**

构建高校思想政治理论课教师魅力不仅是增强教师教学感染力，提升思想政治理论课受欢迎度的重要因素，而且是增强思想政治理论课教学实效性，促进思想政治理论课教师自我发展与价值实现的重要途径。目前学界关于高校思想政治理论课教师魅力建构的诸多研究主要着眼于教师教学的语言魅力、形体魅力、学识魅力以及人格魅力等一般性阐释。这些对魅力要素的概括过于普适化，是所有教师都应具备的共同职业素养，因而缺乏具体的针对性，无法增强教学实效性。本文从高校思想政治理论课的课程特点及内在要求出发，试图通过提出构建高校思想政治理论课教师魅力的四个基本维度，以期更好地增强高校思想政治理论课的实效性。

一、以科研为基础，夯实魅力之基

对高校思想政治理论课教师而言，教学与科研是相辅相成、辩证统一的关系。第一，高校思想政治理论课是对大学生进行马克思主义意识形态教育和培养全面发展的社会主义建设者和接班人的重要课程。这一课程体系涉及马克思主义理论、政治学、法学、社会学、哲学等诸多学科领域，内容深刻而广博，教师需要具备扎实的马克思主义理论功底，洞悉马克思主义理论以

＊　本文系广东省本科教学质量工程项目"最受学生欢迎思想政治理论课教师团队"、广东省教育教学成果奖培育项目"培育'受欢迎'教师团队，提升思想政治理论课教学魅力"的研究成果。本文载于《学校党建与思想教育》2016 年第 16 期。

＊＊　赵中源，广州大学马克思主义学院教授、博士生导师。杨亮，广州大学马克思主义学院研究生。

及党和国家路线、方针、政策的本质内涵，才能在教学中游刃有余，说理透彻，展现思想政治理论课的魅力。从这个意义上来说，科研是高校思想政治理论课教师深入掌握马克思主义理论的前提与基础。思想政治理论课教师只有通过科研彻底掌握理论，才能彻底赢得青年学生的认同。第二，科研是推动思想政治理论课教学发展的源泉。思想政治理论课是一个动态开放的教学系统，无论是教学环境、教学对象、教学内容还是教学方式都随着社会整体的发展而发生着深刻的变化。思想政治理论课教师应积极主动地应对变化中的各种境遇，直面思想政治教育的理论与现实问题，用科学的方法对党和国家大政方针，以及社会的重大理论与实践关切，尤其是青年大学生的价值诉求系统加以分析研究，得出科学而有说服力的理论解答，从而使思想政治理论课真正成为学生真心喜欢、终身受益的课程。第三，科研能更好地促进思想政治理论课教师自我发展。教师是通过教学、科研与社会服务来实现自我发展的，而无论是教学还是社会服务都建立在一定的科研基础之上。随着高校思想政治理论课教师科研能力的提升以及科研成果的积累，教师教学内涵将会逐步提升，社会服务效能将会随之放大，教师的魅力也将得以逐步彰显。

高校思想政治理论课教师要夯实魅力之基，需要着力于以下三个方面。一是要加大对马克思主义基本理论研究的广度、深度与力度，尤其是对重大理论与现实问题进行研究。通过深入的研究，教师对马克思主义理论作出更加完整、科学和系统的阐释，对相关的重大理论问题，特别是与当今社会实际联系紧密的重大问题作出科学的解释和说明。① 二是要贴近学术前沿，立于学术高端，致力于马克思主义中国化最新成果的研究，尤其注重对习近平新时代中国特色社会主义思想进行深入研究，切实把握新的历史条件下，党的重大理论与实践创新的科学依据和历史必然，把握党和国家方针、政策的实质与内涵，并结合大学生的基本关切和认知水平作出有说服力的解读。三是加大对思想政治理论课教学的研究，既要注重对高校思想政治理论课教学规律进行整体研究，也要注重对教学对象、教学环境的研究，尤其要注重对自媒体环境下"90 后"大学生学习特点、学习规律进行研究。通过研究探索新形势下思想政治理论课的理论教学与实践教学的有效方法与路径，教师注重

---

① 冯颜利、廖小明：《以学术研究推进马克思主义基本原理课教学改革》，《学校党建与思想教育》2010 年第 4 期。

把研究成果运用到实践中进行检验并提炼深化为科研成果，以期改进教学方法，完善教学路径，增强教学效果。

二、以批判为方法，开辟魅力之路

"人只有通过他的自觉反思与批判才有可能发现生活中的困境和问题，达到对现实生活较为全面的理解。"① 批判的方法是指思想政治理论课教师运用马克思主义的科学原理对一定的思想观念、行为方式、思维习惯进行分析、解剖、甄别和审视，并作出相应的价值判断，从而形成符合马克思主义世界观和方法论要求的基本理念。一方面，批判有助于促进思想政治理论课教师由一般意义上的教学型、公共课型教师向专业型、魅力型教师转变。思想政治理论课教师构建、彰显魅力的过程就是教师使用一定的教学手段和方法使学生自觉认同、接受并运用马克思主义理论的实践过程，也是教师教育教学水平提升的过程，而其教育教学水平的提升则重在实践基础上的反思和批判。通过反思和批判，思想政治理论课教师不但能发现教学中的不足和缺点并加以改进和完善，而且可以总结教学中的优点和经验并对其加以运用和发展。通过这种方式，教师的魅力才能得到逐步构建。另一方面，批判有助于破除学生的思维定势，为高校思想政治理论课教师魅力构建扫除障碍。要让学生接受和认同马克思主义理论，首先要破除学生对思想政治理论课的消极思维定势，而破除学生这种思维定势最有效的方法便是批判。通过批判帮助学生纠正对思想政治理论课的认识偏见与行为误区，继而以严肃、严谨的态度学习马克思主义理论及其相关知识，建构起适应时代要求的观念体系。

使用批判的方法要把握好三个方面的问题。其一，要有批判的精神，亦即有意识地进行批判的心理准备状态、意愿和倾向，用审视的眼光看待已有的结论。② 批判精神强调的是要敢于以"亮剑"的精神，对各种消极和错误的社会思潮加以甄别和理直气壮地批判，切实维护马克思主义在高校意识形

---

① 鲁洁：《超越性的存在——兼析病态适应的教育》，《华东师范大学学报（教育科学版）》2007 年第 4 期。

② 杜环欢：《批判性思维在高校思想政治教育运行中的彰显》，《理论探讨》2004 年第 6 期。

态中的主导地位。其二，要讲究批判的方式方法。批判的过程既要有科学理论的支撑和学理性，用理论赢得学生，又要抓住学生思想、认识的关键和重心，进行严密的逻辑推理与论证，让学生掌握理论。最关键的是要打破学生的思维定势，重构学生对思想政治理论课的认知体系和思维模式。其三，把握好批判维度。一为社会批判，即对社会中的各种社会思潮和热点事件主动运用马克思主义观点、方法进行理性分析、审视和判断。尤其是在大学生中影响大的热点事件和思潮，教师要自觉用批判性思维进行质疑和批判，理性引导学生，使学生不盲从任何未知的未加审视的思想认识。二为自我批判，亦即对作为高校思想政治理论课教师的 "我" 和作为高校思想政治理论课批判者的 "我" 进行批判。前者是实然状态的批判，即教师个体现在的知识、能力、素质、教学水平、受学生欢迎程度等的批判；后者是应然状态的批判，即教师个体应该呈现的状态的批判。这两方面的批判有利于高校思想政治理论课教师在应然与实然动态发展平衡中不断发现自身问题，促进自我发展。三为对学生进行批判，亦即对学生的思想认识、生存状态进行甄别、审视以及对学生思想认识、政治观点和生存状态进行分析判断，引导学生形成正确的思想认识，培养高尚的道德情操。

三、以信仰为方向，保障魅力之魂

只有信仰马克思主义，高校思想政治理论课教师的魅力才有明确的政治方向和坚定的价值坚守，这是由思想政治教育的内在属性决定的。首先，信仰是思想政治理论课教师的立身之本。思想政治教育是我党开创并逐步运用和发展的，是在党的领导下为实现共产主义理想服务的，有其鲜明的政治性和阶级性。作为思想政治教育的中坚力量，高校思想政治理论课教师的政治信仰，是直接影响思想政治理论课教学能否坚持正确的政治方向，能否始终与党中央保持一致，能否取得理想教学效果的关键要素。其次，信仰是思想政治理论课说服力的根本要素。高校思想政治理论课教师是大学生马克思主义信仰的引导者和教育者，思想政治教育有别于其他以专业知识技能培养为主旨的课程，它需要教师言传与身教的高度统一。现实生活中教师的一言一行对学生的示范与引导意义甚至远胜于课堂教学的效果，或者说思想政治理论课教学的说服力与公信力更多地需要通过教师的言行加以传递与实现。最后，信仰是战胜一切现实困惑，追求人生价值的动力之源。人为什么活着？活着的意义是什么？这是社会转型时期困扰社会民众，尤其是青年大学生的难题。作为"人生导师"，思想政治理论课教师需要对此作出有说服力的回答，并引导学生建构和践行正确的价值观，这是彰显高校思想政治理论课教师魅力的关键所在。

信仰的力量是无穷的，而信仰的形成与巩固则来自忠诚与自觉。对高校思想政治理论课教师而言，要提升信仰的魅力，需要始终对自身的社会角色定位有明确的认知和坚守。作为党把握高校意识形态主动权的专业力量，最根本的就是要真学、真懂、真信、真用马克思主义。真学就是要以虔诚的态度，把学习研究马克思主义理论作为自身的事业加以追求，对马克思主义经典著作，尤其是对马克思主义中国化理论成果要广泛涉猎，系统学习，精心研究。真懂就是善于把握马克思主义的理论精髓。马克思主义理论博大精深，作为教师个体不可能面面俱到，从这个意义上讲，真懂就是对我们自身所从事的专业领域要有所研究，要成为该领域的行家、专家。真信就是对马克思主义有着真诚的信仰，对共产主义和中国特色社会主义有着坚定的信念。对此缺乏真诚信念的人，不可能成为合格的思想政治理论课教师，也不应该留在思想政治理论课教师队伍之中。真用就是要自觉运用马克思主义的立场、观点和方法，观察社会、思考现实和解决问题，其中最为关键的是在任何场景下都能始终自觉坚守马克思主义立场。

四、以情感为纽带，搭建魅力之桥

"亲其师信其道。"情感教育是高校思想政治理论课教师将情感融入教育教学的全过程，以情动人、以情化人的理念与实践。它要求教师对学生充满热情，对教学充满激情，注重与学生的情感交流与沟通，以此提升学生对教师的信任与对思想政治理论课的认同。从某种意义上来说，情感教育是连接教师与学生的桥梁，不仅在高校思想政治理论课教学中起着极其重要的纽带作用，而且对构建思想政治理论课教师魅力起着重要的勾连作用。当代大学生的一个显著特点就是追求个性自由与社会存在感，渴望得到学校和老师的理解和尊重。而情感教育正是通过情感的注入与交流提升学生被尊重、被理解的感受，推动学生积极主动参与到思想政治理论课教学情景之中，主动接受、认同教师所传授的思想观点、道德观念、价值准则，从而促进大学生形成积极的心理感受，并最终增强学生对教师的接受度与认同度。与此同时，情感教育有助于师生情感的丰富与和谐，这是增强思想政治理论课教师魅力不可或缺的要素。师生情感交流的过程是各种情感和思想相互碰撞冲突并产生共鸣的过程，是由矛盾对立到统一的过程。一旦师生产生情感共鸣，形成高度共识并建立起丰富和谐的情感关系，学生就成为教师魅力的主动构建者与传播者，教师魅力效应会呈现几何级的增长与放大。

基于思想政治理论课的属性与大学生的时代特点，搭建教师魅力之桥需要注重以下几个方面。一是要以诚相待。思想政治理论课教师要在教学过程中与学生坦诚相待，用朴实的语言、诚实的行动进行教学，注重用事实说话，教育引导学生客观辩证认识社会、认知自我。二是平等交流。思想政治理论课是富有思想性的课程，它强调思想的碰撞，情感的交流。教师在教学过程中应该创设各种场景加强与学生的交流，并注意与学生平等理性讨论问题，不居高临下，不以势压人，使学生在思想的对话中感知理论的魅力。三是关注每一个学生。陶行知指出："真教育是心心相印的活动，唯独从心里发出来，才能打动心灵的深处。"思想政治理论课教学更是如此，教师要打动学生，需要对每一个学生倾注感情，并尽可能地去了解每一个学生的思想认识、政治观点，以及学习生活状况，并进行恰当的帮助和引导。

以大学生社会实践基地建设
推动思政课实践教学的思考*

左康华**

习近平总书记在学校思想政治理论课教师座谈会上指出，讲好新时代的思想政治理论课要坚持理论性和实践性相统一，实质就是指不仅要运用马克思主义理论培养人，更要强化实践教学、深化实践育人，把思政小课堂同社会大课堂结合起来，教育引导学生立鸿鹄志，做奋斗者。广州是国家历史文化名城，更是中国近代民主革命的策源地和先行地，拥有大量红色教育和爱国主义教育资源。借助农讲所、辛亥革命纪念馆等场所建设党史教育大思政实践教学基地群，让处于"拔节孕穗期"的青年学生在亲身参与中认识国情、奉献社会、增长才干、锤炼品格，是一个多层次、全方位的育人体系，对于当代大学生坚定理想信念，增强综合素质，培养创新意识，陶铸奋斗精神，逐步成长为德智体美劳全面发展的社会主义建设者和接班人具有至关重要的作用。

一、党史教育大思政平台实践教学基地群的发展历程

作为思想政治理论课的教学单位，广州大学马克思主义学院及前身广州大学社科部与基地依托单位毛泽东同志主办农民运动讲习所旧址纪念馆（以

---

　　* 本文系广东省本科高校教学质量与教学改革工程"党史教育大思政平台实践教学基地群"的研究成果。
　　** 左康华，广州大学马克思主义学院副教授。

下简称"农讲所")及辛亥革命纪念馆等长期合作,开展《中国近现代史纲要》《毛泽东思想和中国特色社会主义理论体系概论》等课程的实践教学。在此基础上,广州大学马克思主义学院分别于2016年3月、2018年3月与以上单位签订校级实践教学基地建设协议。近年来,每年约有6000人次的学生通过基地接受思想政治教育与爱国主义教育,合作也从学生的实践参观逐步拓宽为技术咨询、理论指导、科研合作乃至人才培养等多种渠道。

除以上两个正式合作单位以外,基地成员还包括广东革命历史博物馆及广州大学党建红色文化长廊。其中前者由广州大学马克思主义学院牵头于2017年4月签订实习基地建设协议,2022年起由广州大学美术与设计学院牵头续签;后者于2021年12月启用,系广州大学利用校内建筑打造的集展览宣教、主题景观展示、文化交流服务等多功能于一体的党史教育基地,也是构建全域思政育人新模式的重要依托。马克思主义学院深度参与了该走廊的内容建设与运行,并将其设为实践教学场所,推动广大师生进一步"学史明理、学史增信、学史崇德、学史力行"。鉴于广东革命历史博物馆及广州大学党建红色文化长廊与基地群建设主题的高度相关,因特殊原因无法成为正式合作单位,因此将其作为基地成员列入,参与基地的整体运行与使用。

整体而言,党史教育大思政平台具有以下优势。

第一,合作历史悠久。马克思主义学院及其前身之一广州大学社科部从20世纪90年代开始将农讲所、广东革命历史博物馆等单位作为实践教学合作单位,并在第一时间与新建立的辛亥革命纪念馆签订校级实践基地协议,开展全方位的合作。

第二,资源丰富、设施齐全。依托单位均设有陈列部、研究室等,有大量研究成果和宣传资料,指导力量雄厚,可满足大批量学生开展实践教学。辛亥革命纪念馆硬件设施更为优越,设有能容纳两百多人的报告厅和四十多人的教室,能承担参观、教育、讲座、教学、实习等多种类型的实践任务。

第三,基地建设成果丰硕。合作出版专著1部,研究论文百余篇;学生每年提交实践报告四千余份,研究实力雄厚,研究成果及学生实践成果丰硕。

第四,社会影响深远。广州大学党建红色文化长廊自投入使用以来,已变成广州大学对外展示育人成效的新名片,《中国青年报》《南方日报》《羊城晚报》《广州日报》等多家媒体就红色长廊开展实践教学的情况进行了报道,形成了较大的社会影响。

广州大学同以上基地群的合作方式包括以下形式。其一，实践教学，包括思想政治理论课课内教学及社会实践课等。通过现场教学的方式，教师对学生进行情感教育和政治认同教育，提高教学效果。其二，理论指导。广州大学马克思主义学院专职教师为基地的陈列、展品研究、党史馆史研究进行技术指导。其三，人才培养。学校结合国家级一流专业思想政治教育专业人才培养目标，深化科教融合、产教融合，通过实习、教学实践、志愿服务等方式实现人才培养的创新改革。

二、依托基地群开展思政课实践教学的优势

作为广州大学校外实践教学基地和长期合作对象，农讲所等依托单位很好地承担起了思想政治理论课实践教学的功能和使命。

其一，有助于党史教育及近代史教育的生动化。中国共产党历史是记载着民族独立、人民解放、国家富强、人民富裕的奋斗史，蕴含着中国共产党人的奋斗历程与伟大成就、光荣传统与优良作风、实践创造与历史经验，蕴藏着马克思主义中国化时代化的理论成果与实践力量，涵养着红色基因与伟大民族精神。在大学生群体中开展学党史、悟思想、明理论、勤实践的党史教育，具有不可忽视的意义。通过现场教学、志愿服务等多种方式创新大学生党史教育形式，是大学思想政治教育重要的一环。

其二，有助于拓宽"大思政课"平台建设。2021 年，教育部印发的《高等学校思想政治理论课建设标准》中提出，要建设"大思政课"，把思政小课堂与社会大课堂相结合，突出实践教学，将生动鲜活的实践引入课堂教学，将课堂设在生产劳动和社会实践一线，全面提升育人效果。农讲所、辛亥革命纪念馆等旧址与场馆是第一次国共合作的产物以及农民运动理论的诞生地之一，见证着马克思主义中国化的重要历程，是对大学生进行党史教育、社会主义发展史教育的重要场所。将基地建立为省级基地，可以在现有平台基础上提升接待能力，规范管理制度，满足更多大学生实践教学活动需求，并将其作为思想政治课社会实践课的重要平台，真正建立起"大思政课"。

其三，有助于提升学校社会服务能力。广州大学作为以国家重要中心城市"广州"命名的综合性大学，始终坚持和城市共生共荣共成长。农讲所等

合作单位是具有历史意义的革命纪念地, 广州大学与农讲所等单位的合作有助于提升广州大学的社会服务能力, 彰显 "扎根中国大地办大学" 的教育理念。

其四, 有助于创新人才培养方式。随着社会大环境及高校小环境的变化, 思想政治教育工作面临着新的要求。将基地建设为省级基地, 建立起 "1+4+N" 的实践教学育人体系, 有助于扎实推进国家级一流专业建设, 形成以学生创新能力培养为核心, 以社会需求为导向, 以学生个性发展为目标的培养特色, 获得良好育人成效。

具体而言, 在基地群建设中通过以下途径致力于实践教学优势作用的发挥。第一, 以提升党史教育效果为目标, 增强思想政治理论课实践教学感染力。党史教育以党的发展道路、经验教训、伟大人物、精神传承等为主要内容, 不断发挥导向、育人、激励功能优势, 基地群 "2"（合作单位）+ "2"（基地成员）的主题及对应历史阶段首尾衔接, 基本覆盖了中共党史、中国近代史的近代探索、资产阶级革命、中国共产党的成立及第一次国共合作、大革命、新民主主义革命期间发生在广州地区的重要历史事件。基地群的建设与使用扩大了党史教育在青年群体中的影响力, 对青年学生提高政治站位、道德情操有重要影响, 对高校思想政治教育与人才培养明确发展方向、主题主线起着指导作用, 对政治生态稳定、政治生活强化、传承红色基因起着关键作用。

第二, 以建设大思政课程教学平台为导向, 促进实践教学的融合性。以思想政治理论课 "小课堂" 协调带动各类育人资源, 统合理论课实践学时、社会实践课及课程思政部分的教学, 将理论教育与实践教育、课堂教学与课外教学、学校教育与社会教育、思政课程与课程思政有机结合起来, 建好强劲有力的 "大课堂", 构建全员、全过程、全方位的育人育德体系。

第三, 以提高广州大学本科生人才培养质量为宗旨, 创新实践教学的育人效果。建设 "1+4+N" 的实践教学育人体系, 其中 "1" 是国家级一流本科专业思想政治教育专业, "4" 是专业核心课程与思政课程同向同行且课程思政基础较好的历史学、旅游管理、播音与主持、美术学等专业, "N" 是以上5个专业以外的其他专业。建立起以思想政治教育专业为首、历史学等专业协同、文理工商艺体类专业并进的实践育人体系, 是基地建设的重要目标。

三、以思政"大课堂""大平台""大师资"建设提升实践教学效果

以基地为依托，面向思想政治教育、历史学、旅游管理、播音与主持、美术学等专业，建立包含思想政治理论课教师、专业课教师、基地合作单位导师和思想政治课社会实践课、思想政治理论课实践教学以及专业实践类课程在内的"大课堂"，广州大学与农讲所、辛亥革命纪念馆、广东革命历史博物馆及广州大学红色长廊等校地合作的"大平台"，思政课教师、专业课教师、基地研究员等在内的"大师资"，形成基于"大思政"理念的思想政治教育实践教学体系。

(一) 实践教学"大平台"体系建设

由广州大学马克思主义学院牵头，协调校内人文学院、管理学院、新闻与传播学院、美术与设计学院等，联合农讲所、辛亥革命纪念馆及广东革命历史博物馆、广州大学红色长廊等合作单位及基地成员，建立起思政课教学资源平台、理论及文献研究平台、在线开放课程平台、虚拟仿真教学平台、大学生思想政治教育质量评估平台等五大资源平台建设，打造数字化、一体化、精细化优质资源供给体系，优化教学资源，充分挖掘基地合作单位蕴含的育人元素，通过鲜活案例、生动故事和宝贵素材推动党史教育和思想政治教育教学效果。

(二) 党史教育"大课堂"课程体系

1. 思想政治课社会实践课

该实践课面向对象为五个专业本科生，包括思想政治理论课的课内实践及社会实践。思想政治理论课现有五门骨干课程，均拥有理论学时及实践学时，其中实践学时是对课程教学内容的配合。农讲所等作为第一次国共合作的产物以及农民运动理论的诞生地之一，见证着马克思主义中国化的重要历程，是对大学生进行党史教育、社会主义发展史教育的重要场所，与中国近现代史纲要和毛泽东思想和中国特色社会主义理论体系概论课程的教学高度相关。基地的建设有助于上述课程教学效果的提升，影响力遍及全体本科生。

思想政治课社会实践课是教育部要求单独设立的通识类必修课程，广州大学思想政治课社会实践课被纳入第二课堂管理，具有形式多样、特色鲜明、亮点突出的优势，但也存在标准不统一、规范性不足的问题。基地建设有助于学校落实中宣部、教育部 "规范实践教学，把思想政治教育有机融入社会实践、志愿服务、实习实训等活动中，切实提高实践教学实效" 的要求，通过社会实践课的单独设置、集中管理，加强课程建设、统筹实践协同，提升思政实践教学实效。

2. 专业课课程思政

面向对象为历史学、旅游管理、播音与主持、美术学专业。深入挖掘专业课程中蕴含的思政元素，结合专业课程的特点，将党史教育元素有机融入专业课程讲授中，让爱党、爱国、爱社会主义的情感在专业课堂教学中自然流露，让专业课程讲出思政味道，让学生在听专业课中潜移默化地受到思想教育。通过专业课课程内涵建设，以充分发挥课堂教学主渠道的价值引领作用为构建标准，不断拓展和丰富课程思政教学体系的内涵。

3. 专业实践类课程

面向对象为思想政治教育、历史学两个师范类课程。广东省在全国率先开启的 "新师范" 建设规划要求建成以师范院校为主体、其他高校参与，以本科和研究生教育为重点的新时代师范生培养体系，办好一批高水平、有特色的师范院校和一流师范专业，提升师范院校服务区域基础教育发展能力。实践类课程在师范专业人才培养中起着不可替代的作用，是学生加深社会认知、关心社会发展，利用专业知识解决社会问题的重要途径。思想政治教育、历史学实践教学可以借助基地平台，在专业教育得到强化的同时，推动实现德育、智育、美育、体育和劳动教育的实践化。

四、作用机制与教学效果

第一，完善组织架构、制定管理办法，建立起一支结构合理、素质优良、结构稳定的师资队伍，以及规范的日常管理制度，切实发挥基地在协同育人、实践教学、社会服务等方面的功能。

第二，制定并实施《思想政治课社会实践课教学大纲》，通过读书报告、暑期实践、社会考察、志愿活动等多种形式统筹推进广州大学思想政治课社会实践课的实施。

第三，加强思想政治理论课基层教学组织的规范化管理，通过集体备课、教学观摩、以老带新等多种方式，深化基地在思想政治理论课的现场教学中的作用，推动教学效果的提升。

第四，在延续与深化思想政治教育专业人才培育相关探索的基础上，结合基地的运行，形成更具创新意义和实践指导意义的人才培养方案，进而形成包括分类培养方案、专业课教学质量提升等在内的一整套人才培养实施方案，并向校内国家级、省级一流专业的人才培养，以及省内外思想政治教育专业的人才培养提供可复制、可移植的经验。

第五，形成一系列科研、教研成果，通过科研合作提升基地和纪念馆在省内外、国内外的影响力，实现校地合作、产学研合作的示范效应。

在运行体系方面，思想政治教育实践教学基地群的组织机构实行校—院—基地三级管理体制，以院为主的管理模式，学校成立由主管校领导任组长的思想政治教育实践教学基地群建设领导小组，领导小组成员由教务处、财政处负责人及有关学院的领导组成。领导小组负责指导检查基地建设工作，统筹解决基地建设中的重大问题，以保障实践教学的顺利开展。同时，建立实践教学效果评价制度，包括学生评价制度和教师评价制度。前者规定学生应严格遵守基地的规章制度，积极参加各类实践，同时根据学生的表现和实践成果进行综合评价；后者根据校内指导教师的指导记录及所负责学生的工作表现、对学生动态的掌握是否全面而及时，以及是否能对出现的问题及时解决等情况进行评价。此外，学校制定《思想政治教育实践教学基地管理条例》《思想政治教育实践教学基地实践教学实施办法》《思想政治课社会实践课教学大纲》等各项规章制度，切实发挥基地在协同育人、实践教学、社会服务等方面的功能。

在基地日常运行的基础上，为进一步深化合作，学校聘请合作单位研究员担任思想政治课社会实践课导师、思想政治教育专业实践类课程课外导师，以及邀请广州大学相关专家赴农讲所开展理论宣讲、党史教育等，建立多渠道、多层次的深度合作机制。

在师资队伍与建设投入方面，为保障基地的正常运行、充分发挥各项功能，基地群建立满足高水平实践教育需要的教学队伍。该队伍以优化校内、馆内现有人力资源为主，采用选拔与培养相结合的方式，实现基地的长期运行和良性发展。广州大学积极建立一支跨学院、多学科背景的师资队伍：在学科背景上，以马克思主义学院、马克思主义理论学科骨干为主体，同时吸纳来自公共管理学院、人文学院、新闻与传播学院、美术与设计学院的社会学、历史学、播音与主持、设计等专业的专职教师；在年龄和学历结构上，建立一支结构合理、博士或教授比例达到 100%、具有较强研究能力的师资队伍。

在人力方面，共建双方高度支持基地建设，整合校内、馆内优质师资和人力资源，建立一支结构合理、素质优良、结构稳定、管理规范的师资队伍，足以支撑改革人才培养模式、加强实践教学环节、提升大学生实践能力和社会责任感等各项工作的进行。

在物力方面，基地主要依托合作单位的场地，通过健全的管理制度、周密的教学安排、健全的岗位责任制等实现实践教学任务高质量的完成。合作单位均设有陈列部或研究部，场地充足，教学设施完善，研发条件优厚，方便师生实习和创新创业实践。其中，农讲所设有专属文创馆的润物堂，可以为设计系相关实践的开展提供优质平台。

在财力方面，学校每年有固定的实践教学经费投入，包括给基地依托单位的管理费、学生的部分住宿和交通费、基地指导教师的课酬、学校教师到基地的住宿和生活补贴等。同时，思想政治理论课专项经费、基地成员个人科研经费、教研经费等也可部分用于基地相关工作的开展。

该基地群运转良好，合作出版专著《农民运动的摇篮：广州农民运动讲习所》，发表教研论文《广州农讲所的历史贡献》，形成学生作业及社会实践报告等六百余篇，志愿服务约 100 人次/年。

高校思想政治理论课实践教学方法论探讨[*]

王　敏[**]

　　高校思想政治理论课实践教学是一种寓教于"行"的教学过程和教学方法。要真正实现实践教学的目标，必须在方法论上进行系列创新，推进定位理念课程化、执行路径立体化、教学资源现实本土化以及考评考核系统化。

　　实践教学是指"在教学过程中建构以具有教育性、创造性、实践性的学生主体活动为主要形式，以激励学生主动参与、主动实践、主动思考和主动创造为基本特征，以促进学生整体素质全面发展为目的的一种新型的教学观和教学形式"[①]。实践教学是一种寓教于"行"的教学过程和教学方法。与传统思想政治理论课教学以教师为中心、教学内容简单枯燥、教学方法单一、忽视学生主体性不同，实践教学强调"以生为本"，充分调动和发挥学生的主动性和积极性，在教学内容、教学途径、教学策略上更加贴近现代大学生的认知特点，更符合现代教育理念，更有利于提高当代思想政治教育教学的针对性和有效性。

一、少数高校思想政治理论课实践教学现状

　　当前少数高校思政课实践教学不仅有认识不足、管理体系及标准构建缺

　　[*] 本文系广州市教育科学项目《高校思想政治理论课程实践教学一体化研究》、广东省教学改革项目《思想政治理论课程实践教学体系的构建与完善研究》的研究成果。本文载于《新西部（理论版）》2015 年第 23 期。
　　[**] 王敏，广州大学政治与公民教育学院副教授。
　　[①] 教育部社会科学研究与思想政治工作司：《高校思想政治理论课实践教学的探索与思考》，高等教育出版社 2005 年版，第 50 页。

失的现状，还缺乏一套行之有效的方法论体系。具体表现为，个别高校思想政治课实践教学虽有布置或执行，但往往 "形式大于实际" 或者 "流于走过场" 进行：教师课前较少对学生进行动员和辅导，让学生自己利用课余时间去做，期间教师欠缺追踪指导、沟通与监督，只要求学生在期末交调研报告，教师据此给个成绩就算完成。甚至少数教师只允许学生按教师的要求、思路提出和解答问题，不承认学生的个体反映和思考。此外，现代化的教学手段、教学设施也未普及或在教学中得到广泛的推广和运用。再加上思政课授课合班上课现象较为普遍，教师难以顾及每一个学生的学习状态，最后真正能参与到实践教学中的学生非常有限……这样的实践教学既缺乏有效的组织、设计和指导，也未开发学生的主体性、创造性，导致学生对实践教学的重要性认识不清，参与的积极性、主动性缺失，严重制约高校思政课实践教学的效果。因此，对高校思想政治理论课实践教学方法论体系的探求成为迫切需要完成的任务。

二、关于高校思想政治理论课实践教学方法论的探讨

1. 课程化必须是高校思想政治理论课实践教学的首要定位

中央宣传部和教育部曾于 2005 年联合发文指出，高校思政理论课应探索实践育人的长效机制，避免流于形式，所有课程都要加强实践教学，建立并完善实践教学机制，"围绕教学目标，制定大纲，规定学时，提供必要经费，加强组织和管理，" 不断推动大学生走出校园，走入社会，到社会基层、部门、企业去锻炼、实习和社会调研，尽一切可能的办法和途径开展实践教学活动，不断提升大学生的思想政治素养和社会分析判断能力和适应能力。为进一步巩固和加强高校思政理论课实践教学成效，中央宣传部、教育部于 2008 年 9 月再次强调，应进一步完善实践教学制度，对加强高校思政理论课实践教学作出了更具体、明确的指示："本科思想政治理论课现有学分中划出 2 个学分、从专科思想政治理论课现有学分中划出 1 个学分开展本专科思想政

治理论课实践教学。"① 这些文件的要求，在理论上和政策上为高校思想政治理论课实践教学课程化的首要定位提供了依据。

在总体上，把"实践教学"环节纳入思政理论课各课程教学计划中，在"思想政治理论课教学目标"这根指挥棒下，对各课程的实践教学进行科学、全面的统筹规划，使各课程的实践教学活动有机地融为一体。在具体各门课程的实施中，就如理论课教学一样，教学主题、目的和大纲明确，教学计划、教案、学分和课时落实到位，教学基地相对稳定，教学设施以及有效的教学考核标准和体系比较完善。实践教学课程化直接体现教育主管部门对思政课实践教学的重视和明确的教育取向，它不仅激起教师对实践教学环节强烈的职业责任意识，避免走过场、形式化，而且唤起学生的兴趣，纠正其对实践教学的偏见，提高其参与的积极性。这有利于解决思政理论课实践教学地位不明、机制不畅、活动散乱等弊病，使之更科学、规范，真正落到实处。

2. 立体化是高校思想政治理论课实践教学的必然路径

"实践教学活动特指教师将校内课堂教学延伸至社会。带领学生走向社会大课堂进行的教学活动。"② 欲借助高校思想政治理论课实践教学带领学生走向社会大课堂、了解复杂的社会，实践教学的实践路径也相应地应是丰富而立体的——不仅有校外的实践教学，还有课堂的、校园的以及网络的实践教学，即通过多样化、全方位、立体化的路径进行实践教学。

其一，课堂实践教学。教师根据具体的教学内容以"案例解析""理论和现实""时事热点论坛"等方式，通过讨论、辩论、课堂回答问题等形式，引导学生积极参与课堂实践教学活动。在这期间，学生不仅能扬长避短，更能不断完善自己。如此，课堂不但是知识的载体，而且是师生共同探知求新的场所，是师生思想碰撞的平台。通过以教师为主导、学生为主体的心灵体验和感悟式的教学，学生能运用所学知识发现、分析与解决实际问题。这对学生综合素养与能力的提升大有帮助，不仅助力他们理解和吸收思想政治教育的理论知识，提高思政理论思辨能力、是非判断力、语言沟通与表达能力等，而且培养了学生积极主动探索问题和解决问题的内在精神和品格。

① 中共中央宣传部、教育部：《关于进一步加强高等学校思想政治理论课教师队伍建设的意见》，2008 年 9 月 23 日，见 www. moe. gov. cn/s78/AB/s7061/201410/t2014102/_ 178938. html.

② 康小莉、王俊奇、周秀菊：《高校思想政治理论课实践教学探索——基于课程化、体系化的视角》，《石家庄学院学报》2012 年第 4 期。

其二，校园实践教学。教师根据教学内容有意识地寓实践教学于学生的社团活动、寝室文明竞赛、校园互帮互助、勤工俭学、各级各类的大学生辩论赛以及邀请专家来校讲座等活动之中。学生在相对开放的、活泼的环境中，通过各种形式的活动进行思想政治教育与体悟，深化对课程教学内容的理解，在实践中体验思政理论的重要性，提高思政理论学习的主动性、积极性和知识的自觉运用能力。

其三，社会实践教学。让学生能够走出课堂、走向社会，运用课堂所学理论解决实际问题，做到知行合一，是思想政治理论课的重要目的。教师根据教学中学生关注的社会焦点、热点，结合思政理论设计社会调研选题，引导学生利用课余时间、不受具体地点限制，通过问卷、访谈、参观、实习等多种方式深入社会基层，对自己所关注或者感兴趣的问题展开调查研究，撰写研究报告、参观感想、实习记录等总结材料。促使学生带着问题有目的地经对实地考察而得到案例或数据分析，运用所学理论有针对性地提出意见和建议。每一环节，不仅提升学生的协同作业能力、责任感以及分析和解决问题的能力，而且增强了学生对思政理论的理解与认同。可以说，社会实践，是学生深入了解国情和社会，完成从感性认识上升到理性认识再到以认识指导实践这一认识过程的飞跃，真正将所学知识内化为能力和素养，做到知行合一的最易见效的途径。

其四，网络实践教学。在信息时代，互联网和各种通讯手段十分发达。大学生被称为"伴随鼠标长大的"一代，他们留在网上的时间比以往任何一代都要长，网络交流、学习成为大学生主要的学习和人际交往方式，借助互联网虚拟平台开展实践教学是最符合现代大学生特点的一条实践途径。调查发现，学生虽长时流连网络，但他们浏览、关注的主要是娱乐八卦等快餐式题材的内容，对于国家、社会发展产生很大影响但与自己看似没有太大关联的事件较少关注，即使关注也很少进一步探究事件背后的实质与意义。对社会现实了解、关注非常狭窄，加之自身先前固有的一些主观观念的影响，很多时候大学生看问题比较片面，甚至当看到思政课教材中一些理论与自己认识的现实存在一定差距时，就开始怀疑、排斥甚至是抵触。教师应有意地引导学生通过慕课、网络公开课、网上论坛等形式，用更开阔的视角、更长远的眼光，更具未来延展性地开展互联网实践教学。同时，师生通过互联网可以即时、有效、便捷地进行一对一或一对多的，关于思想、学业、生活、未来等各方面广泛的交流和探讨，可有效将课内外实践教学有机统一起来。

随着网络技术的迅速发展和普及，当代知识观、学习观和人才观也发生了巨变，高校教学更加注重综合能力、创新意识的培养。课堂、校园、社会以及网络等全方位、立体化实践教学，各个方面优势互补，缺一不可。高校思政理论课实践教学立体化有利于学生全面了解社会、认识社会，迅速形成正确把握世情、国情、社情、民意的能力与理性解决各种问题的判断力，为学生将来毕业后步入社会成为国家栋梁奠定坚实的基本功。

3. 因地制宜、因人而异是高校思想政治理论课实践教学的基本策略

2004年中共中央、国务院发布《关于进一步加强和改进大学生思想政治教育的意见》明确提出，高校思政教育必须走理论教育与社会实践相结合的道路，既抓课堂教育，又着重引领大学生"深入社会""了解社会""服务社会"。对于高校师生而言，最具直接性、真实性、现实性、鲜活性的社会当然就是高校所处的本地社会和学生原来生活的社会。因为高校处在各自当地的地域、社会和文化环境之中，师生也必然受到当地社会、文化、风俗、习惯的影响。每个大学生的思想、文化、习惯都是他成长的家庭、学校、社区、邻里等社会环境的产物。这些都应成为高校思政课实践教学重要的本土社会文化资源。它能以就近便利的特点，贴近学生生活背景，便于学生较快进入实践情境；它提供典型案例及系列材料或场景，既方便学生进入实践状态、搜集资料、甄选信息和方法、提炼方案、提出建议和对策，甚至检验方案建议的正确与否等，又可以为高校思政理论课实践教学提供独具优势和鲜明特色的教学素材、平台和基地。所以因地制宜、因材施教应是高校思政理论课实践教学的基本取材策略。教师根据思想政治教育主旨和目标，结合本土文化，有针对性地设计实践教学主题和活动，引导学生积极深挖学校本地或学生家乡本土文化资源的内涵，拓展其外延，将"校本地"和"生本地"资源的优势和实践教学的目标有效结合起来，使学生用所学理论知识理解、分析并解决本地现实中的实际问题，在独特、真实、鲜活、亲切的本地社会文化资源的启迪下，将自己课堂所学内化为自身的意志品性。

4. 系统化是高校思想政治理论课实践教学的考评考核机制

2005年中宣部、教育部下发的《关于进一步加强高等学校思想政治理论课教师队伍建设的意见》强调，各高校着手完善实践教学制度，划出相应学分开展思想政治理论课实践教学，相继将实践教学环节纳入课程内容当中。

但就目前开展情况而言,少数学校将实践教学仅仅局限在社会实践上,亦即以学生的社会实践报告作为唯一衡量、考核学生实践教学环节的成效的标准,这实际上并非实践教学的目标或本意。

综上所言,高校思政理论课实践教学应该课程化、全方位、立体化,所以,高校思想政治理论课实践教学考评考核机制,应是系统而综合的,绝不能是单一的。具体来说,从学生参与课堂实践教学分析解决问题时就应开始考核考评。例如,课堂实践教学主要是学生参与、教师引导和指导进行的讨论、讲演、辩论等活动,可根据学生在各活动中的态度和表现,让学生自评、互评或让教师点评,师生共同完成学生课堂实践教学考核。课外实践教学环节主要是让学生在学习理论知识的基础上,进一步亲身参与社会实践,运用所学解决实际问题。教师可根据学生参与活动的次数、活动的结果以及最后的实践教学总结性报告、材料,综合给出学生实践教学各环节的成绩。不论是课堂的还是课外的实践教学成绩,都可按不同比例一并纳入学生平时成绩中。经验表明,高校思想政治理论课实践教学考评考核上的综合化、系统化,不仅推动学生踊跃参与实践教学环节,锻炼全面能力,修养良好品性,而且有利于教师对实践教学各环节的监督、管理和自我提升,能够不断提高和完善实践教学的针对性和实效性。

三、结语

思想政治理论课实践教学是实现思政理论教育从单一的课堂教学到学校、企业、社会多方协同参与,从内至外全面实现思想政治理论课程改革的一次质的飞跃。不论是哪种途径与平台的实践教学,都必须始终坚持的一个总的基本的方法论原则是教师主导引领、学生主体实践、师生同参与和进步,并且以此贯穿整个实践教学各环节之中,使整个思政理论课实践教学成为一个有机的整体,唯此,才能使理论入脑入心。

在思想政治理论课教学中实施主体性人格教育*

吴九占**

主体性人格教育是高校思想政治理论课程的要求，是促进大学生全面发展的现实需要，也是适应社会主义市场经济发展的必然要求和建设和谐社会的迫切需要。高校思想政治理论教育要贯彻以人为本和内化性、个性化的原则，强化大学生的主体性人格意识，进行人的价值和社会主义荣辱观教育，特别应着力于理想信念教育、思想道德教育和心理教育。

教育活动的目标是促进人格完善与实现自由和谐发展。高校思想政治理论教育是培养大学生主体性人格的主渠道，在主体性人格的形成、发展和完善中发挥着十分重要的作用，担负着重要责任。思想政治教育要充分发挥培养主体性人格的基本功能，把培养人格健全的、全面发展的人作为出发点。

一、当前高校主体性人格培养现状

大学生心理发展趋于成熟，价值观念渐趋稳定，道德水平不断提高，是个体人格发展和完善的重要时期。高校思想政治理论课程要充分发挥主体性人格教育的基本功能，展现其在培养大学生主体性人格方面的诸多优势。

马克思主义关于人的全面发展的学说，是高校思想政治理论课程实施主体性人格教育的理论基础。马克思十分重视个体人的发展，他深刻地指出：

---

　　* 本文系广州市高校教育教学改革项目"主体人格培养：提高思想政治理论课教育实效性的研究与实践"的研究成果。本文载于《教育评论》2009 年第 5 期。
　　** 吴九占，广州大学马克思主义学院教授。

"人们的社会历史始终只是他们的个体发展的历史，而不管他们是否意识到这一点。"① 邓小平也十分重视个体人的素质，他指出："我们国家，国力的强弱，经济发展后劲的大小，越来越取决于劳动者的素质，取决于知识分子的数量和质量。"② 科学发展观则更加强调以人为本，促进人的全面发展。社会主义现代化建设的关键是人的现代化，而人的现代化的基础是人格的现代化。高校思想政治理论课是对当代大学生进行素质培养、塑造其主体性人格的一项基础性工程，是发展先进文化的重要内容和中心环节。因此，高校思想政治理论课实施主体性人格教育，对大学生的发展有着重要的现实意义。

任何一种社会结构和人们行为的背后，总有相应的人格在支撑着。与我国传统的农业社会相对应的，是片面强调人的道德和义务，过分注重人的思想教化和人际和谐的德性人格。

随着我国社会主义市场经济体制的建立和发展，这种传统人格受到了前所未有的挑战。市场经济是利益制导、自主创新、公平竞争、优胜劣汰的经济体制模式。与社会主义市场经济相应的人格也应该是现代化的人格，即具有强烈的自主意识、利益意识、权利意识和创新意识的主体性人格。因此，针对部分大学生不适应社会进步与发展的需要，以及不同程度地存在人格缺失的现状，高校思想政治理论课必须发挥主渠道和主阵地的作用，加强大学生的主体性人格教育。

建设社会主义和谐社会，不仅要求社会的经济、政治、文化等各系统和谐，而且要求人与自然和谐、人自身的发展和谐、人与人的关系和谐。从目前的状况来看，部分大学生的主体意识不强，在人的价值、人的尊严、人的品格方面认识不够，自控能力较差，从而影响着他们健康人格的形成。高校思想政治理论课担负着完善大学生主体性人格的责任，必须及时科学地实施主体人格教育，从思想、心理、知识上引导大学生正确认识社会、认识自我、发现并完善自我，这对于促进社会主义和谐社会的发展显得非常必要和迫切。

人格体现为个体的内在精神状况和外在行动规范，需要一个潜移默化的形成过程。因此，高校思想政治理论课程实施主体性人格教育，应该遵循人格形成、发展和完善的规律，坚持正确的原则。

---

① 《马克思恩格斯全集》第 27 卷，人民出版社 1972 年版，第 478 页。
② 《邓小平文选》第 3 卷，人民出版社 1993 年版，第 120 页。

（一）以人为本

在传统教育中，过多地强调教师的主导因素，长期忽视甚至无视教育的主体性，从而抑制了学生主体性人格的形成和发展。在高校思想政治理论课程教学中进行主体性人格教育，首先要坚持以人为本的原则，把教育对象作为主体，把大学生当成具有独立性、自主性、能动性和创造性的人，尊重学生的主体地位。要改变传统的"师道尊严"观念，改变单方面灌输和空洞说教的教育方式和教学方法，营造民主、平等、宽松、和谐的教育氛围，建立平等、友爱、相互尊重的新型的师生关系，从而唤起大学生的自我人格意识，使大学生形成主体意识，实现其在主体性人格教育中的主体地位，从而形成、发展和完善大学生的主体性人格。

（二）内化性

内化性是教育学中的一个重要原则，也是思想政治理论课程实施主体性人格教育必须坚持的原则。内化是一种自主性、能动性的活动，是一项再加工的创造性劳动。它是教育对象把接受的教育信息纳入自己原有的知识体系和价值体系之中，通过自身思考和感悟，甚至是通过自己的实践，由"知道"到"悟道"再到"体道"的过程。其中，"知道"只是接受了知识和理论，"悟道"是实现了知识的融合和理论的融通，"体道"则是把知识和理论融化为一种精神，并把自己选择的"道"在言行中体现出来。这是内化的过程，也是内化的结果。在高校思想政治理论课程教学中进行主体性人格教育，首先要注重知识和理论的讲授。同时，价值教育尤为重要，它是主导知识和理论，并最终内化为价值取向和人格精神的直接素材。在课堂教学中一定要尊重学生的主体性地位，针对学生实际，进行知识和理论的传授以及价值的引导，帮助学生把这些信息内化为内在精神和外在规范，这对大学生主体性人格的培养非常重要。

（三）个性化

个性化是一个人区别与他人的特殊性，是主体性人格的基本特征，也是"因材施教"的重要依据。每个人在社会化的过程中，都会形成自己独特的人格，出现个性化倾向。落后的教育在指导思想上往往过分强调统一性，按照

"塑造论"的思维定势，把学生培养成同一模式的"制成品"，忽视个性发展，否定主体性人格。在教育过程中，忽视大学生的自尊、兴趣、态度、情感、意志，看不到学生的个性差异，教学活动变成了空洞说教和布道。同时，落后的教育也忽视大学生的个体需要与个体价值，以及社会价值与个体价值的互相转换，造成知行背离，造就虚假的人格，不能使学生形成稳定的心理特征，培养不出完善的主体性人格。应该指出的是，每个大学生都有不同的性格和气质特征。这就要求思想政治教育要坚持以学生为中心，从学生的个性特点出发，因人而异地选择多样化、个性化的教学目标，使每个学生得以形成自己的主体性人格。

二、思想政治教育强化学生主体性人格的方法

针对学校教育关于主体性人格培养的状况和大学生主体性人格形成的特点，思想政治教育应该从以下几个方面强化对学生的主体性人格教育。

正确引导学生主体性地位的确立，是思想政治教育培养主体性人格的基础。主体性是人作为活动主体在对客体的作用过程中所表现出来的主体地位、主体能力和自我意识。它不仅体现在人作为主体与自然界的关系，还表现在"劳动主体相互间的一定关系"①，即人与人之间相互交往的特性。人的主体性地位确立的过程，也是自我意识日益增强、主体地位日益显现的过程。因此，主体性地位的确立，是主体性人格形成的基础。思想政治教育应注意唤起和提高大学生的主体意识和自我意识，使之建立起自尊、自信、自立、自强等意识，并引导学生进行自我教育，从而使学生确立起自我在主体性人格教育中的主体地位。同时，在思想政治教育中教师要尊重大学生的主体地位和人格，即尊重大学生在道德形成中的主体地位和道德人格，从而使学生更好地形成主体性人格。在主体性人格的培养过程中，切不可过分强调个体的主体地位，以免走向极端，陷入"个人主义""英雄主义"的泥淖，影响健康人格的形成。

进行人的价值的教育引导，是思想政治教育培养主体性人格的核心内容。

① 《马克思恩格斯全集》第 46 卷，人民出版社 1979 年版，第 496 页。

人的价值包括自我价值、社会对个人的价值和个人对社会的价值。首先，自我价值就是通过自己的劳动实现对自己需要的满足。这是人的价值实现的基础，而其中最根本的则是人的生命价值。马克思指出："任何人类历史的第一个前提无疑是有生命的个人的存在。"①可以说，生命存在是人的一切活动的前提。因此，思想政治教育首先要加强生命教育，培养学生生命存在的自我意识，让学生珍惜自己的生命价值，进而珍爱他人的生命，形成健康的生命态度。其次，社会对个人的价值，就是社会对每个成员的生存、享受、发展等需要的满足，是人的价值的重要组成部分。注重社会对个人的价值，就是要求社会对个人的权利、地位、尊严和利益的认可和满足。这种认可和满足，宣示了个人成为社会的主体，体现出一个人的主体性人格。思想政治教育要加强世界观、人生观、价值观以及社会学知识的教育活动，使学生了解所处的世界和社会，了解自己在这个世界和社会中所处的位置，了解自己的义务和责任，感受到生存的意义和价值。最后，个人对社会的价值，即我们通常所说的人生价值。它是人作为价值客体对价值主体社会的价值，其主要表现就是个人对社会的贡献，这是人的价值的最高实现形式。马克思说："如果一个人只为自己劳动，他也许能够成为著名学者、大哲人、卓越诗人，然而他永远不能成为完美无疵的伟大人物。"②思想政治教育要加强人生观、价值观和公民意识教育，使学生认识到人是社会的人，个人是在实现社会价值的过程中实现自我价值。一个人对国家和民族的贡献越大，他的个人价值也就越大，越发受到他人和社会的尊重，越发体现出人的主体性。思想政治教育在对主体性人格的培养过程中，只有注意协调好三者的关系，才能培养具有主体性人格的人。

教育学生确立社会主义核心价值体系，是思想政治教育培养主体性人格的重要手段。党的十七大明确提出要建设社会主义核心价值体系，"切实把社会主义核心价值体系融入国民教育和精神文明建设全过程"③。马克思主义指导思想、中国特色社会主义的共同理想、以爱国主义为核心的民族精神、以改革创新为核心的时代精神、以"八荣八耻"为主要内容的社会主义荣辱观，

①《马克思恩格斯全集》第3卷，人民出版社1960年版，第23页。
②《马克思恩格斯全集》第40卷，人民出版社1975年版，第7页。
③《中国共产党第十七次全国代表大会文件汇编》，人民出版社2007年版，第33页。

构成了社会主义核心价值体系。首先，马克思指出，未来社会是"以每一个人的全面而自由的发展为基本原则的社会形式"①，"在那里，每个人的自由发展是一切人的自由发展的条件"②。因此，思想政治教育要依据马克思主义的基本观点和方法，培养学生的主体性人格，促进学生全面而自由地发展。其次，理想是人格的重要组成部分，是一个人的精神支柱。在对学生进行理想信念教育时，要引导他们把个人理想与共同理想的实现统一起来，在建设中国特色社会主义的事业中，形成自己正确的主体性人格。最后，民族精神是一个国家民族的灵魂，时代精神是当代最主要的精神表现。要把以爱国主义为核心的民族精神、以改革创新为核心的时代精神贯穿到整个教育过程中，使传统人格要素在新形势下得到继承和发扬，从而更好地形成现代完善的主体性人格。此外，社会主义荣辱观是新时期形成的对是非荣辱、善恶美丑的正确价值判断，要重视对学生进行社会主义荣辱观的教育，使之内化为行为规范，从而促进学生形成完善的主体性人格。

三、高校思想政治教育培养主体性人格的着力点

高校思想政治理论课程实施主体性人格教育，应该根据大学生主体性人格形成和发展的特点，依据高校思想政治理论课程的教学内容，把着力点放在以下几个方面。

第一，理想信念是主体性人格的重要方面，只有具有高远正确的理想信念，才能形成完善的主体性人格。大学生正处于认知能力和智力发展的鼎盛时期，又面临生活道路、职业道路的选择，是确立生活理想、职业理想和道德理想的关键时期。同时，他们心理发展趋于成熟，价值观念渐趋稳定，道德水平不断提高。随着知识的积累和能力的提高，以及社会化进程的加快，大学生对自我以及对社会的认识更加客观，思维更加理性，行为更加自主；大学生更加倾向于自我认识、自我思考、自我判断、自我激励、自我调节、自我尊重、自我修养和自我教育，具备了主体性人格完善的基本条件。他们

---

① 《马克思恩格斯全集》第 23 卷，人民出版社 1972 年版，第 649 页。
② 《马克思恩格斯选集》第 1 卷，人民出版社 1995 年版，第 294 页。

中的大部分人对前途充满希望，对自我充满信心，开始思考人生价值，并结合实际情况作出自己认为合理的选择。但是，他们中也有一部分人不同程度地出现政治信仰迷茫、理想信念模糊、价值取向扭曲、诚信意识淡薄、社会责任感缺乏等问题，这就需要有针对性地强化理想信念教育。在《中国近现代史纲要》和《思想道德修养和法律基础》等课程教学过程中，要根据教学内容，通过人格激励、事业激励、成就激励和榜样激励等多种方法，激励大学生提高思想境界和道德情操，树立远大的人生理想，努力提高自身能力和素质，从而完善主体性人格。

第二，思想道德水平是衡量人格水平的重要方面。大学生处于人格养成和道德理想形成的关键时期，在人格养成向成人过渡与转变的过程中，会遇到各种实际困难和思想矛盾，由此可能造成人格上的裂变和扭曲。特别是在全球化的背景下，在发展社会主义市场经济的条件下，影响大学生主体性人格的负面因素不断增加。大学生在现实生活中，会出现一些道德认识、道德判断与道德行为不一致，甚至背道而驰的现象。这种知行脱节的现象，不仅影响社会风气，也影响大学生主体性人格的完善。出现这些现象的原因是道德知识不能内化为道德情感和道德意志，从而不能外化为道德习惯和道德行为，不能体现出道德人格。这就需要加强对大学生的思想道德教育，明确道德目标，加强道德实践。特别需要指出的是，在思想道德教育过程中，一定要尊重学生的主体地位，使之自觉接受这些知识和理论，并内化为思想道德情感和意志，形成良好的道德习惯和完善的道德人格，提高思想品质和道德水平，从而完善主体性人格。

第三，在大学生主体性人格培养方面，心理素质培养处于重要的位置。心理素质是人对环境及相互关系的适应能力、自控能力，以及为人处世的态度和素养。在市场经济的大潮中，面对激烈的竞争与利益关系，面对个人得失等诸多困惑、苦恼、压力、焦虑和担忧，不少大学生形成心理疾病（障碍），如自卑、自傲、胆怯、任性、执拗等。究其原因是一些学生在成长过程中，受到父母长辈过分的溺爱，形成不良个性，如过度依赖、过于自私等；不少学生过早地感受到社会竞争的压力，特别是应试教育的压力，脆弱的心灵不堪承受；在升学压力和成长环境的影响下，缺乏社会交往，交际能力差，缺乏人际关系处理能力。矫治心理疾病，虽然不可能由思想政治教育完全承担起来，但也是思想政治教育者义不容辞的任务。除了采取心理咨询方法外，思想政治理论课应发挥完善大学生主体性人格的基本功能，加强对大学生的引导教育、关心爱护，帮助他们树立自信心、自尊心，培养他们的自主性和能动性，提高他们的忍受力，鼓励他们进行自我教育、自我管理和自我服务，提高自身素质和能力，促进主体性人格的形成。

哲理与诗情的融合

——《马克思主义基本原理概论》教学改革与创新

陈咸瑜*

《马克思主义基本原理概论》（以下简称"原理课"）是高校思想政治理论课程体系的主要课程，对大学生马克思主义科学世界观的塑造起重要作用。调研表明，原理课教学效果与社会预期、学生期盼仍存在距离，主要体现在以下方面以下几个方面。

其一，思想浅表化，哲理性不深。教学缺失哲理深度和思想张力，有"知"缺"味"，课程内在魅力和持久吸引力无法保证。

其二，内容平庸化，针对性不强。陷入"迎合式"误区，无力彰显思想理论的价值精髓，无法用思想话语的"真"说服人、生活话语的"情"感化人。

其三，叙事客体化，诗意性不浓。人的世界的缺位和主体性叙事维度的消失，遮蔽了马克思主义理论的价值理想、人文情怀和审美情趣，教学艰涩费解，诗情匮乏。

其四，话语教条化，亲和力不够。简单固守政治辩护，照本宣科，过度使用甚至滥用政治话语、宣传话语、政策话语，教学感召力缺乏，亲和力不够。

一、教学改革创新的主要举措

秉持"让有意义的内容更富有哲理，让有深度的思想更富有诗情"的教

---

* 陈咸瑜，广州大学马克思主义学院副教授。

学理念，运行线下课堂专题深度教学+线上慕课延伸教学的"双轨制模式"，推进教学改革。

（一）线下课堂专题深度教学

以哲理与诗情融合为路径，把"问题"作为整合教学内容的基本线索，编写以哲理与诗情相融为特色的教学大纲和教案，结合学生专业特征和个性特点，围绕"问题"实施具有高阶性、挑战性的课程教学策略，推进课堂教学。

首先，立足宽厚学理，扎根经典原著，深度挖掘文本的哲理内涵。以原著的研读联通教材文本的阐释，把以紧跟学科前沿研究为基础形成的学术思考，贯穿于问题的理解和阐述，聚焦具有高阶性、挑战性的思想和理论问题的深度教学，建构一种以广阔的学术视野为背景、以严谨的哲理思辨为主线的哲学叙事话语，在对前沿理论问题奥秘性的解读中，开启进入理论思维的公开性和可接受性，在思想内涵的深度挖掘中，增强教学的可信性和吸引力。

其次，嵌入诗性情结，培育卓有成效的深度思辨互动方式。通过多样态教学策略的实施，对理论自身科学性、深刻性和审美性高度统一的禀赋进行深度的挖掘与解读，以哲理的深度提升课程的反思性、说理性、解释力和吸引力，以诗情的烘托提升课程的体验性、美感度和亲和力；原创性地设计内涵丰厚、可读性强、生活气息浓厚的"金句""语录"，通过默读观看、静心体验、深情朗读，赏析思想境界深刻之美、信仰追求庄严之美和逻辑演绎理性之美，让哲理的思想借助诗性的力量在课堂上闪光，唤起学生思辨兴趣与美学享受，使其在哲理与诗情的双重感染中得到熏陶、启迪，获得丰富、深刻的课堂学习体验。

最后，淬炼语言风格，编写情理相融的特色教案。通过反复推敲课堂录音和自我提升训练，养成既深入浅出又富有人文气息的"哲学散文体"语言风格，在让理论接地气，让基本原理变成生动道理的转化中，营造出课堂应有的公共场所的庄重仪式感；不断探索"哲理与诗情融合"的多样态呈现方式，长期坚持手写教案，累积可覆盖课程主体内容的手写纸质版原理课特色教案；充分运用原著经典品鉴、哲理诗词欣赏、中英双语对照、经典案例分析、课堂金句展示、听歌说哲学等创新手法，创设新鲜活跃的教学语境和丰富可感的思想情境，实现教学深刻性与吸引力的融合。

（二）线上慕课延伸教学

哲理是原理课的灵魂，诗情是原理课的化境。例如，经过 3 年建设，广州大学马克思主义学院已打造出以"哲理与诗情融合"为特色的在线课程，建构起资源较丰富、线上线下融合、互动模式多元、课内课外分层兼顾的慕课教学体系。慕课章目以"诗词+标题"为主题，共 29 个视频，涵盖课程主体内容，另设有核心概念、经典赏析、明理名言、拓展思考、精粹试题、相关链接、章节测试、讨论区等板块；视频以中国诗词为主线，通过对诗词的哲学解读与哲理的诗性阐发，始终贯穿哲理与诗情的融合，散发艺术与人文的气息；视频情景交融，课件、图片、画面与语音协调搭配，教师面对镜头，营造"一对一"的现场感和沉浸感，表达清晰，既有严谨的哲理性，又有诗情的优美性，恰当采用多种教学策略，层层铺展，引导教学互动的深入开展和在线学习的有效延伸，充分发挥原理慕课在解读马克思主义丰富的思想内涵、深刻的理论价值、突出的实践品格和强烈的理想感召中的重要作用。

二、教学改革创新的效果与推广价值

一堂好课如同一篇好的文章，须包含某种哲理才耐人寻味；一堂好课亦如同一首好的音乐，须蕴藏一种诗情才可供人吟唱。无论哲理还是诗情，都是能够触动心灵的力量，只有触动心灵的课堂才是好的课堂。实践表明，以哲理与诗情的融合实施教学改革与创新，能有效提升教学可信性、吸引力和实效性，对于推动原理课教学从浅表化、平庸化、客体化、教条化向深刻化、精致化、主体化、生活化的深度转变，达成原理课教学目标，具有普遍借鉴作用。

（一）问卷调查与网络评教

问卷调查显示，学生对创新教学设计、教学过程和教学效果高度肯定；绝大部分学生高度认同教学创新帮助他们增进了对马克思主义认知和认同；学生对创新策略的多个维度均持高度肯定的评价，尤其认可课堂金句的深刻性、生动性、新颖性和启发性；绝大部分同学体验到理、情、美交融的课堂魅力，高度认可原理课教学创新的价值。

有学生在网络评教中留言：老师的话语温柔有力，易于理解又极具哲学意义，听他讲课，知识在他富有吸引力的课堂中传递。在下课时，老师如多年未见的挚友，与我们侃侃而谈，为我们传道解惑。在上课时，他却逻辑严密，一丝不苟，我们便是他脑内无穷知识迸发之时的听众，课堂只如一场酣畅淋漓的演讲，参与者无不心旷神怡，茅塞顿开。

（二）教育部思政课评估专家、校领导、督导评价

教育部评估专家、北师大马克思主义学院院长王树荫教授评价：此创新模式可为高校思政课教学提供典范，是"一堂富有思想性、艺术性和启发性的好课"。校领导评价："这是一堂非常有品质的课，启发式授课能使学生埋下学术思考的种子。"校督导评价：老师授课建立在长期对原著浸入骨髓的饱读和思考基础上，对教学内容理解丰满、剖解剔透，积淀形成了自己深刻丰富的感悟和周密严谨的高水平见解，并表现出行云流水般的流畅、细如发丝的分辨、触碰灵魂的思想张力。老师创造了独特的、与学生深度思辨层面上互动的卓有成效的方式：一是教学语言自创了融哲学与语言艺术于一炉的"哲学散文语体"，深邃、庄重，给听者智慧和诗话兼具的审美愉悦；二是老师创制"课堂语录"对本节内容作出归结和升华，并与学生共同体验，将学生对本章节原理掌握引往更高深的遐想，非常入心。

（三）教学改革与创新业绩

"哲理与诗情融合式"教学改革与创新模式多次吸引省内兄弟院校的同行观摩交流，形成较好的辐射效应。

2019—2022学年，主持讲授的《马克思主义基本原理》课被评为学校第一、二、三、四、六批四星级课程，其个人近三年在本科教学中获得的荣誉主要有南粤优秀教师（2021年）、广州大学教学名师（2020年）、广州市优秀学校思想政治理论课教师（2019年）；连续10个学年获学校本科课堂教学优秀奖一等奖，10次获学校"最受学生欢迎教师"称号。上述教学改革与创新实践，获2019年广东省"本科教学改革工程"及教育教学改革项目（已结项）与2020年度教育部高校思想政治理论课教师研究专项立项资助。

让千米行走成为百年红色记忆

——广州大学党建红色文化长廊的建设实践

陈彦远 梅淑宁 宋学来*

一、基本情况

从行政西楼到生化楼，绵延千米、串起半个校园的风雨长廊是广州大学师生往返课堂的必经之地。2021 年，为进一步贯彻落实中央关于党史学习教育的要求，以实际行动庆祝建党一百周年，广州大学党委把握百年党史发展历程，综合运用文字、图片、浮雕、灯光、音效、多媒体技术，把风雨长廊升级建设成为广州大学党建红色文化长廊（以下简称"红色长廊"）。

红色长廊包括 1 个主题雕塑、4 个主题展览厅、13 面主题景观墙、228 根柱子、近十二万文字、近三百张图片（其中近 50 幅为广州大学师生创作的作品），集中展现了党的百年峥嵘岁月。展陈涉及人物三百多位、事件近 300 件及共产党人的精神谱系内涵等，"南陈北李"相约建党、新中国成立、小岗村红手印等丰富史料均在展示之列，是集展览宣教、思政育人、景观展示、文化交流等功能于一体的多角度、立体化的党史"教科书"。

在红色长廊建设阶段，学校依托马克思主义学院，组织相关专业师生以高度的政治责任感、强烈的历史使命感和扎实的专业知识，周密开展长廊文本的编写审校。师生通过对中国共产党百年历史中的人物寻觅与事件追踪，进一步充分认识深刻把握党的百年奋斗改变中国人民前途命运的重大意义和历史启示，从历史的演变逻辑中确证中国特色社会主义道路的正确性。在师

---

* 陈彦远，广州大学党委组织部副部长。梅淑宁，教育学博士，广州大学马克思主义学院党委副书记。宋学来，广州大学马克思主义讲师。

生们的精心打造下，红色长廊成为了展示党领导人民创造光辉伟业的政治美学场域，承载中国共产党人精神谱系的记忆芯片，诠释中国共产党波澜壮阔历史的文化资源库。

从校内到校外，红色长廊成为广州大学标志性的"打卡点"，不仅是党建活动基地，还是思政课程和课程思政教学基地，以及省内外大中小学研学课堂，参观者从"行走的思政课"中真切感受马克思主义的强大生命力。

二、主要做法

（一）开展思政教学，筑牢信仰之基

学校把红色长廊作为思政课程与课程思政的教学基地，根据不同专业、课程、学生的特点，融创学习形式，开动教学育人智慧，引导学生在专业学习的基础上，通过红色长廊中的文字、图片、影像的历史叙事，更系统、更深刻、更精细地理解掌握教学内容，促使红色文化深度融入教育教学改革和人才培养全过程。马克思主义学院中国近现代史纲要课程教学团队创新授课方式，先后组织了37个教学班集中前往红色长廊学习，在参观中点拨学生思考"历史的细节"，收获满满的"干货"。新闻与传播学院播音与主持专业教师以讲述党史故事为主题，组织学生在长廊录制视频，指导学生现场播报的口头表达和动作技巧。通过教学融入，学生加深了对课程知识的理解与掌握，进一步树立正确的历史观，自觉担当起实现中华民族伟大复兴的历史使命。

（二）播撒红色种子，浸润师生心灵

作为校园必经之路的标志性景观，红色长廊自建设之日起，就吸引了全校师生的目光。随着文字展板、图片展墙、主题展厅的逐步落成，校园里兴起了党史学习热，不时有师生驻足观看，每个用词、引用、标点，都被反复推敲，各种意见建议纷至沓来。此后，红色长廊极大拓展了党建红色文化的教育空间、教育形式，无论是基层党组织"三会一课"、新党员入党宣誓、主题团日，还是青马班培训、新生入学教育、社团活动，它都是师生心目中的最佳场所。广大师生在以红色为主基调的物理空间建构心灵空间中的红色信仰，形成了立体化、沉浸式、体验感强的校园全域思政育人新格局。

（三）讲好党的故事，传承红色基因

"欢迎来到广州大学党建红色文化长廊，我是讲解员……""现在进入到由 228 根柱子组成的百年党史展览区""让我们一起回望百年来时路"……漫步在红色长廊，耳边常有这样的声音回荡。这是在学校组织部门的指导下，由马克思主义学院牵头，从各学院精心选拔政治素质过硬、理论功底扎实、授课能力突出的优秀学子，组建而成的广州大学党建红色文化长廊讲解队。红色长廊讲解队是联系参观者与红色长廊的桥梁和纽带，担负着宣传引导和组织协调等多项职能。通过扎实的选拔培训，讲解队成为了一支从学生中来、到学生中去，知史爱党、凝聚力强的学生宣讲团队。除了对红色长廊的常规讲解，队员还利用节假日、暑期"三下乡"社会实践等活动，到社区、村落乃至边疆地区开展宣讲，将党的创新理论"大道理"转化为群众身边的"小故事"，努力打造有思想、有温度、有实效的党史宣讲精品。

三、工作成效

红色长廊建成以来，面向学校师生、政府部门、兄弟院校、基层党组织、大中小学研学团等参观者，先后组织讲解 133 场，覆盖听众 7500 余人，累计接待人数超 10 万人。《人民日报》《南方日报》《中国青年报》等多家主流媒体以《广州大学创新推出"党建红色文化长廊"》《广州大学启用党建红色文化长廊，打造党史学习教育新阵地》《广州大学"三下乡"深入乡镇宣讲党史》等为题作了专门报道，影响力和覆盖面日益扩大。学校党委获评省级党建工作示范高校培育创建单位。学生获广东高校大学生讲党史公开课一等奖 1 项，二等奖 2 项。《学史述史践初心，红专并进新征程》获 2021 年广东高校学生工作案例评优活动二等奖。

四、工作启示

(一) 以"学史"入心，筑牢思想根基

历史是最好的教科书。为巩固拓展学习贯彻习近平新时代中国特色社会主义思想主题教育成果，以及学习贯彻中共中央《党史学习教育工作条例》，学校深入推动党史、共产党人的精神谱系进教材、进课堂、进头脑，引领青年学生进一步学深悟透党史、增强政治定力、深化能力淬炼，在"学、研、用"中深刻体会到中国共产党为什么能、马克思主义为什么行、中国特色社会主义为什么好，从而学史明理、学史增信、学史崇德、学史力行，自觉把自己的志向和国家民族复兴紧密联系起来，努力用信仰的故事回应"时代之问"和"历史之问"，实现理论知识和思想觉悟的同步提升。

(二) 以"讲史"见效，坚守育人使命

红色长廊是用好红色资源、发扬红色传统、传承红色基因的重要载体，也是构建全域思政育人新模式的重要依托。通过组织思政课程和课程思政教学、党团活动、校内外党史宣讲等多种形式和平台，让党史学习教育融入日常、抓在经常，常态化在学生中培养和挖掘优秀的党史知识达人、党史讲授达人，并辐射到全校青年学生群体中，让青年带动青年、帮助青年，把学习的成效转化为实践的动力，于奋发有为中践行初心使命。

(三) 以"践史"化行，传递红色力量

质胜于华，行胜于言。学校发挥学科专业优势，在校内外广泛开展接地气、有生气的党史宣传宣讲，用党的奋斗历程和伟大成就鼓舞斗志、指引方向，用党的光荣传统和优良作风坚定信念、凝聚力量，用党的历史经验和实践创造启迪智慧、砥砺品格，浸润式实现专业化和生动化并存的有效传播，让红色资源的根和魂"活"了起来，架起党同人民群众的"连心桥"，有效促进"党声入民心"，为推动全党全社会奋进新征程、建功新时代贡献广大力量。

红色文化资源融入高校思想
政治教育专业课程体系探究[*]

刘紫如[**]　林伟京

　　红色文化资源是中国共产党领导人民在革命建设和改革的不同历史时期中形成的宝贵资源，也是我国思想政治教育的重要载体，将红色文化资源融入高校思想政治教育专业课程体系，有助于培养优秀的思想政治教育工作者。我国丰富的红色文化资源除了为教学提供丰富的教学素材外，还能够促进课堂教学改革，发挥铸魂育人的功能。但是目前仍有较多因素影响红色文化资源价值的实现，如相关课程开设较少、教学过程过于枯燥、学生不能将其内化等。因此将红色文化资源融入思想政治教育专业课程体系，需要将其融入人才培养方案之中，融入专业课程之中，融入学生第二课堂中。

　　习近平总书记强调，"把红色资源利用好，把红色传统发挥好，把红色基因传承好"[①]。阐述如何将红色文化资源融入高校思想政治教育专业（下称"思政专业"）课程体系中，充分发挥红色文化资源的价值，助力高校培养更加优秀的思政工作者，这便是笔者行文的目的及意义。

---

　　[*] 本文系广东省哲学社会科学十二五规划 2015 年度学科共建项目 "红色资源与大学生社会主义核心价值观研究" 的研究成果。本文载于《嘉应学院学报》2021 年第 4 期。

　　[**] 刘紫如，广州大学马克思主义学院研究生。

　　[①] 习近平：《贯彻全军政治工作会议扎实推进依法治军从严治军》，《人民日报》2014 年 12 月 16 日，第 1 版。

一、红色文化资源的价值

(一) 重要的课程资源

思想政治教育学具有综合性，是运用多学科理论知识研究本领域问题的一门学科①。除马克思主义基本理论和思想政治教育基础理论之外，该学科还结合教育学、社会学等学科的知识。这就要求高校思政专业学生除学习本专业的基础理论外，还须接触相关学科的理论知识，这一系列理论知识主要通过教师的课堂教学传递给学生。红色文化资源内容丰富，是思政专业的重要课程资源，对丰富教学素材，推动教学方法的革新起到重要作用。

红色文化资源，作为社会主义先进文化的关键构成部分，承载着党和人民在革命、建设与改革历程中积淀的精神财富。其内涵深厚、类型多元、兼具重要的历史价值、时代价值与社会价值。充分挖掘并利用好红色文化资源，对于提升党的执政能力、筑牢党的执政地位意义重大。

1. 提供丰富的教学素材

教学素材的选择对教学的效果和质量有着重要影响，丰富的红色文化资源为思政专业的教学提供丰富的教学素材。教师可以利用广为人知的红色文化资源进行课堂教学，让学生深入理解红色文化资源的内涵及精神实质，不断增强对红色文化资源的认同感和传承红色基因的使命感。

2. 推动教学方法的革新

首先，提升案例教学法的效果。红色文化资源拥有众多鲜活的人物及案例，为思政专业教师提供了优质教学素材，可有效提升案例教学法的效果，让红色文化在新征程上迸发时代光芒。

其次，有助于实现"翻转课堂"。教师布置任务让学生自主学习红色文化，如让学生利用图书馆或者网络查阅地方史料，并让学生在课堂上分享自学成果，充分锻炼学生的自主学习能力和表达能力。将课堂的主导权由教师转移到学生，这有助于增加师生之间的有效互动，真正实现"翻转课堂"。

最后，有助于加强实践教学。教师带领学生到红色文化基地实地观摩考

---

① 张耀灿、陈万柏：《思想政治教育学原理》，高等教育出版社 2015 年版，第 13 页。

察，利用实践教学方式，让学生身临其境，增强学生对红色文化的领悟，做到理论和实践真正结合。

（二）具有铸魂育人功能

1. 增强爱国主义情感

"对每一个中国人来说，爱国是本分，也是职责，是心之所系、情之所归。对新时代中国青年来说，热爱祖国是立身之本、成才之基。"① 中国革命过程中涌现了无数为新中国诞生和发展无私奉献的典型人物。红色文化资源可以使大学生群体深刻感受和理解那段中国人民为了民族解放、为了民族复兴抛头颅、洒热血的光荣历史，激发学生的爱国热情，以先进典型为榜样，用行动践行青春誓言。

2. 树立坚定理想信念

"理想信念就是共产党人精神上的钙，没有理想信念，理想信念不坚定，精神上就会缺钙，就会得软骨病。"② 习近平总书记的重要论述形象概括了缺乏理想信念的危害，作为大学生应该树立远大的理想信念。革命年代正是因为无数革命者靠着自身坚定不移的共产主义信念的支撑，才能在艰苦的环境中战胜困难和敌人，最终夺取革命胜利，为我们今天的幸福生活打下坚实基础。运用红色文化资源能够加强学生的思想道德素质，同时可以促使大学生坚定正确的奋斗目标和政治方向，提高他们的政治判断力和政治责任感，自觉将个人理想融入中国特色社会主义共同理想之中，为祖国和社会贡献自己的力量。

3. 发扬艰苦奋斗精神

无论什么时代，艰苦奋斗精神都是我们党取得胜利的利器，是重要的传家宝。中国共产党的历史就是艰苦奋斗史，正因党带领人民进行艰苦奋斗才造就了如今这令人骄傲的中国。将红色文化资源融入思政专业课程体系，充分发挥红色文化的育人作用，使学生深入了解中国共产党艰苦奋斗精神的传承脉络，时刻牢记艰苦奋斗的优良传统，培育艰苦奋斗精神，践行艰苦奋斗的工作要求。

---

① 习近平：《在纪念五四运动100周年大会上的讲话》，《人民日报》2019年5月1日，第2版。
② 中共中央文献研究室：《十八大以来重要文献选编》，中央文献出版社2014年版，第80页。

(三) 有助于推动课堂教学改革

要想提高人才培养质量，必须提高课堂教学质量，进行课堂教学改革。思政专业课程传统教学主要采用讲授法，过分强调教师的主导地位。其实思政专业课程内容丰富，涉及多学科的内容，教师应该针对不同的教学内容，采取不同的教学方式，并结合学生的年龄特点以及兴趣开展教学。将红色文化融入思政专业学生的学习和生活中，有助于提高学生学习兴趣，提高课堂教学质量。

一方面，相对于抽象的理论知识，学生更乐意接受生动形象的知识。红色文化资源具有较强的感染力。教学中教师应充分利用其优势，通过影像资料带领学生重温历史，真切感受发生过的历史事件，将晦涩难懂的理论知识以具体化、形象化的方式展现在学生面前，将学生认为离自己非常遥远的红色文化带入他们的日常生活中，可以有效激发学生的学习兴趣，促使学生自觉主动地深入了解红色文化。

另一方面，一切思想都来源于实践，只有投身实践才能真正了解理论背后的本质和规律。师生可以深入实践去学习，如参观红色纪念馆、伟人故居等，亲身感受红色文化。学生通过实践了解红色文化、学习红色文化，增强学习兴趣、提高精神境界。

课堂教学应该是师与生互动的过程。教师寓教于乐，学生乐于学习，红色文化资源融入思政专业课堂教学后，教师有了更多教学的素材，有了更多新颖有趣的教学方法；而学生则有了更多学习的兴趣，对所学的课程和所学专业有了更深的理解。

二、红色文化资源融入思政专业课程体系存在的困境

(一) 课程设置困境

高校是人才培养的重要场所，不可避免地要回答"培养什么人、怎样培养人、为谁培养人"的问题。根据教育部编制的专业目录和专业介绍，思政专业是"培养具备良好的政治理论素养、思想道德素质和科学文化素质，既能在学校和科研机构从事本专业的教学、研究工作，又能在党政机关和企事

业单位从事以本专业为基础的宣传组织、管理、思想政治工作的复合型人才"①。明确"培养什么人、为谁培养人"的问题之后，接下来最关键的问题，即"如何培养人"，这个问题的答案直接体现在课程设置上。"课程是一个专业基本构成要素之一，直接关乎专业人才的知识体系建构、基本专业素质和能力养成。课程设置既是高校实现其人才培养目标的根本保证，又是实现专业人才培养目标的中心环节。"②

红色文化资源蕴含着丰富的马克思主义理论、中共党史等学科背景知识。开设蕴含红色文化资源相关的课程对于学生掌握马克思主义理论，了解党史、革命史等具有积极意义。但是目前国内一些高校对红色文化资源的挖掘力度不够，再加上其他一些因素，思政专业中开设与红色文化资源相关的专业课程受到影响；一些高校会开设相应的选修课程，但由于受到学分和课时的限制等因素，课程实施效果仍有待加强。

（二）教学过程困境

思政专业作为一个具有较强理论性的专业，课堂上老师讲授是学生获取知识的一个重要渠道，然而红色文化资源在融入思政专业的课堂教学过程存在一些困境。

一方面，少数任课教师只是对历史事件和历史人物作单一枯燥的讲解，削弱了红色文化资源教育的实效性。在涉及红色文化教育时，鼓励学生参观红色文化景点，或者概述红色文化故事等，而对于红色文化资源的历史背景、精神内涵与时代价值等内容提炼升华不够。这种浅层次的解读可能会让学生有所触动，但并不利于启发学生进行深度思考，不利于学生提高学习的积极性和主动性。

另一方面，个别教师在课堂上拘泥书本教材，缺少将红色文化资源和学生的生活联系起来，而将红色文化资源作为教材讲授的过渡工具一笔带过，这样的课堂可能变得单调乏味。教学内容一旦空泛，与学生生活联系不紧密，便容易导致学生的不理解甚至是误解，红色文化资源价值也会大打折扣。

---

① 中华人民共和国教育部高等教育司编：《普通高等学校本科专业目录和专业介绍》，高等教育出版社 2012 年版，第 74 页。

② 康秀云、郗厚军：《关于思想政治教育专业本科课程设计的几点思考》，《思想理论教育》2015 年第 9 期。

（三）学生内化困境

学生是否将红色文化教育内化于心、外化于行是检验红色文化教育成功与否的标准之一，但在学生内化的过程中存在着许多困难。

首先是红色文化资源历史较久远，而对于学生来说，很难体会革命年代的艰辛，"吃树皮、打补丁"的艰辛岁月对于他们来说，早已经不复存在，不易激起学生的共鸣。

其次是学生对红色文化记忆的淡忘。随着物质生活水平的提高，安逸的生活导致当今学生对红色历史逐渐淡忘。另外，学生并未亲身经历革命时期，导致他们容易淡忘这段历史记忆。

最后是多元文化的冲击。在经济全球化的背景下，文化市场日渐多元。消极腐朽的文化对学生的价值观产生较大冲击。

三、红色文化资源融入思政专业课程体系的具体措施

为加快红色文化资源融入思政专业课程体系，彰显红色文化资源的价值，笔者认为可从以下三方面入手。

（一）融入思政专业人才培养方案中

1. 设置相应课程

首先，设置蕴含红色文化资源的选修课程。思政专业必修课受到课时和内容及其他因素的影响，教师并非都能完成全部教学任务，多数情况下都会留出一些内容给学生自习。基于此，思政专业可以设置与红色文化资源相关的选修课程，以弥补必修课程的不足。比如"毛泽东思想概论"这一门课，内容较多，课时较少，学生理解起来难度较大，可设置"毛泽东生平研究"等选修课程。在教学过程中教师可以采取学生喜闻乐见的方式让学生了解伟人毛泽东的一生，从而深入理解毛泽东思想。

其次，整合现有课程，将红色文化纳入教学计划中。例如，在"文化概论"这一门课程上，开设红色文化专题教学，教师指导学生完成相应的学习任务；在"思想政治教育案例分析"中，教师可向学生介绍革命战争时期的

思想政治工作内容，引导学生对其进行研究，分析其时代背景、教育内容、工作方法，总结共性经验，深刻理解思想政治工作是生命线的意义和价值。

最后，结合当地的实际情况探索地方课程、校本课程。例如地处梅州的嘉应学院可以利用梅州全域苏区这一情况，为思政专业开设"梅州革命斗争史""苏区精神"等专业选修课程。

2. 增加实践学分

思政专业兼具理论性和实践性，高校在重视理论教育的同时，需加强实践教学。基于此，学院规定学生每个学年按照规定完成相应任务并且获得一定的学分，形式可灵活安排，如参观红色基地、开展社会调查等。

参观红色基地是目前比较常见的实践方式，它的优点是便于组织，对学生有吸引力。但是这种形式也存在一定的缺点，如容易出现走马观花的现象。对此，教师应在参观前给学生提出问题，让学生带着问题参观，在参观后回答问题或者撰写实践报告等。

此外，还可以让学生就某一问题进行社会调查。例如以"梅州红色文化资源的开发与保护"为题，让学生通过查阅资料、访问专家学者以及发放问卷等方式开展调查研究，为梅州红色文化资源的开发和保护提供建设性的意见。

（二）融入思政专业课堂教学中

1. 丰富课程理论内容

红色文化资源非常丰富，教师可以充分挖掘其内容，结合课程讲授。"马克思主义哲学"作为思想政治教育的专业基础课程，不仅要求学生掌握基本理论，更要求学生运用理论。在讲到矛盾相关知识点时，可引入毛泽东《矛盾论》这一著作，要求学生阅读该著作，并用相关理论分析问题。

此外，思政专业其他课程同样可将红色文化资源融入其中，如"中国特色社会主义理论体系概论""中国政治思想史"等。充分实现红色文化资源与课程的有效结合重点在于教师要深入挖掘两者之间的关联，并结合学生思想实际、学习实际，运用科学合理的方式将其呈现给学生，使学生在课程学习中接受红色文化熏陶。

2. 创新课堂教学方法

讲授法是目前最常用的教学模式，它能够让学生在短时间内接受系统的知识。但讲授法过于强调教师主导，忽略学生的主体地位，学生容易感到枯燥乏味，渐渐失去对课堂的兴趣，不利于教学质量的提高。因此，要对课堂教学方法进行创新，增加课堂的吸引力。

以"中国共产党思想政治教育史"为例，将学生分组，每个小组抽签选择某一历史阶段，学生在所选择的历史阶段里选取一篇著作在课堂上进行经典诵读。比如抽取到"土地革命战争时期"的小组则可以选择毛泽东的《星星之火，可以燎原》进行经典诵读，使学生重视经典，传承经典，在经典中领悟和传承红色基因，从中汲取前进的力量。除经典诵读之外，还可选择辩论形式或者是情景再现等。辩论形式对于培养学生的辩证思维、批判思维和语言表达能力有着积极意义，而情景再现则能使学生身临其境感受红色文化，领悟其背后的精神实质。

3. 重视课后作业布置

第一，教师在新学期第一节课时便要求学生阅读相关的书目，并做好相应的读书笔记，在期中可以开展读书分享会活动。例如，对于"中国共产党历史"这一门课教师可要求学生阅读革命人物传记，学生通过阅读能够深刻体会到前辈的革命精神，更加理解党全心全意为人民服务的宗旨，增强对党的认同感。

第二，教师也可以布置实践调研的任务，如以"革命英雄人物"为主题进行调研。学生通过实地考察和翻阅相关书籍撰写调研报告，或者以讲故事的形式向同学及老师分享。此外，还可考虑主题演讲的形式。

第三，利用"大学生创新创业计划"、"挑战杯"竞赛、"攀登计划"等，鼓励学生积极申报项目。例如，以"抓住粤港澳大湾区建设契机，发展梅州红色文化旅游产业"为主题，把梅州红色文化资源寓于旅游产业中，鼓励并指导学生用自己所学知识撰写相关文章，为梅州红色旅游发展建言献策。

第四，指导学生撰写有关红色文化资源的毕业论文。例如学生可以以古大存、三河坝战役等为主题，通过阅读文献资料、开展社会调研或者发放调查问卷等方式对相关问题进行探索研究。

第五，教师要调整考核的内容和方式，重视学生平时的作业。这样一来，可以转变学生的学习态度，使他们由被动地学习转变到主动参与学习，还能在一定程度上改变学生以死记硬背的学习方式通过课程考查的现状，学生学习的积极性会得到有效提升。

（三）融入思政专业第二课堂中

任何一种价值观在思想中的确立，都是内化和外化相辅相成的过程。学生对红色文化的认同感、传承红色精神的使命感，不仅需要教师加强思想理论教育，更重要的是要学生"自己动手"。

1. 积极开展红色文化学习活动

首先，从班级团日活动上下功夫。各团支书和班委要在学院团委的领导下，定期组织以红色文化为主题的团日活动。

组织观看红色影片，如《闪闪的红星》《开国大典》等，通过观看影片让学生重温那段红色峥嵘岁月，进一步增强学生的爱国情怀，弘扬伟大的革命精神，坚定理想信念。

其次，组织开展辩论活动。围绕某一辩题进行辩论，如"红色革命精神，融入流行和继承传统哪个更重要"，通过辩论使自身在学习中增长知识。与此同时，参加辩论对于培养学生的批判思维能力、提高口头表达能力有着积极作用。

再次，从学院学生会上下功夫。学生会可利用组织优势、平台优势，开展形式多样的红色文化学习活动。例如，在每年的迎新晚会或者校园文化艺术节上，组织同学编排红色话剧、演唱红色歌曲；利用重大节日纪念活动，开展红色知识竞赛等活动。

最后，从学生社团上下功夫。学生社团是学生自发组织的团队，拥有共同兴趣爱好。因此，社团可开展红色征文比赛，对于优秀的作品可投稿至社团刊物中。学生通过参与活动不仅能够了解更多的红色知识，而且能在活动中锻炼各方面的能力。

2. 积极宣传红色文化

首先，加大红色文化的宣传力度。整合可利用的空间进行红色文化的宣传。例如，在学院公共区域设置展板，张贴相关海报；在宣传栏上设置红色专栏，张贴革命英雄人物图像和他们的事迹或者是学生撰写的相关文章。通过宣传，充分发挥隐性教育的作用，让学生在潜移默化中接受红色文化教育。

其次，充分利用互联网平台。学院可创建专门的红色网站、微信公众号和微博，定期推送红色文化内容，既要宣传大家耳熟能详的红色经典，也要深入挖掘鲜为人知的红色故事和革命精神。

最后，邀请专家学者进行宣讲。邀请从事红色文化研究的专家、学者为学生进行专题讲座，拓宽学生的认识，激发学生积极投身红色文化学习和传承红色基因的热情。

3. 积极阅读红色书籍

少数学生心态浮躁，习惯碎片化阅读，缺乏对专业书籍的系统性阅读，特别是与本专业相关的经典著作，专业知识欠缺。从事思想政治教育工作要求教育者具备坚实的理论知识和广博的文化知识，因此，作为思政专业的学生应该博览群书，红色书籍便是非常重要的一部分，如《红岩》《红日》等优秀小说作品或者《矛盾论》《实践论》等经典著作，学生通过阅读感悟先辈的革命精神，继承光荣革命传统。另外，在阅读的同时也要积极做好读书笔记，优秀的读书笔记可将其粘贴在宣传栏上或者推送至微信公众平台，供其他同学参考学习。

红色文化资源是我们的宝贵财富，是新时代共产党人的精神力量和源泉。高校是以文化人、以文育人的重要阵地，要深入挖掘红色文化中蕴含的丰富资源，更好发挥红色文化铸魂育人作用，在每一名学生心中播下红色的种子。

论活动型学科课程实施的"四个结合"*

刘　敏**

在《普通高中思想政治课程标准（2017版）》中，活动型学科课程成为教育者关注的一大亮点。为了更好地保证活动型课程的有效实施，发挥思想政治课的育人功能，要做到"四个结合"，即知识性与教育性的结合、学科课程与活动课程的结合、教师主导性与学生主体性的结合、校内活动与校外活动的结合。

新课标指出，高中思想政治课是一门力求构建学科逻辑与实践逻辑、理论知识与生活关切相结合的活动型学科课程，采取思维活动和社会实践活动等方式呈现学科内容，实现课程内容活动化和活动内容课程化①。可见，课改后的高中思想政治课更加关注生活性和实践性，更加注重学生在课堂中的地位以及学生个人的健康成长，充分体现了以生为本、立德树人的教育理念。具体说来，为了保证活动型课程的有效实施，学校应该做到以下四个"结合"。

一、知识性和教育性的结合

高中思想政治课内容包括政治、经济、文化、道德、哲学、法律等多个方面，每个方面都有丰富的理论知识，具有理论性、抽象性、复杂性等特点。

* 本文载于《才智》2020年第9期
** 刘敏，广州大学马克思主义学院研究生。
① 中华人民共和国教育部：《普通高中思想政治课程标准（2017年版）》，人民教育出版社2017年版，第2页。

教材中的许多内容都需要学生用抽象的思维去思考，而高中生的阅历尚浅、抽象思维能力不强，学习这些知识常常会感到深奥难学、抽象无味。在课堂上，少数教师为了尽快完成教学任务，将学生视为被动的、没有独立情感和思想的个体，一味地对学生进行知识的灌输，没有尊重学生的主体地位，也没有顾及学生的内在需要。高中思想政治课是既是一门智育课，也是一门德育课，这也意味着高中思想政治课不单单是给学生传授基本知识，而且要对学生进行思想、道德和人格的教育，把传授知识和进行思想教育结合起来。如果高中思想政治课只注重对学生进行知识和理论的灌输，而不对他们进行思想教育，忽视对学生德性的培养，不仅不利于学生的成长，而且会降低思想政治课的课堂效率，制约思想政治课的发展。因此，活动型学科课程的实施应注意挖掘高中思想政治课中的德育功能，发挥其思想启迪的作用，并注意一定的方向性和理想性，指导学生向正确的方向发展，促进学生思想道德素质的进步。

二、学科课程与活动课程的结合

学科课程是让学生在原来的知识基础上，主要借助课本知识，使学生能够在较短时间内以较少的精力获取人类长期积累起来的大量知识，有利于学生系统地学习学科知识，提高教学效率，但也忽视了学生的实际需要和兴趣，不利于学生的个人发展。活动课程是与学科课程相对而言的，它是从学生的兴趣和需要出发组织课程，使学生通过亲身体验获得关于现实世界的直接经验，有利于培养学生解决实际问题的能力，促进学生的个人发展，但是活动课程过于强调个体的经验，弱化了教师在教学中的主导作用，淡化了学科知识的学习。可见，活动课程与学科课程的关系是相互补充、相互促进的，反映了人的直接经验和间接经验、个人知识与公共知识、学生当下的心理经验与凝结在学科中的逻辑经验之间的关系。传统的思想政治课，主要对学生进行基础知识和基本理论的灌输。定位于活动型学科课程的思想政治课，既不是简单地对学生进行知识点的讲授，也不完全是学生个人生活经验的获得，而是将学科教学内容与活动相结合，是对活动课程和学科课程的扬弃和丰富，其本质上仍然是学科课程。

三、教师主导性与学生主体性的结合

教学活动的展开也是基于教师与学生的直接交往。学生是教学活动的主体，教师是教学活动的主导者。但是在传统的课堂中，以教师讲授为主，学生的学习处于一种被动的状态，学生只需要听教师讲课，不需要参与课堂活动。如果教师的课讲得不够生动、幽默，大部分学生会失去听课的兴趣，这导致了教学效率的低下。活动型课堂不同于灌输式教学课堂，它重在联系学生的实际生活，培养学生的参与性和实践性，既重视教师的教，更重视学生的学。所以，要发挥好教师的主导作用，转变教师的教学观念，摒弃灌输式教学，通过创设蕴含学科素养的议题引导学生积极思考、主动探究、合作交流，充分表达自己的观点，在思考、感悟和交流中获得知识，真正地成为课堂的主人。

四、校内活动和校外活动的结合

活动型学科课程的实施要以教学内容中的重难点为中心设计议题，围绕议题开展多种形式的校内外活动，注重在活动中提升学生的思想政治学科素养。在课堂上，教师要善于把活动贯穿于教学过程中，可以根据教学内容创设情境，组织学生表演小品、开展辩论赛等，使学生主动地参与课堂，在轻松愉悦的课堂氛围中获得知识。

学科知识的教学与社会实践活动相结合，是活动型学科课程的显著特点，课程改革首次将"社会活动"纳入必修课，占三分之一学时，倡导学生走出课堂，带着议题深入社会实践。所以，教师的教学不应该仅仅局限于课堂、局限于知识的教学，也要引导学生回归生活、参与生活。教师可以充分发掘本校资源和本土资源来开展社会实践活动，比如通过社会调查、参观博物馆、志愿服务等活动，让学生在实践中开阔视野、增长知识，提高学生的素养，实现校内、校外教育的协调发展。

学生深度学习如何通过教学落实

——以探索"中国为何选择马克思主义"的教学为例

王　游[*]

2025 年 1 月中共中央、国务院印发《教育强国建设规划纲要（2024—2035 年）》，这份纲领性文件不仅关注当下教育发展的新动态，而且对未来教育现代化的走向作出了高瞻远瞩的 10 年发展规划。2035 年我国要成为教育强国，我们所实现的教育现代化不是西方现代性在中国的重复上演，而应该是超越西方教育现代性。为此，我们的教学改革需要走出一条符合中国国情的教学发展道路。

一、清思：西方传统现代教学转向建构主义教学的理路

（一）传统现代教学以教师为中心

1. 传统现代教学理论的回溯

西方教育的普及化始于工业革命，为满足传统工业化发展对"流水线""批量化"人才的需求，"教育学之父"夸美纽斯创立班级授课制的应试教育，关注"教"的效率；"现代教育科学之父"赫尔巴特虽然承袭了裴斯泰洛奇的教育心理学化，主张主智主义教学，但却把威吓、监督、命令、惩罚和禁止等管理方法视为教学的必要条件，强调"教"的权威；"教学机器之父"斯金纳提出程序化教学理论，干脆把教学当作强化训练的机器；"现代课程理论之父"泰勒集行为主义教学目标科学化的课程开发理论、教育评价理

---

* 王游，广州大学马克思主义学院副教授。

论之大成，他的"泰勒原理"虽然完美地达成了"效率优先"的原则，却形成了教育者与受教育者之间无视受教育者主体地位的独白式教学关系。

2. 以教师为中心的教学模式存在两个主要问题

（1）不利于学生在教学中充分发挥主观能动性。教与学本真是双向的，"教"是为了"学"，"学"是"教"的动力，没有"学"的"教"毫无意义。来自于教师传授的知识，对学生来说具有客观性，它需要学生通过记忆、思考、模仿和实践探索，完成学生的主观意识与客观知识的交互，学生的"学"才能消化和吸收教师"教"的知识，并内化为自己的东西。传统的现代教学在教师的主导下，学生较少提出质疑，容易盲目服从，导致学生不积极或不愿意开动脑筋思考，较少主动参与教学的互动，限制了学生逆向思维和发散性思维的成长。这种应试型教学模式注重量而非质，这是导致学生动手能力差，高分低能的主要原因。

（2）不利于学生在教学中的个性和创造力的成长。以教师为中心的教学是求同的教学，课堂就像一个工厂，统一标准，学生的个性缺少生长的空间，容易限制学生潜能的充分发挥。1939年美国企业家奥斯本为摆脱经济危机对工商业的困扰发明了一套发明技法——"头脑风暴法"，在布法罗大学创办创造性思维培训学校，但这场创造教育热潮在世界各地迅速蔓延后没多久，就戛然而止。其根源就在于这种"快餐式"训练型教学模式，忽视学生在教学中的主体地位，不利于创新型人才的培养。

（二）建构主义教学以学生为中心

1957年10月世界第一颗人造地球卫星苏联的斯普特尼克1号升空，震惊美国朝野，美国教育界强烈呼吁提高教育质量，"提高技术进步率""增加人力资本投资"成为当时美国社会的主旋律。1958年美国国会迅速出台被拖延了10年之久的《国防教育法》，联邦政府增加教育资助，1959年由美国认知心理学家和建构主义教育学家布鲁纳领导的结构主义课程改革运动兴起。

1. 以学生为中心的建构主义教学观

（1）建构主义教学主张以学生为中心的教学理念，它建立在倡导个性和多元的传统文化裂变和知识转型的基础之上，认为知识不存在绝对客观性，知识不再具有抽象的普遍性，知识是在特定情境中通过个体与环境的互动而建构，知识总处于一种与时俱进的生成、完善过程之中，它具有主观性、情境性和因人而异的相对性、不确定性，每个人是从个人的经验和已有知识基础上来理解和构建新知识。

（2）建构主义教学强调教学过程中师生间生生间的互动与对话。学生不再是教师教鞭下的"羔羊"，而是基于自己的经验背景对外来信息进行选择、记忆、理解，并将其整合到自己知识体系中的主动建构者，教师不再是知识的灌输者，而是为学生知识建构提供学习资源、创设学习情境、引导学生思考的辅导者和促进者。

（3）建构主义教学倾向于使用发现式学习、探究式学习和合作式学习等方法，鼓励学生积极主动参与发现知识的过程，让学生在一定情境中通过实践学习提高动手能力，同时建构知识的价值意义。

2. 建构主义教学理论面临的挑战

由于当时现实的教学物质技术条件受限，加上当时美国"婴儿潮"一代人步入成年，"甜水"里泡大的年轻人不满老一辈传统文化观念和主流社会制度，张扬个人主义和言论自由，用离经叛道的方式发动了"反主流文化运动"，结构主义课程改革历经10年的颠簸，在1970年美国政府宣布此改革实验失败。随着人们对教育反思程度的日益加大，又迎来了概念重建主义运动，后现代解构主义思潮此起彼伏，20世纪80年代福柯提出社会建构主义，格拉塞斯费尔德提出激进建构主义，建构主义走向多元化，其中美国个体建构学派的影响较大，建构主义教学理论在跌宕中前行。20世纪90年代人类进入互联网时代，多媒体与网络技术的快速普及给建构主义教学理论和实践提供了强大的物质技术支撑，涅槃重生的建构主义教学理论走进大中小学，很快成为西方教学理论与实践的主流，然而，2006年美国一场轰动全球的"建构主义教学究竟是成功还是失败"大讨论，再次把建构主义教学理论推向风口浪尖，使建构主义教学理论面临严峻的挑战。在诸多的挑战中，主要根结在于它的知识观。

（1）建构主义教学信奉相对主义的知识观。它认为知识是个体通过与环境的互动而建构的，知识具有情境性，而不具有抽象的普遍性和真理的唯一性，也就是说知识对错、是否为真理是因人、因情境而异，否认知识绝对性的存在。这样的知识观把教师传道授业的权威地位动摇了，教师只能"靠边站"，学生成为了教学的中心。学生教学主体地位的上扬，确实保障了学生个性的成长，有利于学生创新能力的培养。但是建构主义理论的核心是学生的自主知识建构，学生自主学习所需要的与学习主题相关情境的创设、相关信息材料的甄别和提供、协同合作与对话交流学习的组织等学习环境的设计，离不开教师保驾护航的主导作用；学生自主学习、自主探究所需要的维持学习积极性、主动性的支持策略实施，避免学生纠结在细枝末节上浪费时间、偏离方向，这些也都离不开教师有温度的关怀、激励和主导。建构主义严重忽视教师的作用，难免会出现学生唯我独尊、对学习困难浅尝即止等现象，必然导致教学质量持续下降的恶果。

（2）建构主义教学采取主观主义的知识观。在美国实用主义文化熏陶下的个体建构学派教学理论是以经验主义为理论基础，它从个人感觉经验出发，把世界看作个人感知体验进行自主建构的结果，认为知识的本质是个人主观意向的选择和判断，否认知识的绝对客观存在性，把知识看作纯主观的东西，认为知识是不可以通过教师传授得到的，也就是说它否定了知识的可授性，所以它就全盘否定了教师的主导性作用，轻视考试的意义，轻视书本的知识，轻视间接的经验，这是建构主义教学备受诟病的重要原因。

二、反思：从现代教学走向建设性后现代教学的探索

20 世纪后半叶随着信息技术的迅猛发展，信息的快速传递和处理，人们的生活方式和工作方式发生了巨大的改变。西方社会从工业时代进入信息时代，后现代主义思潮反映了信息时代人们对现代化工业文明变迁的反省。解构主义起源于对结构主义（即建构主义）的觉醒，解构主义教学理论意识到现代教学的系统工程难以为继，质疑任何已有的知识体系，开启了后现代的反思和批判。然而，建设性后现代主义反对走极端，认为解构主义破坏性有余而可操作性为零，试图超越解构主义。而我们探索的建设性后现代教学，倡导以"融贯"态度探索现代教学与解构性后现代教学之间的"第三种可能"。我们剖析传统现代教学与建构主义教学的理路，其目的是从教学实践探索中挖掘出一条中国式建设性后现代教学的有效通道。

（一）建设性后现代教学倡导主客相结合、相对性和绝对性辩证统一的知识观

辩证唯物主义是建设性后现代教学的理论基础，它认为客观事物决定人的主观意识，知识是人通过实践发生人的主观意识和客观事物相交互结合而能动地得到对客观事物意义理解的产物，客观事物是知识的源泉，知识具有不以人的意志为转移的客观性。同时，它也承认客观世界是运动的，世间万事万物的变化发展是一个绝对动中有相对静、相对动中有绝对静的复杂过程，因此，人从客观世界中得到知识的过程是主客观相结合的、相对性和绝对性辩证统一的过程，也就是说，人的认识发生到知识意义建构的过程是从相对的感性认识到绝对的理性认识，再从绝对的理性认识回到能动地改造客观世界的过程。知识不会自动地进入学生的头脑，"教"是"学"的起点，每个人的成长都是站在前人的"肩膀"上走向成熟的，发现式教学、探究式教学、对话式教学、合作式教学都需要建立在间接知识的积累之上。灌输式教学，尤其是学习的早期，它是建设性后现代教学不可或缺的重要教学形式。应该针对不同类型的教学内容、不同类型的学生采用相应的因材施教的教学手段，"教"是为了不"教"，充分调动学生学习的主动性、积极性和创造性的"教"，是为了让"学"主动起来，这样的"学"才是"教"的归宿。因此，建设性后现代教学要保护学生的个性，高度重视学生在教学中的主体地位，同时要充分发挥好教师的主导作用。

（二）建设性后现代教学是"去中心化"的混合型教学

我们反对从"以教师为中心"这个极端走向"以学生为中心"的另一个极端，因为单向度的主体性教学只会导致师生间关系的紧张，不和谐的师生关系不可能建立师生相互尊重、平等协作、教学相长的教学共同体，不可能产生有效的发现式、探究式、合作式、探索式教学。为此，建设性后现代教学应该是"去中心化"，充分利用互联网和信息技术、人工智能（AI）技术，营造泛在可及的学习环境，给学生赋能，给教师减负，因材施教地采用线上灌输式课程和线下合作式课程、人机协同交互和对话式的"翻转课堂"、模拟实验学习和解决真实问题的项目化实践学习相整合的混合式教学。

（三）建设性后现代教学需要在真实情境的教学中落实学生的深度学习

学生的深度学习不会仅仅满足于知识的掌握，他们更在意的是要在学习中获得认知能力和必备品格，满足自己生命价值的追求。所以，"为什么而学"是学生深度学习的内驱力，只有在真实情境下的学习，才能让学生感受到学习的真实价值和实用意义。学生学会运用所学知识解决真实问题，有助于加深他们对知识的理解，使学生找到学习的乐趣和动力。尤其是带有挑战性的学习活动更能激发学生的好奇心和探索欲，促使他们进行深层次的思考和情感上的投入，增强学习的意义感，完成知识意义的建构。在真实情境中为解决真实问题采取"教师为主导—学生为主体"项目化的教学来落实学生的深度学习，不仅能提升学生的学习效果，而且能更好地培养学生适应社会发展的综合素质。

三、践行：关于"中国为何选择马克思主义"教学设计的探索

"中国为何选择马克思主义"是我们讲授《毛泽东思想和中国特色社会主义理论体系概论》课程中贯穿全部内容的主脉络。作为一门必修的公共通识课程，为了让非专业学生理解好这个问题，我们分三大步骤设计线上线下的混合式教学。

（一）亲近历史：协助学生形成感性认识

设置微信班群，分阶段布置学生课前观看《辛亥革命》《建党伟业》《建国大业》等电影和《口述历史》《改革开放40周年》《大国重器》《复兴之路》等纪录片，激励学生在班群里分享自己的观后感。

通过教案的制作或慕课的管理，充分利用节选的影片、视频、图片等多媒体教学资源和前学课程《中国近现代史纲要》的历史事件、历史人物故事，把它们作为理论联系实际的案例融入课堂专题内容讲解中，赋予抽象的理论知识更多的可听性和观感性，营造亲近历史的学习环境。

组织学习小组在业余时间参观历史旧址，开展社会调研，撰写调查报告，鼓励大家在班群里积极分享，其目的是帮助学生创设具象化的学习情境，增

强学生对中国共产党人在革命建设改革各个历史时期坚持马克思主义指导实践的认识。

(二) 对话交流：增强学习的理性认识

教师提出问题，比如，为帮助学生理解"准确把握马克思主义中国化时代化的科学内涵，不能采取教条主义、实用主义态度"的深刻内涵，进行教学设计，提出问题："中国为何选择马克思主义？"

启发和激励学生在教师提出的问题基础上凭借逆向思维发现新的问题。比如，不少学生发现：20世纪20年代马克思主义和实用主义几乎同一个时间传入中国，为何中国没有选择实用主义？中国共产党人讲的"求实"，与实用主义有何区别？既然马克思主义需要与时俱进地发展，我们为何还要强调坚持马克思主义？

面对非专业学生，尤其是理工科学生，高深理论问题的底层逻辑讲解，更适合运用问题导入的对话方式而非灌输的讲授方式。因为对话交流更有利于抓住学生的注意力，让他们带着疑问，去解决高深理论在现实情境中的劣构问题，这有利于调动学生的好奇心，从而打开他们的思维翅膀。

解决"中国为何选择马克思主义而非实用主义"这个问题，不仅需要引导学生从20世纪20年代新文化运动李大钊与胡适的"问题与主义"之争、20世纪80年代改革开放邓小平提出"四项基本原则"等历史经验里寻找答案，还应该引导学生从学理上弄清问题的所以然。

我们的教学设计要让学生密切联系"马克思主义基本原理"课程的知识，从回溯理性主义、经验主义和折中主义的认识论之争谈起，给教条主义、实用主义和马克思主义找到它们各自阵营的归属，结合中华优秀传统文化，让学生从学理上厘清它们在真理观上的区别，并深层次地领悟马克思主义立场、观点和方法为何能成功解决中国的问题，增强学生的道路自信、理论自信、制度自信、文化自信。

(三) 实践探索：再从理性认识到能动地改造客观世界的实践中去认识

学生对宏大叙事的理解往往会存在间接性，因而，让学生在真实情境里通过社会调查研究的实践进行学习，无疑能够解决这个"间接性"问题。

对学习评价环节的设计，我们采取自评和他评相结合的办法来执行，增强学生自主学习的能力，也让学生从合作伙伴身上找到自己的差距，起到了同学间相互促进的作用。

四、总结：混合式教学是落实学生深度学习的有效路径

事实证明，融合线上慕课教学和泛在可及的人机协同交互学习，线下翻转课堂的对话式教学，以及课后真实情境下项目化合作实践学习，这样的混合式教学是落实学生深度学习的有效途径。开拓这个路径，亟待改革教学管理方式。比如，改善对话式的小班授课，增加深度探索性的实践课时，跟进人机协同交互技术运用的配套，等等，这些都将成为我们进一步落实学生深度学习的必要条件。

通过思想政治理论课培养的大学生
正确历史观探析*

卜燕萍**

培育大学生的正确历史观是促进大学生正确认识历史、理解现在、开创未来的举措，而思想政治理论课是落实立德树人根本任务的关键课程，对大学生形成正确的历史认知起着关键性的作用。教师完善教学内容、教学设计、教学方法等方面，可以更好地发挥思想政治理论课在大学生正确历史观形成中的价值和作用。

党的十九大报告指出："青年兴则国家兴，青年强则国家强。青年一代有理想、有本领、有担当，国家就有前途，民族就有希望"。要"引导人们树立正确的历史观、民族观、国家观、文化观"。[1] 历史观是指人们对历史人物、历史事件、历史现象、历史本质及其规律等的观点、看法、态度。正确的历史观有助于人们从客观辩证的角度认识历史、理解现在、开创未来。于历史观正在发展、对本国历史把握不全面的大学生而言，培养大学生正确的历史观对大学生的成长与发展十分必要。而思想政治理论课是培养大学生正确历史观的关键渠道，具有重要的价值和作用，但在实践中也存在亟待改进的一些问题。

---

* 本文载于《教育导刊》2020 年第 2 期。

** 卜燕萍，广州大学马克思主义学院研究生。

① 习近平：《决胜全面建成小康社会 夺取新时代中国特色社会主义伟大胜利——在中国共产党第十九次全国代表大会上的报告》，人民出版社 2017 年版。

一、思政理论课在大学生的正确历史观形成中的价值和作用分析

首先，有利于加强大学生对历史的正确认知，为正确历史观的形成奠定正确的历史认知。

"中国近代史纲要"和"毛泽东思想和中国特色社会主义理论体系概论"作为思想政治理论课的必修课，在加强学生历史认识中具有基础性作用。在"中国近代史纲要"课中，教师教学的主要目标是全面、系统地向学生讲授近代以来中国人民救亡图存、实现中华民族伟大复兴的历程，使学生懂得选择中国共产党、马克思主义、社会主义道路和改革开放的历史必然性，令学生在正确掌握中国近代史的基本史实的基础上，深刻把握中国近代史的发展规律。在"毛泽东思想和中国特色社会主义理论体系概论"课中，把理论与实际相结合，帮助大学生系统梳理马克思主义理论中国化的形成过程、基本内容及其精神实质，有利于学生坚定马克思主义信仰，强化走中国特色社会主义道路的信念，坚定道路自信、理论自信、制度自信和文化自信。教师在教学中注重发挥教材的作用，以历史知识熏陶、感染学生，科学引导学生，有利于学生形成正确的历史认知，为其正确历史观的形成奠定基础。

其次，有利于大学生培养科学的历史认识方法，为正确历史观的形成提供方法论。

科学的历史认识方法是把握客观历史及其本质与规律的普遍适用的科学方法。基于一定的历史认知，学生形成正确的历史观还需掌握科学的历史认识方法，要坚持用唯物史观来认识和记述历史，把历史结论建立在翔实准确的史料支撑和深入细致的研究分析的基础之上。而"马克思主义基本原理"课在培养学生科学历史认识方法中发挥着关键性的作用。"马克思主义基本原理"课是一门帮助学生系统了解和掌握马克思主义基本原理、马克思主义基本方法，运用唯物史观认识事物、分析事物、掌握事物的课程。建立在唯物史观理论基础之上的科学历史认识方法，主张人们以联系、发展、变化的观点来认识历史，从历史的深度和广度来把握历史的产生、发展、趋势。教师要引导学生从唯物史观的基本立场和方法，理性认识中国共产党能在革命、建设和改革中取得胜利的时代背景与历史发展过程，实事求是，在客观、理

性的辨析中树立唯物史观。

再次，有利于丰富大学生的历史文化底蕴，为正确历史观的形成提供精神基础。

历史文化是中华民族在长期的共同生活和社会实践中的文明积聚和延续，是本民族大多数成员所认可的、相对稳定的、合规律性的价值取向和精神品格。中国精神是中华民族能够在五千多年的历史长河中屹立不倒、生生不息、薪火相传的灵魂，是中华民族历史文化的核心，是民族精神和时代精神的统一，内含丰富的精神品格，为大学生正确历史观的形成提供情感支撑。学生对本国历史文化的认知与态度，在一定程度上会影响着其对历史事件、历史人物、历史发展的评价。所以，正确历史观的形成要有历史意识和文化自觉，正确对待中华历史文化，树立文化自觉和文化自信。而"思想道德修养与法律基础"课承担起弘扬优秀历史文化的使命，带领学生正确认识过往的历史，调动学生产生历史文化情感体验。一方面进行优秀传统文化教育，如在"中国精神是兴国强国之魂"这一节课，学生会领略到"不义而富且贵，于我如浮云""道德当身，故不以物惑"等古代思想家对物质生活和精神生活的理解，领略到儒家、墨家等对理想的不懈追求，领略到古人对修身立德的教化与重视，这些都是中华优秀传统文化的"形"与"魂"。另一方面进行红色革命文化教育。红色文化是中国共产党领导中国人民在革命、建设和改革的伟大实践中创造积累的先进文化。在讲解"爱国主义"时，歌颂井冈山精神、长征精神、延安精神、雷锋精神等，让学生感受中国人民为建立和建设新中国而展现出来的伟大爱国主义精神、民族气节和坚定信念。这样可以丰富学生的历史文化底蕴，使其感受中国共产党的伟大，增强民族认同和文化认同，坚定历史文化自信，形成正确的历史观。

最后，有利于涵养大学生的"史德"，为正确历史观的形成提供保证。

"史德"是历史认识主体与历史认识客体于过去与现在场域链接的情感体验。正确历史观的形成不能停留在客观存在的历史过程的认知，还要明晰认识主体对历史客体的态度。历史是运动变化的，不仅具有个别性、多样性、偶然性，而且在个别性之中蕴含着重复性，在偶然性之中存在着必然性。在"思想道德修养与法律基础"课教学中，讲到孙中山时，就要引导学生辩证看待，正如毛泽东所倡导的："像很多站在正面指导时代潮流的伟大历史人物大都有他们的缺点一样，孙先生也有他的缺点方面。这是要从历史条件加以说明，使人理解，不可以苛求于前人的。"① 当讲述毛泽东时，教师应客观、公正、辩证地评价毛泽东。"毛泽东同志同任何别人一样，也有他的缺点和错误。但是，在他的伟大的一生中的这些错误，怎么能够同他对人民的不朽贡献相比拟呢？在分析他的缺点和错误的时候，我们当然要承认个人的责任，但是更重要的是要分析历史的复杂背景"②。教师要通过在秉持唯物史观的方法下的"史德"引导与教育，使学生尊重历史，辩证看待和正确评价历史人物和历史事件。

二、思想政治理论课培养大学生正确历史观方面存在的不足

思想政治理论课的教学在大学生形成正确历史观的有效性存在不足，即思想政治理论课在大学生正确历史观形成的积极成分未充分有效地发挥出来。

一是思想政治理论课中历史教学存在碎片化倾向。历史教学是当前思想政治理论课的重要一环，需要教师深厚、坚实的理论基础。思想政治理论课中历史教学的客体——历史，不外是各个世代的依次更替③，是已逝去的客观存在，是由无数个复杂的、具体的历史事件及其过程构成的综合体，它具有阶段性、一去不复返性的特征。因此，教师仅通过文字、资料、传说、遗迹等来回溯、复原历史，对历史的存在进行间接的认识、考察与分析，这就决定了教师只能在有限的时空领域内无限接近历史的一个个范围、一个个片段，容易导致历史教学的体系不够健全、不够成熟。倘若教师对此认识不足，就容易有意识地或者无意识地把历史教学碎片化。对于教师来说，必须让自己的意识活动带着历史本身的时间流程，立于历史中向学生说话，陈述历史的本质与规律，这样才能把学生置于历史之中去思考历史。碎片化的历史教学，则在一定程度上忽视了历史的整体性，潜在地制约着大学生的正确历史观的形成。

二是思想政治理论课教学缺少从学生正确历史观形成角度开展系统研究。

---

① 《毛泽东文集》第 7 卷，人民出版社 1999 年版，第 157 页。
② 《邓小平文选》第 2 卷，人民出版社 1994 年版，第 172 页。
③ 《马克思恩格斯选集》第 1 卷，人民出版社 1995 年版，第 88 页。

系统研究培养大学生正确的历史观对于高校思想政治理论课而言具有重要的理论和现实意义，深入系统的正确历史观培养是思想政治理论课理论体系的坚实根基，有助于为思想政治理论课在学生正确历史观形成中发挥积极作用和奠定理论支撑。"正确历史观是人们关于历史及相关问题的科学认识，包括对历史本质、功能、作用的科学认识，以及对历史的正确态度、运用历史的目标指向等内容"①，与思想政治理论课的价值取向相一致，如何实现而二者的融合，需系统研究二者之间耦合逻辑的问题。就目前而言，从培养学生正确历史观与思想政治理论课相结合的角度所进行的理论研究开展不足，导致思想政治理论课对培养大学生正确历史观的理论基础薄弱，教学内容的设置、课程知识的讲授方法等就会不够系统。从培养学生正确历史观的角度进行思想政治理论课教学，不仅要凸显正确历史观对大学生的启迪与育人功能，还要全面、系统地诠释教学大纲中的相关重要内容，这就需要开展系统的教学研究。当前如何通过思想政治理论课培养大学生正确历史观的研究仍需进一步加强与完善。

三是思想政治理论课教学方法缺乏灵活性。当前，互联网成为大学生接受历史知识、历史阐述、历史评论观点等历史信息的重要平台，客观地说拉近了大学生与历史的时空距离。互联网正潜移默化地改变着大学生接收信息的方式，为传统的思想政治理论课的教学提供机遇的同时也带来挑战。社会信息化、网络化的发展趋势，使学生的课余时间也被充分利用起来，增强了学生学习的自由度与便捷性。面对学生学习方式和信息获取与接受习惯的变化，传统的思想政治理论课教学方式已然不相适应，必须根据时代的发展与学生的需求作出相应的调整。然而，目前很多的思想政治理论课教学灵活性不足，针对性不强，面对互联网的冲击未能因势利导、相互融合。这样的课堂将失去吸引力，弱化思想政治理论课的教化价值，不利于大学生正确历史观的形成。

三、通过思想政治理论课培养大学生正确历史观的路径

大学生正确的历史观不会自然而然地形成，思想政治理论课要自觉承担

---

① 安丽梅：《习近平关于正确历史观的重要论断探析》，《思想教育研究》2019 年第 9 期。

起这个使命，关心爱护大学生，让大学生"接好历史的接力棒，在对历史的深入思考中做好现实工作、更好走向未来"①。

（一）以事晓人，以扎实史实夯实大学生正确历史观形成的根基

以事晓人，即思想政治理论课以客观的、真实的历史事实为"传播器"，在课中梳理、阐释历史中的"人事""物事""国事"，客观地还原真实的过往，在教师叙"真"与学生习"真"过程中，延展历史事实的魅力与价值，实现价值性与知识性相统一。首先，教师要系统、全面内化历史，尤其是党史和国史，掌握"我是谁""从哪里来""向何处去"的历史思维，并将其转化为自己的思想意识和信念。正如马克思所强调的："人们自己创造自己的历史，但是他们并不是随心所欲地创造，并不是在他们自己选定的条件下创造，而是在直接碰到的、既定的、从过去承继下来的条件下创造。"② 其次，教师需要构建以全方位、多层次、宽领域的历史记忆为基点，深度解码"人事""物事""国事"，系统传承历史文化。学生的历史记忆不是自发形成的，它是记忆输入、熏陶、感染、固化的结果。其一，教师应在认知维度帮助学生厘清"是什么"的问题，梳理、解释、归纳、总结"人事""物事""国事"，使学生从整体上感知历史，从联系中认识历史。其二，教师要在价值信仰维度阐释"应该如何"的方向性问题，思想政治理论课是学生学习历史于"现在"与"未在"之间转换的场域，在某种意义上具有生成性，需实现历史与学生的"对接""对话"，使学生在课堂中寻找到历史的共同价值、理念、信仰。其三，教师要在目标策略维度诠释"怎么办"的问题，坚持唯物史观，互易视角，建立一种历史与学生生活之间的"我们关系"，以发挥思想政治教育个体性功能和社会性功能。其四，教师要讲好"人事""物事"与"国事"，即讲好中国历史上的人物史实故事、事物史实故事、国家史实故事。教师要讲好中国特色社会主义探索与发展的故事，即向学生讲好历史和人民选择中国共产党作为执政党的缘由，讲好中国特色社会主义制度的优越性，讲好马克思主义中国化的成果及其对中国发展的贡献与作用，让学生树立中国特色社会主义道路自信、理论自信、制度自信、文化自信；要讲好中国人的

---

① 《十八大以来重要文献选编（上）》，中央文献出版社 2014 年版，第 470 页。
② 《马克思恩格斯文集》第 2 卷，人民出版社 2009 年版，第 470-471 页。

故事，讲好有关刘胡兰、雷锋、杨利伟等英雄人物的故事，使学生领悟到一代又一代的历史英雄人物所起的历史性作用；要讲好中华优秀文化的故事，包括经济文化、政治文化、教育文化等，使大学生在"活着的"历史世界中逐渐感觉历史、理解历史、记住历史。这样的系统历史教学和系统历史学习，既可以克服思想政治理论课中历史教学的碎片化倾向，又能使学生避免片面性，为正确历史观的形成夯实根基。

（二）优化教学设计，在理论与实践中强化大学生正确的历史观

要使思想政治理论课在大学生正确历史观形成中的总体效能提升，教师需要站在全局的高度运用系统性、前瞻性思维对大学生正确历史观培育进行教学设计，并结合实际教学情况作出相应的调整，以实现教学资源的最佳配置来促进大学生正确历史观的形成。从整体的角度进行大学生正确历史观的教学设计，能够实事求是、有理有据、有的放矢地在具体的教学实践中稳步推进落实大学生正确历史观的培养。

首先，在理论研究的基础上优化教学设计。以学情分析为起点，通过各种形式、途径深入了解大学生的思想现状、特征及其变化趋势，了解影响他们的社会环境因素，并结合教学内容进行分析，有针对性地确定具体明确的、具有可行性的教学目标。根据教学目标从四门课程的教材搜集有关正确历史观培育的教学资源来确定教学思路，创设良好的历史教育情境，注意以情育情，以境育情，使大学生正确历史观的培育从学情的分析、教学的梳理、目标的确定、教学过程的设计得以贯彻落实，实现思想政治理论课与培育大学生正确历史观的深度融合。教学设计在总体上对大学生正确历史观培育进行统筹与规划，让学生在四门课程的学习后，明晰历史的理论逻辑、发展逻辑，正确认识历史的价值与现实意义。

其次，深化社会实践教育，强化历史体验。开展社会实践，把课堂教学的理论知识同学生的理论认识与社会实际结合起来进行教学，回到真实的、具象的历史实践场景，于真实存在的、存留下来的具体的场景"还原"历史逻辑。例如，充分发挥革命博物馆、党史馆、烈士陵园、档案馆等红色基地的作用，溯源到学生具体可感知的、可触摸的、有着与现今生活世界维系的历史存在场景，站在人民的立场、扎根于当时的历史背景进行革命传统教育，传承红色基因，加深学生直观的、感性的认识，使其切实知晓真实存在的革

命文化与历史事实。还可以结合历史主题走访乡村、调查研究等形式生动活泼地进行，避免单纯的理论"注入"，使大学生在一种主动的状态中增强正确的历史认识和情感体验，以便为提高大学生历史现象鉴别力、道德判断力以及行为的选择力奠定良好的基础，有力地促进大学生正确历史观的形成。

（三）与时俱进，以鲜活的教学互动润育大学生正确历史观的形成

与时俱进，即思想政治理论课要紧跟时代发展的步伐，要因事而化、因时而进、因势而新，密切关注学生、聚焦学生、指向学生，把握学生培养过程中具有前沿性、规律性的问题，缩短历史理论的距离感，增强历史课堂的亲切感。

一要巧用主体因素。思想政治理论课教师呈现历史所采用的话语表达与阐述、叙事的路径与方式方法、神情与动作，是师生彼此之间的交流、交往、互动的纽带性连接。思想政治理论课堂是师生共在共建、互联互通之精神交往、话语交往的过程。在坚持科学性和正面性的前提下，教师围绕一定的议题，结合自身的语言、声音、表情、动作，营造生活化的历史故事氛围，让过去的历史重现到具象的、能为学生所感知的、与现实密切相连的现实课堂上，增强课堂的针对性、鲜活性、吸引力，创造学生主体、教师主导、师生互动式、双向式的中国故事课堂。

二要创新教学方法。一方面随着新媒体技术的覆盖面越来越广，互联网已与大学生的生活紧密相连，思想政治理论课应善于运用互联网技术和信息化手段开展工作。互联网教学是思想政治理论课教学空间的延展，思想政治理论课可借助互联网来表征历史，将历史的相关理论内容通过媒介化的过程展现出来，将所要阐释的事件与核心观点以视觉形象呈现，增强历史的动态感。同时，可结合大学生的兴趣点、日常生活和亲身体验设置网络互动专题，增强历史理论的现实性。另一方面，由于大学生正确历史观培育的特殊性，要运用客观的历史方法贯穿于历史教学中，如历史与逻辑一致的方法、历史比较方法、阶级分析方法、逆向考察方法，通过历史事件、历史背景、国内外局势等的倒溯、比较、分析，揭示历史运动的内在必然趋势与总规律，这样学生才能获得正确地思考历史、认识历史，确立正确的历史观。

当代大学生理想信念培养分析*

李永华　王　游**

　　社会主义核心价值体系是兴国之魂，决定着中国特色社会主义发展方向。要深入开展社会主义核心价值体系学习教育，用社会主义核心价值体系引领社会思潮、凝聚社会共识。同时，要广泛开展理想信念教育，把广大人民团结凝聚在中国特色社会主义伟大旗帜之下。

　　青年代表未来，创造未来。只有赢得青年，才能赢得未来。因此，培养什么样的青年人、如何培养青年人，是教育必须回答的问题。改进高校学生思想政治教育，是党和国家事业可持续性发展的必然要求，是提高国民素质、促进人的全面发展的必然要求，是落实科学发展观，坚持立党为公、执政为民的必然要求。而培养大学生的理想信念，则是思想政治教育工作的重中之重。

　　如何切实落实中央的要求，在大学生中切实有效推进社会主义核心价值观教育，培养德智体劳全面发展的中国特色社会主义事业的建设者和接班人，是中国高校思想政治教育工作的历史使命。笔者作为长期从事这项工作的实践者，希望通过对当代青年大学生理想信念教育的基本现状的分析，对高校开展大学生理想信念培养工作作一些思考。

---

　　* 本文系教育部教育科学重点课题"高校创新创业教育及其组织管理模式研究"、广州大学公民教育研究资助阶段性研究成果。本文载于《中外企业家》2013 年第 5 期。

　　** 李永华，广州大学马克思主义学院讲师。王游，广州大学马克思主义学院副教授。

一、当代大学生理想信念培养的现状分析

理想信念是人的精神支柱，是人成就事业的动力。理想是人生奋斗的目标，是人们对未来的向往。信念是在对真理的坚信与价值认同的基础上超越现实，超越自然，坚信未来美好结果的稳定的自我意识，是坚信理念的正确并能产生良好结果的稳定的观念。理想与信念是每个人的精神支柱和动力源泉，它点燃生命之火，激发人们的聪明才智，激励人们奋发向上。大学生是中国特色社会主义事业的建设者和接班人，必须培育以社会主义核心价值观为主要内容的崇高理想和坚定信念。邓小平同志告诉我们，要使我们的国家走向富强，关键的因素是靠"信念"。他在 1986 年 11 月 9 日《用坚定的信念把人民团结起来》的讲话中指出，"根据我长期从事政治和军事活动的经验，我认为，最重要的是人的团结，要团结就要有共同的理想和坚定的信念。我们过去几十年艰苦奋斗，就是靠用坚定的信念把人民团结起来，为人民自己的利益而奋斗。没有这样的信念，就没有凝聚力。没有这样的信念，就没有一切"。

总体上看，当代青年大学生的信仰主流是好的、积极向上的。同时，也应该看到，由于种种原因，在少数大学生的理想信念中也存在着许多值得关注的现象，需要深入思考和着力解决。

其一，价值观的选择混乱。经济全球化浪潮下，尤其是社会主义市场经济体制建立以来，世界各种文化、各种思潮一起涌来，对大学生的思想信念、价值取向带来冲击，是信奉集体主义还是个人主义？是注重奉献还是注重索取？是利人还是利己？这些方面的种种观念和价值取向，都呈现在大学生面前，供他们挑选和确定。应该看到，个别大学生的价值选择出现了混乱和错误的倾向，表现出以追求官本位、追求钱本位为价值取向。在现实生活中，享乐主义、拜金主义在少数大学生中颇为盛行。这种种价值取向的混乱，成为个别大学生树立远大理想信念的障碍。

其二，理想追求存在不少困惑。伴随着改革开放的深入，新事物不断涌现，各种思想观念从传统的到现代的，从东方的到西方的，古往今来的思想叠加在一起，冲击着青年大学生理想信仰的形成过程。少数大学生对那些具

有神秘主义色彩的书籍和观点产生浓烈兴趣，对西方社会的政治模式颇有认同个别大学生学习政治理论的热情削弱，甚至有意避开政治活动，有的还对马克思主义和社会主义产生怀疑，更谈不上树立共产主义远大理想。

其三，是非观念模糊。多元的文化包含着多元的价值观，万花筒一样的世界提供着无数的是非观念的碰撞，什么是正邪荣辱，什么是美丑善恶，少数大学生心中十分迷惘。他们对社会丑恶现象和坏人坏事不再疾恶如仇，甚至是置若罔闻、避而远之，严重影响了他们形成社会正义感和互助精神。

当代大学生在理想信念的培养上之所以出现上述情况，究其主要原因有以下几个方面。首先，全球化带来西方的各种意识形态和价值观念，客观上对集体主义和爱国主义起到削弱作用。市场经济在发挥资源配置的重要作用的同时，其功利性原则对大学生选择信仰产生了影响。其次，大学生自身成长中的生理和心理发展不平衡、知情意行矛盾冲突中产生的认识偏差。再次，由于处于转轨时期，和谐、公平、公正的环境尚未完全形成，民主监督和法律治理体制尚未健全，导致腐败现象的出现，影响青年大学生的信仰选择。最后，高校思想政治教育工作在体制上、观念上、方法上依然存在许多不适应，导致对大学生思想教育相对滞后。

二、当代青年大学生理想信念教育的几点思考

大学生作为国家的精英群体以及中国特色社会主义事业的建设者和接班人，能否有效培育理想信念，对社会主义事业的长远发展至关重要。在已有经验的基础上，笔者对理想信念培养这一工作的有效途径有如下几点思考：

其一，明确理想信念培养的工作目标，区分理想信仰教育的层次性。在对大学生的理想信念教育中，必须从多元文化社会的实际出发，明确培养目标，注重理想信念教育的层次性，对青年大学生的不同群体提出不同的要求，以达到求真务实培养接班人的目标。在社会主义核心价值观培育上，从国家、社会到个人实行"三个倡导"，"倡导富强、民主、文明、和谐，倡导自由、平等、公正、法治，倡导爱国、敬业、诚信、友善"；在对象方面，对于大学生中的先进分子，可以引导其树立共产主义信仰，将其培养成为坚定的马克思主义者，使其在大学生中发挥引领和示范作用。对于大学生，要在学

习马克思主义理论的基础上，培养他们拥护中国共产党，拥护中国特色社会主义道路，努力成为中国特色社会主义的建设者。

其二，推进思想政治课教学深入改革，发挥理想信念教育的主渠道作用。高校思想政治理论课是思想政治教育的主渠道，社会主义核心价值观则是主要教育内容。思想政治理论课应该加强教材的改革力度，突出其科学性和系统性，特别是突出马克思主义对资本主义和社会主义发展的科学认识，突出马克思主义关于未来社会发展理论与现实社会主义发展的关系，突出"三个倡导"、十二个观念的内容及关系。要以中国特色社会主义理论为导引，对大学生思想中存在的疑惑给予正面回答。要创新教育理念，克服简单划一的教育方式，采用丰富多样的方法，如利用网络、多媒体、座谈交流以及各种教学实践活动等，让青年大学生在主动交流和潜移默化中自觉地接受理想信念教育。必须加强教师队伍建设，重视提高思想政治理论课教师素质。思想政治理论课教师不仅是马克思主义理论的传播者、教育者，更应该是坚定的马克思主义理论信仰者，不仅要有责任心，而且要有使命感；不仅要有职业层面的敬业精神，而且要有远大的价值追求和崇高的精神境界。因此，加强高校思想政治理论课教师队伍建设，提高其思想素质，是加强大学生理想信念培养的重要前提。

其三，尊重大学生成长规律，构筑符合当代大学生特点和成长需求的理想信念教育平台。大学生的成长处于外部环境和自身因素不断碰撞中，是在对世界的认识和对自我的认识不断深化中对自身素质的提高和完善过程。对大学生进行理想信念教育，需要充分尊重大学生自身成长规律，因材施教，采取真正有效的途径和方法。首先，要推动大学生深入社会实践，接触社会事务，让大学生切实感受中国社会的发展，了解在党的领导下，国家由落后积弱不断走向强盛的历程，了解社会发展的不平衡和推进改革的光荣使命。应该在老区、工厂、社区设立教学实践基地，甚至可以考虑安排学生定期在扶贫点开展义务扶贫工作，使他们亲身体验共产党人践行自己宗旨和理想信念的工作过程。其次，要重视和加强网络思想政治教育在大学生理想信念教育中的作用。随着电子信息技术的迅速发展，网络文化作为一种新的文化表现形式已成为高校校园文化的重要组成部分，网络思想政治教育则成为高校思想政治教育的重要载体，成为大学生交流的重要阵地。我们应该及时把握舆情发展，提供更多生动活泼的课件或案例，借助新媒介的特点和优势进行社会主义核心价值观的宣传教育，将理想信念教育的内容在网上进行传播，以利于大学生接受。最后，增强社团文化对大学生理想信念教育的作用。高校社团是大学生自发的群众性组织，是深受学生欢迎、易为学生接受、颇具吸引力和影响力的学习平台。应该鼓励和资助大学生社团组织开展丰富多彩的理想信念教育活动，如开展论坛进行理论交流，通过专题演讲进行思想交流，等等，使大学生在参与社团活动的过程中，加深对现实问题的认识，提高其理论素养和认识判断水平，从而自觉坚定理想信念，自觉抵制各种错误思潮的影响，努力成为中国特色社会主义建设需要的合格人才。

大学生的理想信念的培养是一个系统工程，需要全社会的共同关注，需要社会大环境的优化，需要家庭教育的配合，需要中小学阶段的良好基础培育，需要受教育者自身的不断努力。上述各种要素的协同作用，将为大学生的思想道德培育提供升华的动力，为青年人的成才和奉献社会提供坚实的思想基础，这也正是高校教育工作者的抱负所在。

第三编

教学展示与教学创新优秀案例

建立师生互动博客：
思想政治教育进网络的有效途径[*]

马　丽　魏彩玲[**]

在一个"上网"成为青少年生活方式的时代里，博客可以作为一种能够较好地实现社会主义核心价值观教学目标的辅助教学平台，将思想政治教育延伸到课外，实现师生互动，观点交锋，不仅能开阔学生视野，拓宽学生眼界，增加学生知识，而且能提高学生认识、分析、判断问题的能力，可以提高思想政治教育的实效性和学生的思想政治觉悟。

一、博客与教育博客

博客（Blog 或 Weblog）或称"网志"（网络日志），虽然只有十几年的发展历史，但其发展速度可比高速列车，被认为是继 Email、BBS、ICQ 之后出现的第四种快速网络交流方式，它被界定为一种个性化的个人知识管理系统，即利用互联网新兴的"零壁垒"技术，以文字、数字、文本和多媒体等方式，把日常所想、所闻和所思的各种思想精华迅速及时地积累和保存起来，超越传统时空局限，让全社会可以共享知识和思想，同时可通过它将工作、爱好和学习有机结合起来。它可以充分利用网络双向互动、超文本链接、动态更新、覆盖面广的特点将使用者的工作过程、思路精力、思想精华、闪现的灵

---

　　[*] 本文系广州大学"合生珠江高校教育发展项目"的研究成果。本文载于《广州大学学报（社会科学版）》2012 年第 11 期。
　　[**] 马丽，广州大学马克思主义学院教授。

感等及时地记录和发布，截取并链接全球互联网上最有思想、最有价值、最有意思、最相关的信息和资源，在博客技术的支持下得到最大范围的传播。和微博只能用短短的 140 个字发帖相比，它没有字数的限制，更能较为全面地阐释观点，表达思想，讨论问题，不仅方便快捷，而且互动有力。博客服务也呈多元化趋势：如有人用博客记事，有人用博客做广告，有人用博客聊天，有人用博客问政，还有人用博客辅助教学，甚至有人在博客上自言自语，等等。狭义的教育博客仅指教师博客，是指各年级各学科的教师利用互联网新兴的 "零壁垒" 的博客技术，以文字、图片、幻灯片、截取的电影电视片段等多媒体方式，将自己的思想观点、日常的生活感悟、教学心得、教案设计、课堂实录、课件等上传发表。教师博客的主要功能在于博主能够按时间顺序记录下每一个使用者的思想和思辨轨迹，可以按思想者对不同问题发表的见解归类存档，方便与人交流观点，碰撞看法，反思主观意识和社会伦理，寻找新的思想生长点和和谐价值观，而且可以自己管理自己的日志，梳理自己思想的脉络，还可链接到博客平台中的任何一个学案中，使师生在实现研究性学习的基础上又获得思维方式的改变，让多人受益。同时，教师博客也为网络环境下的自主学习要着力解决的评价难题提供了帮助。南昌大学文学院教师郑智斌在他的博客中称教育博客是面向教育界以教育、教学话题为主要传播内容的分类博客。李洁在《中国教育博客的这几年——教育博客研究文献综述》中对教育博客作为师生交流平台所显示出来的师生协作学习，促进教师反思和专业发展、学生电子学习笔记、家校沟通的新途径等功能作了阐释[1]；南开大学研究生董澎的学位论文《"博客" 在高等教育阶段师生互动中的运用》也认为博客具有促进高等教育阶段师生互动的价值，认为教师博客是促进自身发展的工具[2]。

国外学者对博客的研究主要是关注博客的新闻传播功能和营销价值，而博客用于教学研究的像 Campbell 就博客在教育中应用进行过分类和界定，主要是根据经营者的不同以及其功能的不同而划分为教师博客（Tutor Blog）、学习者博客（Learner Blog）和班级博客（Class Blog）。也就是说，利用博客

---

① 李洁：《中国教育博客的这几年——教育博客研究文献综述》《中小学电教》2007 年第 9 期。
② 董澎：《"博客" 在高等教育阶段师生互动中的运用》，南开大学硕士学位论文，高等教育学专业，2007 年。

把思想政治教学延伸到课外，拓宽学生的视野。即通过建立教师博客、学生博客和班级博客等辅助形式来提升教育的有效性。既能让学生巩固课堂所学知识；又可以拓展教纲以外的知识领域，提高学生学习的自主性、积极性和主动性；还可以改善师生关系，推动学科发展。教师也可通过读博、建博、写博、记叙案例和教学笔记表达感悟，制作课件，将阅读、思考、实践、反思、写作变为一种习惯，在互动交流、切磋论证、阅读写稿的过程中不断提升自己的专业研究水平，使师生双方都能增加知识的含量，增强思维的训练，同时分享研究的成果。因此，研究利用博客平台互动交流的便利条件，探讨如何实现思想政治教育强化功能，突显思想政治教育的教学效果，提高师生整体的思想道德水准和确立健康正确的人生价值观，加强和改进大学生思想政治教育是十分必要的。

二、博客：师生互动的有效平台

众所周知，思想政治理论课教学不同于许多专业课程的教学，它不是单纯地灌输知识，而是旨在提高学习者的思想政治觉悟和认识、分析、研究、反思问题的能力，简言之，即解决"思想觉悟"问题，实属于意识交锋，由此特别需要师生双方的互动探讨和切磋交流。暂且不说师生互动交流是教育活动顺利展开的首要条件和有效保证，就互动本身和互动方法仍有许多问题有待研究。古希腊圣贤苏格拉底的"辩证法"就是运用对话的方式引导众人去研究问题，追寻真理；我国的教育家孔子一部《论语》同样是通过对话交流的方式阐释道理，交流思想。而在两千多年后的今天，我们大学课堂上下却少了许多这种互动的交流方式，以至于思想政治课的教学效果不尽如人意。

如何进一步提升和强化思想政治课的教学水平及其效果，一直是教育教学研究十分关注的问题。抛开研究内容暂且不说，使用不同的教育教学手段也可达到思想政治教育的目的。例如，可以通过教师撰写博客和广大师生自主讨论问题来拓展教育内容，反思社会生活，提高教育效果。网络作为一个大众平台，在青年学生的生活中几乎不可或缺，交友聊天、购物游戏、获取知识、订票出游，甚至谈情说爱，都可以在网络上进行。再加上移动互联网所具备的随时、随身、随地与用户的高度关联性以及大量云计算技术被广泛使用等,意味着个人"云生活"时代的全面开启。网络交流变得无所不在。所谓的无线城市就是基于"云"计算的技术,融合了移动互联网、物联网、三网/三屏融合、移动电子商务的综合应用,被视作继水、电、气、交通之外的城市第五公共设施,这种属性就成了可以搭载个人"云生活"的理想平台。踏上这个平台以及"云"计算技术的广泛运用,不但会刷新我们的观念,而且会转变我们的思维方式、生活方式。尤其对当代大学生而言,机不离手已成为一种生活常态。当网络成为大学生生活中无所不在的空间时,网上学习、网上交流、网上考试也越来越变得普遍,随时阅读而且通过网络进行教育教学已经非常普及。就中国的高校来看,校校有自己的网站和师生交流平台,从学校简介到教学管理,再到 BBS 论坛,几乎和教育教学相关的栏目无所不有,更不要说超文本链接可带来的更广阔的阅读空间。若能利用网络作为一种能够较好地实现思想政治教育、教学目标的辅助教学平台,譬如建博客实现师生互动,其前景将十分广阔。

三、博客师生互动的着力点

如何使思想政治教育进网络——利用博客平台开展思想政治教育,笔者认为可从以下几个方面着手。

首先是博客平台的建构。校园网的平台建构要充分考虑到师生互动的便捷和快速,提供类似 Email、BBS、ICQ 等各种媒介把师生连接起来。而作为互动平台的一方——教师,当然必须要建博、读博、写博,将阅读、思考、写作变为一种习惯。按大学教师本人所教课程的内容及教学要求和目标,利用现有博客平台的可用功能尽可能地构建多个互动模块,像原理阐释、热点问题、释疑答疑、作业园地、教师信箱等,做到定时更换讨论内容,不断变换互动话题,时时有针对性地就学生中存在的思想困惑和政治教育面临的实际问题和学生展开讨论探究,而且一定要从认识解决现实存在的问题着手,把学生当朋友,实事求是,实实在在,平等交谈,以情动人,以理服人。在页面的设计上,也要根据青年学生的审美和高校文化的内涵,选择新颖、大方、简洁、活泼、明快的版式,力争一键拉近和学生的距离,让学生有亲切感和胶着感,乐于浏览和参与互动。教师、学生个人设计的版式画面也可交流展示，多面化带来新感受。现在互联网上有诸如"微国学""微言论""微小说""微诗歌""微风吹"等不同形式的栏目，还有许多名家、大家、专家、学者开设的微博，像百岁学人周有光先生的博客等，形式多样，图文并茂，生动有趣，思想政治教育课程可利用和借鉴。

其次是博客互动内容的选择和上传一定要有的放矢。大学思想政治理论课课时有限，而教材内容庞杂，在领会的过程中可能会产生问题和困惑，需要课后延伸教学内容，提高思想政治理论学习的实效性。另外，课堂讨论或即时回答问题会因缺乏准备和较为缜密的思考而较难收到理想的效果。博客恰好为师生提供了一个非常理想的互动平台，再加上 MicroBlog（微博）、QQ、Email、BBS 等社交媒介的运用，让教师和学生有了分析问题的时间和随时互动的条件。学生平时不愿讲或没机会说的问题和困惑在微博上可以讨论和阐释，不同意见交锋或可擦出思想之火花，深化对问题的理解和认识，使真理愈辩愈明。据笔者利用全校公共选修课的机会对高校的 150 名不同学院不同专业的学生展开的调查显示，几乎所有的学生都更喜欢通过互联网平台和老师交流思想，讨论问题，愿意并喜欢上老师的博客或 QQ，认为交谈更不拘于形式，轻松、自然、随意，容易以平等的感受交心，像朋友一样畅所欲言，交换看法。课堂上没弄懂的原理，现实中的困惑，剪不断理还乱的各种思想情感问题等都可以在这些平台上娓娓道来，人生观价值观的种种见解摆上桌面，是非曲直、真善美假丑恶在争议和讨论中得以明辨，在一个相对宽松、平和的环境中提升思想政治理论课的学习效果。这样做对教师的要求会相对较高，参与互动的教师必须脑快手快，有责任心和奉献精神，勇于牺牲一些业余时间；还要有对现实敏锐的观察力和置疑反思问题的能力等；内容的选材和问题的设置上也要结合学生的认知水平和现实生活，尽量让学生感兴趣参与互动，引导学生树立正确的世界观、人生观和价值观。此外，互联网上还有许多高水平的公开课，如中外教学名师录制的有关自然科学、社会科学的精品课程，这些课程是大学国际化的好载体，是业余学习的平台。通过博客介绍或转载给学生观看，并就问题展开讨论，学生不仅开阔视野，拓宽眼界，增加知识，而且提高认识、分析、判断问题的能力，对提升学生思想政治觉悟起到事半功倍的效用。

最后，在互动的方法上也要因需而选，讲究多样化和实效性。每个人的认知倾向和水平是不同的，对同一问题的看法和体会千差万别。思想政治教育是与实践紧密结合的，不仅需要文明社会和先进文化的不断培育和滋养以及进步知识的灌溉，而且需要个性化的沟通互动方式来解决个人的"思想觉悟"问题。网络具有"一对一"或"一对十""一对百"的特点能按需且有针对性地实现及时互动，让不同认识和不同观点交锋，在讨论中使真理闪耀光辉，还可为个人思想观点留下再思考的空间。博客超越时空的独特而强大的功能可以使教师及时和学生保持联系，追踪他们思想变化的轨迹，在思想情感的交流中增进友谊。另外，博客可以表现不同形式的内容，图片、音乐、视频多媒体格式、一键转载、加关注等信息推送的便利功能，以及顶帖功能等获得学生网民共鸣的信息能以几何级的速度扩大受众范围，极大地拓展了思想教育的空间，真善美价值观通过多种形式得以宣传，假丑恶予以揭露和批判，问题经过讨论得以解决①。

---

① 马丽：《微博活力根系给力社会文化建设》，《探求》2012 年第 2 期。

党的精神谱系融入
"马克思主义基本原理"课教学探赜[*]

刘　莉　毛思恩^{**}

习近平总书记在党的二十大报告中指出，要"弘扬伟大建党精神为源头的中国共产党人精神谱系"①（以下简称为"党的精神谱系"）。2024 年 5 月，习近平总书记指出，要以中国特色社会主义取得的举世瞩目成就为内容支撑，以中华优秀传统文化、革命文化和社会主义先进文化为力量根基"，"不断提高思政课的针对性和吸引力②。以伟大建党精神为源头的党的精神谱系是党的百年历史的精神结晶和精神标识，是革命文化和社会主义先进文化的精神核心，也是取得中国特色社会主义成就的精神支撑，因此将党的精神谱系融入思政课教学，是把思政课中的道理讲深、讲透、讲活的重要精神资源。"马克思主义基本原理"课程（以下简称"原理"课）是高校本科生思政课之一，将党的精神谱系有机融入"原理"课教学，从"精神之生成""人物之精神""精神之谱系""精神之成就"等多维度，讲清"原理"课唯物史观、实践观和科学社会主义等教学内容。这既是围绕着"原理"课教学目标"讲深、讲透、讲活"教学内容的需要，也是传承红色基因、激发大学生精神动力的党史教育的要求。

---

　*　本文载于《思想政治理论与实践》2024 年第 2 期。

　**　刘莉，广州大学马克思主义学院教授。毛思恩，广州大学马克思主义学院研究生。

　①　习近平：《高举中国特色社会主义伟大旗帜 为全面建设社会主义现代化国家而团结奋斗：在中国共产党第二十次代表大会上的报告》，人民出版社 2022 年版，第 44 页。

　②　《习近平对学校思政课建设作出重要指示强调 不断开创新时代思政教育新局面努力培养更多让党放心爱国奉献担当民族复兴重任的时代新人》，《人民日报 2024 年 5 月 12 日，第 1 版。

一、党的精神谱系有机融入"原理"课的内容体系

党的精神谱系以建党精神为源头，党领导人民群众在新民主主义革命时期、社会主义革命与建设时期、改革开放和社会主义建设时期、中国特色社会主义新时代，各个历史时期锤炼出的鲜明政治品格、凝聚成的磅礴精神力量，包括：以人物命名的精神，如雷锋精神；以事件命名的精神，如"脱贫攻坚精神"；以地区命名的精神，如西柏坡精神；以重大科技成就命名的精神，如"探月精神"；等等。党的精神谱系的生成蕴含着"社会存在决定社会意识""社会主义的发展规律""人民群众创造历史"等马克思主义原理，与"原理"课教学内容高度契合，是进行"原理"课教学的重要精神资源。在"原理"课教学中，从"精神之生成""精神之主体""精神之谱系"的多维角度挖掘党的精神谱系蕴含的"原理"课教学内容，有机融入"原理"课的唯物史观、实践观、科学社会主义等内容。

（一）在形成逻辑上，以"精神之生成"讲透唯物史观

"原理"课教材中的唯物史观教育包括社会存在与社会意识的辩证关系，社会基本矛盾及其运动规律，社会发展的动力以及人民群众和个人在社会历史中的作用等内容。党的精神谱系作为一脉相承的共产党人的精神脉络，是百年来各时期最为先进的社会意识，这个社会意识形成的根源是"社会存在"。这些"社会存在"的场景包括了世界局势变化、中国现实条件以及传统文化赋予的文化基底等，因此在"原理"课中运用党的精神谱系可以讲清唯物史观的基本原理。

第一，党的精神谱系的生成显现了"社会存在和社会意识"的辩证关系。社会存在和社会意识的关系问题，是唯物史观的基本问题。运用党的"精神之生成"讲清唯物史观：一方面，讲清社会存在决定社会意识。党的精神谱系生成的场景是中国与世界的辩证关系，以及在此关系结构中发展变化的中国现实条件，是由资本主义的基本矛盾和中国社会主要矛盾推动的变化发展的"社会存在"，在教学中应突出世界的普遍趋势和中国的特殊现实的交互场景，催生中国共产党人坚定的共产主义信念，坚忍不拔的意志和追求美好生

活的心境。这些精神总体构成了党的"精神谱系"，让学生在"场景—催生"的关系中深刻理解社会存在决定社会意识的关系原理。另一方面，讲清社会意识反作用于社会存在。党的精神谱系是"中国精神的先进内核和宝贵精华，是中华优秀传统文化与党的政治文化有机融合的成果"①，让学生认识到是党的精神谱系作为连绵不绝地聚集起来的巨大精神力量，100 年来深刻地改变了中国社会的现实状况和文明面貌，实现了从"站起来—富起来—强起来"的伟大飞跃，巩固了中国在国际社会的地位，扩展了社会主义的发展空间，也为世界经济繁荣、文化博兴、世界和平的文明进程贡献了中国力量。

第二，党的精神谱系的构成凸显人民群众和个人在历史上的作用。唯物史观认为，人民群众是社会物质财富、精神财富和社会变革的决定力量。党的精神谱系正是中国共产党人和人民群众在创造物质财富和社会变革的过程中创造的精神形态财富，党的精神"既蕴含了党的政治立场、政治宗旨与政治品格，也凝聚了人民群众的政治觉悟、思想智慧与精神意志"②。以理想信念为中心，以实事求是为灵魂，以昂扬斗志为姿态的党的精神谱系，通过人民的信念、觉悟、情感与意志的精神作用推动社会变革与进步。同时，党的精神谱系由一个个精神坐标组成，每一个精神坐标的命名是以党和国家具有重大影响的历史事件、典型地区区域和英雄模范个人或群体来命名的③，其中英雄模范个人或群体在创造物质财富、精神财富和社会变革中发挥了杰出作用，形成了以个人和群体命名的精神标识，如"雷锋精神""女排精神""科学家精神""企业家精神"等，并通过党的宣传和教育，使其从个人、群体、区域、单一事件中的精神，上升为全体人民、全国、全民族的精神样态，成为增强文化自信，滋养精神家园，凝聚社会共识的强大精神力量，"成为我们党、我们国家、我们人民、我们军队、我们民族不断走向未来的强大精神动力"④。

（二）在实践力量上，以"精神之主体"讲活实践观

"原理"课教材中实践观部分涉及了实践的本质、实践主客体、实践中

① 焦金波、薛琳：《中国共产党百年精神谱系演进》，《南都学坛》2021 年第 3 期。
② 刘国瑞：《论中国共产党精神谱系的文化向度》，《理论导刊》2022 年第 2 期。
③ 王易：《中国共产党精神谱系有机融入思政课教学研究》，《教学与研究》2022 年第 5 期。
④ 《习近平谈治国理政》第 4 卷，外文出版社 2017 年版，第 57 页。

介、实践的形式、实践和认识的关系等内容。中国共产党人的精神谱系的形成和发展，在实践基础上还有其共同的精神根源。中国共产党人是在中华民族 5000 多年文明的土壤上生长起来的，一代代中国共产党人是在中华优秀传统文化的熏陶下成长起来的，无论是党的整体还是个体，精神血脉中都深含着中华民族的精神基因，构成了中国共产党人精神谱系的民族之根。因此，实践是党的精神形成、显现和发挥的直接载体，在"原理"课教学中运用党的精神的展现和发挥，可以深刻地阐明马克思主义实践观。

第一，运用党的精神谱系讲清实践的本质和形式。马克思主义实践观认为，实践是人类能动改造世界的社会性物质活动，包括物质生产实践、社会政治实践和科学文化实践三种基本形式。在新民主主义革命时期，围绕着革命实践，党领导人民群众以国家独立、人民幸福为奋斗目标，在实践中聚集和积淀形成了建党精神、井冈山精神、长征精神、抗战精神、延安精神、南泥湾精神等；在社会主义革命和建设时期，围绕着物质生产实践和科学文化实验，形成了红旗渠精神、北大荒精神、大庆精神、铁人精神、塞罕坝精神、"两弹一星"精神等；在改革开放和社会主义现代化建设时期，围绕着经济建设、科学创新和体育文化建设实践，积淀起改革开放精神、载人航天精神、女排精神等；在中国特色社会主义新时代，围绕着建设"人类命运共同体""共同富裕""科技强国""生态文明"的实践新目标，形成了丝路精神、新时代北斗精神、探月精神、科学家精神、脱贫攻坚精神等。在"原理"课教学中通过梳理各时期党的精神形态，让学生认识到正是在党的领导下，人民实践范围不断扩大，实践水平和实践能力不断提升，实践效果不断增强，新实践不断"浇灌"党的精神之树，使党的精神不断生长出新的时代内涵。

第二，运用党的精神谱系发挥讲清人民作为实践主体的主观能动性。"党和人民群众都是创造和践行伟大精神的主体"[1]，党在不同历史时期的社会形势下，面临着不同的实践任务，围绕着实践的目标和任务，党凝聚党员干部、人民群众万众一心、艰苦奋斗、勇于探索，激发出"革命加拼命的强大精神"[2]。人民群众实践自觉能动性的发挥，正是认识了社会发展的内在规律和前景目标。中国共产党人具备坚定的共产主义的理想信念和初心使命，具有

---

① 王炳林：《深刻领会中国共产党精神谱系的丰富内涵》，《光明日报》2021 年 6 月 30 日，第 16 版。
② 《习近平谈治国理政》第 4 卷，外文出版社 2022 年版，第 514 页。

"百折不挠、坚韧顽强"的精神气概，坚定不移地向着实践目标奋进；同时围绕实践目标，人民群众采用原则性与灵活性、统一性与多样性、长远性与分阶段相结合的实践策略，灵活有效地实现目标，显示出"实事求是、勇于创新、攻关克难"的实践主动性和精神风貌，不仅创造了崭新的客观现实世界，也创造了伟大的主观精神世界。

（三）在发展脉络上，以"精神之谱系"讲明科学社会主义

"原理"课教材中科学社会主义部分包括科学社会主义原则、社会主义发展道路的多样性、共产主义社会理想、中国特色社会主义道路等内容。党的精神谱系生成于对中国革命道路和社会主义道路的探索中，是中国共产党的使命意识和政治价值观的阐发，蕴含"实事求是、坚定理想信念、一心为民、爱国奉献、艰苦奋斗、开拓创新、尊重科学"的精神内涵，是中国共产党领导人民在各个历史时期创造的先进文化的精神坐标，是揭示中国共产党为什么能、马克思主义为什么行、中国特色社会主义为什么好的精神密码，蕴含着科学社会主义的基本原则和中国特色社会主义特征，可以用来讲清原理课科学社会主义部分的内容。

第一，运用党的精神谱系内核讲清科学社会主义原则。中国共产党是无产阶级政党，是在世界社会主义运动的浪潮中成立的。中国共产党自成立之日起就以实现共产主义作为自己的最高理想，成为中国社会主义运动的领导者。党的精神谱系是党领导中国人民参与社会主义事业积淀而成的，蕴含着"坚定马克思主义信仰、坚守共产主义理想和社会主义信念"的精神主线，是党的初心和使命形成的文化结晶，是支撑社会主义事业成功的精神支柱。在"原理"课上运用党的精神谱系进行教学，可以讲清楚"资本主义必然灭亡、社会主义必然胜利"，是人类社会发展的趋势和规律，讲清楚"社会主义事业必然始终坚持无产阶级政党领导"，以及通过弘扬党的精神谱系在全社会培育共同理想信念和价值观念，创造社会主义先进文化等教学内容。

第二，运用党的精神谱系发展讲透中国特色社会主义。党的精神谱系是由一个个有着独立称谓的"精神坐标点"组成的精神链条，随着时代的发展

不断"赋予民族精神新的时代内涵和历史高度"①，同时呈现出"革命精神、艰苦创业精神、改革开放精神、新时代伟大奋斗精神"等阶段性。在"原理"课教学中剖析党的精神的阶段性，向学生指明党的精神中不断增加"科技创新""开放融合""人类命运共同""文明互鉴"等新元素，让学生理解这是中国特色社会主义创造的文明新要素；还要讲清党的精神谱系发展的连续性，解析"坚定信仰、坚守理想信念"的精神主线背后中国特色社会主义的发展，厘清从中国特色社会主义道路的探索，到全面推进中国特色社会主义建设，再到21世纪中叶把我国建成富强民主文明和谐美丽的社会主义现代化强国的持续发展，让学生明白中国特色社会主义是科学社会主义的中国样式，深刻理解"科学社会主义在二十一世纪的中国焕发出新的蓬勃生机"②。

党的精神谱系中蕴含着诸多马克思主义原理，与"原理"课教学内容深度契合，在教学中运用马克思主义原理分析党的精神谱系的生成逻辑、实践显现和承接发展，同时让学生在党的精神谱系理解马克思主义唯物史观、实践观和科学社会主义等教学内容。习近平总书记在党的二十大报告中指出："弘扬以伟大建党精神为源头的中国共产党人精神谱系，用好红色资源……着力培养担当民族复兴大任的时代新人。"③ 将党的精神谱系融入"原理"课教学，需要挖掘红色资源，讲好"红色故事"，叙述"红色精神"，结合"原理"课教材内容坚定学生对马克思主义的信仰，增强学生对中国特色社会主义的信念，引导学生树立实现中华民族伟大复兴的理想信念、爱国情感、奉献精神和责任意识，推动学生成长为"有理想、敢担当、能吃苦、肯奋斗的新时代好青年"④。

① 颜晓峰：《中国共产党人精神谱系的鲜明特质、系统逻辑和强党功能》，《思想理论教育》2021年第7期。
② 习近平：《高举中国特色社会主义伟大旗帜 为全面建设社会主义现代化国家而团结奋斗：在中国共产党第二十次代表大会上的报告》，人民出版社2022年版，第16页。
③ 习近平：《高举中国特色社会主义伟大旗帜 为全面建设社会主义现代化国家而团结奋斗：在中国共产党第二十次代表大会上的报告》，人民出版社2022年版，第44页。
④ 习近平：《高举中国特色社会主义伟大旗帜 为全面建设社会主义现代化国家而团结奋斗：在中国共产党第二十次代表大会上的报告》，人民出版社2022年版，第71页。

二、党的精神谱系深度融入"原理"课的教学目标

习近平总书记指出:"要用好学校思政课这个渠道,推动党的历史更好进教材、进课堂、进头脑,发挥好党史立德树人的重要作用。"① "原理"课是对学生进行马克思主义基本立场、观点和方法的教育,引导学生正确认识人类社会发展的规律,从而坚定社会主义和共产主义理想信念。在"原理"课教学中以党的精神谱系为脉络贯穿党的百年历史,讲清"两个结合"的历史逻辑,使学生认识到马克思主义的当代价值;将党的精神谱系放在党史、新中国史、改革开放史、社会主义发展史、中华民族发展史的"大历史"中加以定位与分析,讲清人类社会发展规律的特殊和一般的关系,使学生坚定社会主义信念;同时还要讲清人民群众在精神谱系鼓舞下创造的生动鲜活的实践成就,使学生树立起为中华民族伟大复兴而奋斗的实践主体意识和历史使命感。

(一)以贯穿党的精神党的"百年史",讲清马克思主义中国化时代化的进程

党的精神谱系贯穿党史,是党的百年奋斗史的精神标识,"党的百年奋斗深化为党的精神谱系,党的精神谱系实践化为党的光辉历程"②,党的百年历史就是马克思主义中国化时代化的进程,是中国共产党人把马克思主义基本原理同中国具体实际相结合、同中华优秀传统文化相结合,不断进行理论创新和实践创新的过程。马克思主义中国化时代化的历史进程因而也成为贯穿在百年"社会存在"之中的一条"历史红线",在这一红线中生成了数个耀眼的精神光芒点,以伟大建党精神为源头串起一串耀眼的"珍珠"。党的精神谱系"以独特的文化形态表明了马克思主义在中国实践的精神叶子,连缀起百年大党奋斗历程的内在精神理路"③。在"原理"课教学中,将党的精神谱

---

① 《习近平谈治国理政》第 4 卷,外文出版社 2022 年版,第 33 页。
② 颜晓峰:《从中国共产党人的精神谱系领悟党的百年历史》,《旗帜》2021 年第 4 期。
③ 袁国柱:《看万山红遍——中国共产党人的精神谱系》,中央党校出版社 2022 年版,第 1 页。

系放在马克思主义中国化时代化的历史过程中梳理与分析,既让学生认识到马克思主义中国化时代化进程中党的精神生成的"必然性",又让学生辩证体会到正是中国共产党组织和领导人民群众以昂扬的斗志、不屈的意志和创新的勇气,才能不断推进马克思主义的中国化时代化,为马克思主义的科学发展和时代创新做出中国贡献。

如在讲述"原理"导论部分"什么是马克思主义""马克思主义的创立和发展""马克思主义的鲜明特征""马克思主义的当代价值"等内容时,从建党精神源头起,梳理党对革命和建设道路的艰难探索以及曲折前行,凸显党抓住新事物发展的趋势,正确认识现实条件和社会主要矛盾,运用辩证思维和系统思维,依靠党的精神力量推动马克思主义中国化时代化的进程,既推动马克思主义的理论创新,并勇于实践创新,推动中国社会发生质变;又展示马克思主义中国化时代化进程中党的精神力量如何生成、发展与赓续的客观条件、信念支撑以及民族文化土壤,将马克思主义中国化时代化进程与党的精神谱系一起来分析,使学生对马克思主义的中国发展和时代价值理解得更为立体和丰满。

(二) 以党的精神牵起"大历史",讲清人类社会发展的一般规律

党的百年历史必须放在社会主义发展史、世界发展史以及人类文明史中从整体上系统地进行分析和考查,坚持有机"大历史"观。"大历史观不仅体现在从历史过程中看问题,而且表现为宽广的国际视野,即把中国共产党的百年奋斗置于人类文明史、世界发展史、国际社会主义运动史中加以考察和评价"①。因此在"原理"课教学中,运用党的精神谱系进行教学不仅需要串起党的百年奋斗史,也需要"牵起"世界发展史、社会主义运动史和人类文明史等"大历史",在对"大历史"的考察与分析中,讲清人类社会发展的一般规律和特殊表现,在"大历史"中培养学生的系统思维方式和对唯物辩证法的把握。

如在讲授"社会主义的发展及其规律"和"社会主义五百年的历史进程"时,讲清"建党精神"是中国共产党人在马克思主义科学共产主义理论的创立、苏联社会主义实践的影响,以及与国内局势的交互中形成的,讲清

---

① 杨凤城:《以大历史观统领中共党史教育与教学》,《思想理论教育导刊》2021 年第 4 期。

党成立的必然性以及早期中国共产党人的艰苦努力；讲清新民主主义革命时期，中国共产党找到了一条不同于苏联的农村包围城市武装夺取政权的革命道路，显示了中国革命道路的特殊性，并在这一过程中形成了井冈山精神、遵义会议精神、长征精神、延安精神等。

在讲授"科学社会主义原则"时，讲清社会主义革命和建设时期，党对科学社会主义原则的基本遵循，又在与世界社会主义国家的交往中、在与西方世界的关系中，坚持独立自主的道路，形成了抗美援朝精神、"两弹一星"精神、三线精神等；讲清在改革开放和社会主义现代化时期，党如何把握世界和平与发展的主题，顺应时代潮流开创了中国式社会主义现代化道路，形成了改革开放精神、载人航天精神、北京奥运精神、上海世博会精神等。

在讲授"在实践中探索现实社会主义发展规律"时，讲清在中国特色社会主义新时代，党如何把握和顺应人类文明发展规律和趋势，形成了丝路精神、探月精神、北京冬奥精神等，并创造了人类文明新形态，"人类文明新形态是中国现代式新道路开出的文明之花，结出的文明之果"①。

（三）以党的精神整合"微观史"，讲明党领导下人民群众发挥实践主动性创造的成就

2022 年 7 月，教育部等十部门在关于《全面推进大思政课建设的通知》中指出，各地各校"将伟大建党精神和抗疫精神、科学家精神、载人航天精神等伟大精神、生动鲜活的实践成就，以及英雄模范的先进事迹等引入课堂，推动党的创新理论和历史融入各学段各门思政课"②。该文件要求在思政课教学中必须将党的精神谱系贯穿党的百年奋斗史，整合新中国史和改革开放史，讲清新中国成立以来和改革开放中具体的经济建设、政治建设、文化建设、对外交往、生态文明、社会建设等实践成就，尤其讲清新中国和改革开放历史成就，在各个地区、街道、村落、企业、学校、个人身上具体呈现的"微观史"，凸显党领导下人民群众创造伟大历史成就的实践主体精神。

党的精神谱系串联起党的百年奋斗史，呈现出一个整体上的精神链条，

---

① 陈金龙：《人类文明新形态的四重意蕴》，《广东社会科学》2021 年第 6 期。
② 教育部等十部门关于印发《全面推进"大思政课"建设的工作方案》的通知，2022 年 7 月 25 日，见 http：//www. gov. cn/zhengce/zhengceku/2022-08/24/content_ 5706623. html。

围绕着这一精神链条的辐射和感召，形成了各地方人民群众在具体实践中展现的主体精神，是在党的精神谱系主线下的"细线"，是"具现"的精神力量，和党的精神构成一个双向互动的精神存在场。在"原理"课教学中教师以党的精神为主线，"充分挖掘地方文化、校史资源"①，向学生讲述同时期的城市发展史、社区变化史、企业生长史、校史、人物史等"微观史"，运用城市旧址、纪念馆、企业展览馆、乡村变化景物等教育资源，讲述城市发展故事、展现企业创新历程、挖掘学校发展大事，讲好人物创业故事、乡村振兴故事，展示人民群众"勇于创新、攻关克难、敢闯敢试"的实践主动精神。

在讲授"人类社会及其发展规律"时，教师可以围绕改革开放精神、企业家精神、丝路精神、脱贫攻坚精神，用城市火车站变迁史、城市湿地发展史等讲明改革在社会发展中的作用；运用华为、腾讯的企业发展史，讲明科学技术对社会发展的作用；用乡村"鲜花休闲经济"、志愿服务故事、城乡文化建设故事、社区生态治理故事，讲明人民群众在历史中的创造作用；等等。也就是说，教师应用微观叙事细致入微地描绘人民群众"开拓创新、勇于担当、开放包容、兼容并蓄"的具体精神风貌，以及生动鲜活的实践成就。

三、党的精神谱系创新融入"原理"课的教学方式方法

将党的精神谱系作为教育教学资源有机融入教学，要依据"原理"课的特点和具体内容，将党的精神的主体——代表人物形象，精神的聚合场——历史事件，精神的显现——实践成就三要素融入"原理"课教学中，通过三要素领会"原理"课涉及的概念、原理、原则，在教学中遵循"精神——理论——信念"的叙事逻辑，沿着学生"认知——情感——信念——行为"的路线，灵活运用人物故事法、创境感染法、实践锻炼法，"以精神来燃情""以精神来启思""以精神来导行"。

（一）活用人物故事法，以党的精神燃情

党的百年历史中有着许多中国共产党人牺牲奉献、艰苦奋斗、开拓进取

---

① 习近平：《思政课是落实立德树人根本任务的关键课程》，《新长征（党建版）》2021 年第 3 期。

的故事，正是这些故事凝聚成党的精神标识。习近平总书记指出，"会讲故事、讲好故事十分重要"①。在"原理"课要"会讲故事"，结合教学内容巧妙地"讲好故事"，以具体英雄模范的事迹和精神点燃学生的热爱之情、崇敬之情和学习之情。

第一，运用故事明晰哲学概念。"原理"课包含着诸多概念，如"物质""意识""实践""认识""规律""真理""价值"等。这些概念比较抽象，需要放在具体的社会情境中让学生理解和内化。人物故事总是在一定的社会情境中展开的，在教学中可以让学生在情境中理解其包含的概念。例如在导入教学环节，教师在教学中运用图片、视频、音频，呈现英雄遗物、书信、日记、诗歌、人物访谈的微视频、图片和纪录片等，讲述代表人物的先进事迹，将历史情境变成教学情境，学生在故事情境中容易理解"物质"（人所处的社会条件）、"意识"（人的观念）、"实践"（人的行动）、价值（人物的贡献）等概念。

第二，运用故事讲清"矛盾与选择"。"讲好故事"还需要结合"原理"课内容，运用话语的叙事和表达技巧，讲清领袖人物、英雄人物、先进模范人物面对矛盾时，如何善于抓住主要矛盾、如何解决矛盾的曲折性和转折性，帮助学生提升辩证思维能力、系统思维能力、创新思维能力；同时凸显模范人物个人遇到社会和个人的矛盾冲突时，如何基于人民和国家的利益作出价值抉择，让学生理解模范人物的价值追求。教师可以通过组织学生自主叙事、课堂纪念仪式、课堂历史剧表演、模拟模范内心独白、人物诗歌和家书朗诵、为人物故事配音等方式，引导学生感悟人物身上的精神气质和价值抉择。

第三，运用故事突出"理想与信念"。在教学中教师应从人物的价值选择出发，追问个人背后深层的精神支撑和动力来自何处。这样就把个人精神与民族文化心理、党的政治价值观联系起来。教师通过组织故事探究、人物分析、课堂讨论、小组分享等方式，让学生明白人物的行为是在这些崇高价值观支配下进行的选择，同时这些模范人物树立的共产主义必胜的理想信念为行为提供了源源不断的动力。

（二）组织探究式教学，以党的精神启思

习近平总书记指出，思政课的本质是讲道理，要注重方式方法，把道理讲

---

① 习近平：《思政课是落实立德树人根本任务的关键课程》，《新长征（党建版）》2021年第3期。

深、讲透、讲活①。"原理"课中有大量需要讲述的原理，关涉自然、社会、思维发展变化的规律，是基本的道理，因此将党的精神资源融入"原理"课教学，需要运用党史事件和实践成就，在"释史中明理"，启发学生"用心悟"。

首先，讲清党史事件中的"原理"。教师运用"以点带面""以线释理"的方式，以党的精神为导入点带出宽广的知识面，并用党的精神谱系的线条梳理纵深的党的历史，结合党的精神形成的重大历史事件，以及国际国内环境讲授"原理"课内容，灵活组织学生进行课后红色电影观赏、红色经典接力读、收集党史资料，运用小组探究法、课堂小论文撰写、小项目研究等方法，让学生在课堂上结合阅读和写作，"用心悟"到党的精神生成发展的"社会存在""人的实践力量""民族文化心理积淀"等条件，深入理解"社会存在与社会意识""认识与实践的辩证关系""人民群众创造历史"等原理。

其次，找寻实践成就领会"原则"。在党的精神鼓舞激励下，党员干部和人民群众艰苦奋斗、开拓创新、奋发图强，形成了政治、经济、文化、社会、生态等方面的实践成就，并且在这个过程中积淀起新的精神要素。这些成就的取得正是遵循了"实事求是"的原则，党才能组织和领导党员干部和人民群众，根据实际确立实践目标，探索实践的有效途径，创新实践工具和技术，优化实践形式，取得一个又一个伟大的成就。在"原理"教学中，教师可以根据不同专业学生的专长，采用对模范人物进行访谈、调查建设成就、制作微电影和纪录片、创作红色美术作品、动漫、音乐、撰写新闻稿等形式，记录并呈现社会主义建设的成就并在课堂进行分享，领会"实事求是"是马克思主义的根本观点，是中国共产党人认识世界，改造世界的根本要求，是我们党的基本思想方法、工作方法、领导方法。

（三）优化实践教学形式，传承党的精神谱系

教育部等十部门关于《全面推进大思政课建设的通知》指出，"高校要紧扣思政课实践教学目标和要求，利用志愿服务、理论宣讲、社会调研等实践活动开展实践教学"②。在"原理"课实践教学中，需要思政课与学生工作部

---

① 《习近平在中国人民大学考察时强调坚持党的领导传承红色基因扎根中国大地 走出一条建设中国特色世界一流大学新路》，《人民日报》2022年4月26日，第1版。

② 教育部等十部门关于印发《全面推进"大思政课"建设的工作方案》的通知，2022年7月25日，见http://www.gov.cn/zhengce/zhengceku/2022-08/24/content_5706623.html。

门、宣传部门、团委、后勤部门等协同，激活社会"大课堂"、搭建全社会协同育人的"大平台"，充分运用红色场馆、爱国主义教育基地、新时代文明实践中心、志愿服务阵地开展实践教学，推动学生传承、弘扬和践行党的精神谱系。激发学生爱国之情，坚定强国之志，实践报国行动，努力学习先进文化知识，掌握前沿创新科技，刻苦探究未知领域，以自己的所学所长奉献国家、社会和人民。

第一，在参观访问和调研活动中传承党的精神谱系。组织学生走进红色遗址、纪念馆、革命博物馆、党史馆等"红色基因库"，运用红色党史长廊展览墙、电子屏、虚拟现实（VR）等信息技术让学生仿真体验英雄人物、模范人物的工作场景和角色职责，深刻理解党史人物的精神品格；让学生进行专题调研和访谈地方党史、城市史、校史中的英雄人物、先进模范，体会"实事求是、艰苦奋斗"的内涵。

第二，在学术研究和专业学习中弘扬党的精神谱系。"原理"课教师与专业课教师协同，在大学生的创新训练项目、学术科技作品大赛中，设计一些与党史有关的题目，引导学生结合自己的专业进行地方红色资源，学科史中的红色人物、红色音乐、革命美术作品等相关研究；引导学生运用大数据统计革命博物馆参观状况，运用人工智能优化党史馆展览形式，优化纪念馆的环保通风循环模式，设计红色读物的有声阅读与语音控制等，策划乡村红色文旅的保护与开发方案等。学生在学习和研究中优化党的精神宣传的场所、设施和技术手段，弘扬"开拓创新、尊重科学"的内涵。

第三，在服务人民和奉献社会中践行党的精神谱系。引导学生参与党史服务型实践，以及在革命博物馆、爱国主义教育基地从事志愿讲解、实景表演、理论宣讲等服务活动；组织学生参与街道、社区的志愿服务活动，为少年儿童讲解文学读物，进行生命安全教育和艺术教育，元宇宙创课育苗等，为老年群体提供智能设施使用培训、垃圾分类、绿植养护等；运用自己的专业技术参与乡村墙面彩绘、生态旅游产品设计、病害防治、垃圾无害处理等乡村振兴项目和生态建设项目，践行"一心为民、爱国奉献"的内涵。

马克思主义基本原理概论课教学新模式

——随堂演讲的设计与实践[*]

吴雪娟　陈咸瑜[**]

　　针对马克思主义基本原理概论课教学所面临的课时少、内容多、学生积极性不高的实际情况，教改小组创设随堂演讲教学以化解各种矛盾。十几年的教学实践证明，新模式能较好地贯彻马克思主义基本原理课的整体性教学原则，能有效激发学生的学习主动性和力争上游的斗志，并增进教师对学生的了解，有效实现教学相长。

一、随堂演讲教学的设计

　　当前，高校"马克思主义基本原理概论"课（以下简称"原理"课）教学实效性有待提高，重要原因之一是大学生缺乏学习的积极性和主动性。针对如何调动学生的积极性与主动性问题，教师尝试了多种多样的方法，如问题导向式教学[①]、专题教学[②]、研究式教学[③]、"翻转课堂"[④] 和演讲式教学[⑤]

---

　　[*] 本文系广州大学教改项目"马克思主义基本原理课随堂演讲参与式教学模式研究与实践"的研究成果。本文载于《高教论坛》2017 年第 5 期。

　　[**] 吴雪娟，广州大学马克思主义学院。陈咸瑜，广州大学马克思主义学院副教授。

　　[①]　马晓燕：《问题引导式教学的探索——以"马克思主义基本原理概论"课为例》，《思想理论教育导刊》2015 年第 11 期。

　　[②]　林贤明：《"马克思主义基本原理概论"专题式教学相关问题研究》，《山西高等学校社会科学学报》2016 年第 6 期。

　　[③]　丁香桃：《高校思政课研究性教学方法刍议——以"马克思主义基本原理概论"课为例》，《教育与教学研究》2016 年第 7 期。

　　[④]　李敬峰：《"翻转课堂"模式的建构与应用》，《河南教育（高教）》2016 年第 6 期。

　　[⑤]　于红：《演讲式教学在高校思想政治理论课教学中的应用》，《中国成人教育》2014 年第 14 期。

等。据调查，演讲式最受学生欢迎①。但是，由于多种原因，演讲式教学在"原理"课的教学过程中"只是点缀式的、零散的，没有贯穿在'原理'课教学过程的始终。教师按部就班地'讲'依然占据着绝对的主导地位，学生学习的主动性、积极性没有被激发出来"②。为了有效调动学生的学习主动性，笔者创设了随堂演讲教学。所谓随堂演讲，就是以增进学生自主学习为目标，以学生全员参与课堂教学为手段，把某门课程（如"原理"课）作为一个整体来看待，视学生演讲为课堂教学的一个必要环节，按进度把学生演讲渗透到每一教学单元中的规范化教学程序和方式。随堂演讲教学重视课程的整体性，强调教师讲授和学生演讲的有机结合，要求教师从整体性思维出发，合理选择教学内容并设置合适的演讲题目，做好课前辅导、课中组织、课后反馈等环节。

自从本科院校公共政治理论课采用"05 方案"以来，"原理"课教师不得不承受课时少，内容多，学生学习积极性不高所带来的压力。在课时少，内容多的情况下，能有效激发学生的学习主动性和积极性的课堂非常重要。

按照系统科学理论，事物的结构与功能是相互影响的，课堂教学结构是否合理，直接关系教学效能的高低。设计一个既能突出课程整体性又能调动学生学习主动性的合理化教学结构，是重中之重。下面通过分析时间与内容两个方面来说明"原理"课教学的整体设计。

当前高校"原理"课教学只有 48 学时，除去 10 学时集中社会实践，能够用于班级课堂教学的只有 38 学时，如何利用这 38 学时让学生加深对马克思主义理论的理解和应用，是非常考验教师的掌控能力的。笔者经过反复试验，发现把部分课堂让给学生进行演讲展示是可行的，教师讲授与学生演讲所占时间比例为 2:1 是合适的，这意味着，在 90 分钟教学中，教师讲授 60 分钟，学生演讲环节占 30 分钟。随堂演讲教学强调全员参与，在可能情况下，应尽量安排更多的学生上讲台展示风采。如果是小班教学（如 40 人/教学班），则每个学生都有机会上台演讲；如果是大班教学（100 人/教学班），则只能分组，每个小组共享一个演讲机会。30 分钟的演讲中包括学生演讲和

---

① 恭元芳：《新时期思想政治理论课现状调查分析》，《高教学刊》2016 年第 7 期。
② 王洪波：《〈马克思主义基本原理概论〉课实施疑问探究式教学的必要性及效果分析——以"唯物史观"的教学为例》，《高等教育研究》2016 年第 1 期。

教师点评两个主要环节，教师点评的时间要尽量控制在 5 分钟以内，把更多时间留给学生。在 25 分钟的学生演讲中，可以有多个方案，如果安排每个上台演讲的学生只讲 5 分钟，则每次课可以有四五个学生上台演讲；如果让每个上台学生演讲 8 分钟左右，则每次课可以有三个学生上台。同理，如果每个上台演讲的学生讲 12 分钟，则每次课只能安排两个学生。本科生教学基本上只能以分组的方式开展，一方面是本科教学基本上是大班教学，另一方面是低年级的本科生中并不是每个学生都具备在讲台上演讲的素质，所以采用分组演讲比较合适。在时间分配方面，笔者曾经安排在一次课中让一个小组上台演讲 20~25 分钟，但实际效果并不理想，多数组只能讲 15 分钟左右。因为是大班教学，分组少，则每个小组人数较多，反馈回来的信息是，总有少数同学少参与或没参与，存在搭便车现象。学生建议多分组，减少每个小组人数，于是在新的学期，笔者调整分组方案，每次课安排两个小组演讲，每个小组 4~6 个同学，演讲 12 分钟。实践证明，调整后的效果较好，说明调整后的分组是合适的。

在教学内容安排方面，随堂演讲讲究教学内容上整体和部分的协调，即整学期的教学内容既要突出连贯性，也要突出每次课所授内容的相对独立性。以 "原理" 课为例，马克思主义理论体系是一个有机整体，但作为教学内容则必须把它进行分解，以便学生循序渐进地学习并学会从不同角度思考现实问题。在教学安排上，笔者把每次课作为一个独立单元，以专题形式择要讲授马克思主义基本原理的某个方面，并设置相应的演讲论题，引导学生应用所讲授内容中所蕴含的世界观、方法论和价值论去思考这些演讲题目。因为所设置的题目都是从现实生活中提炼出来的，比较切合学生的生活体验，从而降低了理论课的抽象性和枯燥性，增强了生动性和趣味性。例如在讲 "真理与价值" 专题时，笔者联系当前信息时代所面临的网络伦理问题，要求学生用真理与价值相统一原则思考当前加强网络伦理建设的问题。因为互联网已经成为学生交往生活的重要工具，互联网的便利性与伴随而来的道德失范现象是学生所熟知的，用这一例子让学生很快明白在人类实践活动中真理与价值相互引导、相互统一是必要的，割裂两者的关系容易出现求福得祸的悲剧。从课后反馈回来的实践总结中可以看出，学生喜欢这种理论联系实际的方式。正因为每次课只学习领会某一个原理，可以避免蜻蜓点水式的泛泛而谈，让学生能确实掌握某一理论方法。当然，在内容安排上要十分重视各专题的有机联系即整体性，把第四至第六章内容纳入前三章内容中，主要讲马克思主义唯物论、实践观、辩证法、认识论和社会历史观；第七章作为单列部分，讲经典作家对人类未来社会的预测和理论建构。总的来说，每一部分都联系社会现实问题，突出马克思主义理论的时代价值。

在认识论中，教师要引导学生认知个体认识的局限性和社会力量对于超越这种局限性的作用，从而领略马克思主义主张的"检验认识正确与否的标准应放在通过实践这一途径"的科学性。此外，教师要引导学生学会处理认识领域中一个亟待处理的问题，即价值引导在发现价值与创造价值活动中的重要性这一问题。我们可以把认识看作是发现价值的活动，把实践看作创造价值的活动，而把道德品质的社会建构看作价值引导的活动。让学生知道，价值引导的重要性在于它把集体利益放在个体利益之上。

综合上述教学思路，笔者设置了20道演讲题目，并通过抽签方式落实给20个演讲小组，在开课初确定好每个小组的组员和每个小组的演讲日期，这样一学期的教学安排基本确定下来。

二、随堂演讲教学的实施

（一）演讲前的准备

随堂演讲教学注重激发学生的学习积极性、主动性，开课的第一周做好学习动员十分重要。大学生富于自我表现精神，提供这样的平台是他们中的大多数所乐意接受的。在动员中一定要把学生的积极性、表现欲、责任心、荣誉感激发出来，激发的奥秘在于设置激励与约束机制。重点是让学生知道，他们在演讲中的表现将是他们获得平时成绩的主要依据。学生中的一部分在听完鼓动后会有跃跃欲试的冲动，但有一部分会产生畏难情绪。这时，教师一定要给他们鼓劲，让他们知道有老师和同学的帮助，他们一定能完成任务。因为是小组演讲，小组长是举足轻重的角色，根据笔者的经验，小组演讲质量高的前提是有一个组织协调能力强的小组长。小组长由学生自荐或推选产生，小组长负责招募组员并带领全组同学完成演讲任务。在时间安排上，大概要预留三周的时间让第一个上台演讲的小组有充足时间做好演讲前的准备，所以开课的前几周，应以教师讲授为主。从第五周至期末，每次课将有两个小组上台演讲。

为了保证演讲的质量，应要求每个小组在上台演讲前把演讲稿上传给教师审阅，得到教师的认可才能上台演讲。在这个过程中，教师利用课堂外时间引导学生备好演讲稿，这实际上是在大班教学基础上深入细致的个别辅导环节。根据笔者试验，多数小组能按要求及时上传演讲稿，少数优秀的能做到一次过关，大多数小组需要一至两次的修改，个别的要经过反复多次修改才过关。

（二）课堂展示

在展示环节，教师首先要解决好教师讲授与学生演讲的衔接问题，时间分配前文已讲不再赘述。在程序上，有学生演讲的每次课，笔者让学生先演讲，随后才由教师讲授新内容，这样安排的好处是让演讲主题与教师所讲授的内容相配套的小组有一周的时间对演讲稿作最后的优化。因为尽管每个小组有三周的准备时间，但毕竟学生的学养有限，对演讲主题与马克思主义理论的逻辑关系的把握不一定能一步到位，教师提前一周讲授有关原理能促进他们更好地完成演讲任务。这样安排对其他同学的学习也有相似的促进效果，在教师讲授与同学演讲之间有一周时间消化某个原理，学生在听完同学演讲后所作的评价将更客观可信。

因为每次课都有不同同学上台演讲，这样的课堂比教师"一言堂"更令人期待。演讲环节对大多数学生来说是激动人心的时刻，尤其是负责演讲的那些小组。根据课后小结反馈，在演讲环节，负责演讲的小组同学特别留意教师的一举一动，他们期待教师能给更多的赞许、鼓励。有一位上台演讲的同学这样回顾：他刚上讲台时因为紧张，讲话不够利索，但看到坐在台下的老师投来鼓励的眼光后，立即镇定下来，越讲越顺畅、越自信。另一位同学讲道，在演讲中看到老师投来赞赏的眼光，倍受鼓舞，浑身充满力量，越讲越有激情。

展示环节是对教与学的直接检验，可以说，有什么样的教师与学生，就有什么样的演讲，演讲质量的好坏，是教师和学生共同努力的结果。正所谓"台上一分钟，台下十年功"。演讲环节，把教师与学生的积极性、创造性、责任心、合作精神、荣誉感激发出来，让学生亲身体验创造性学习的快乐和成就感。

在教师与全班同学对小组演讲的评价时段，教师一定不能吝啬对演讲小组的表扬。实际上，多数小组在课前已经努力做好准备，也已在课前做好演练，负责上台展示的同学一般都能不负众望。对于展示效果出色的，教师给予大力的表扬，全班同学自然而然很配合地给予欢呼和掌声，演讲小组的成就感立即被激发出来，课堂洋溢着成功的喜悦。据笔者的经验，这样能起到很好的激励作用，出色完成任务的小组成为未展示小组看齐的标杆。当然，还会有少数小组演讲效果不太理想，他们要么是演讲同学临场发挥不好而致，要么是小组配合不好，要么是能力所限。出现这种情况时，负责演讲的小组同学一般都觉得丢脸，如果教师不顾学生的情绪，一味地指指点点，将引起学生的不满；相反，如果教师正面肯定小组的努力，而对出现的问题，用婉转的语气指出来，并适当地提出一些建议，学生一般能心悦诚服地接受，他们会在课后小结中诚恳地自我检讨。

（三）课后小结与反馈

笔者要求每个学生在演讲后交一篇演讲小结，回顾自己的感受、收获，对演讲主题的难易度进行评价，并对演讲主题作进一步的书面论证。实践总结是对学习的巩固和进一步的提升，学生在小结中反馈回来的信息也为教师进一步完善教学提供了宝贵的材料。教师根据学生的演讲及课后小结大概可以判断出每个主题的适合度：该主题学生喜欢不喜欢？学生能不能讲好？学生能讲到什么程度？我们从学生的演讲和反馈回来的信息也可以把握学生的兴奋点、知识结构乃至价值观念。对于一些有利于教与学的意见和建议，教师应虚心接受；对于某些学生仍有疑惑的问题，教师应给予进一步的解释，与学生继续探讨。

三、采用随堂演讲教学应注意的问题

（一）把握好学生参与的量与度

学生演讲对提升学生各方面的能力无疑有重要意义，但也给学生施加了一定的压力，所以一定要遵循适度原则，把压力限制在学生能忍受的范围之内。一般来讲，对于某一门课，一学期完成一次演讲任务是可能的，也只能安排一次这样的任务，不然，将引发学生的抵触情绪。随堂演讲教学强调全员参与，这就限制了教学班的规模，一般一个教学班控制在 100 个学生以内为宜。

（二）教师承担的教学班不宜过多

随堂演讲教学的目标之一是化解教学内容多而教学时数少的矛盾，这意味着把课堂内的矛盾"转移"到课堂外，要求教师用更多的课外时间辅导学生完成演讲任务。基于此，教师承担的教学班不宜太多，一般来说，承担二至三个教学班是合适的，这意味着教师每周要辅导四至六个小组演讲，需要占用不少的课外时间。

（三）要有配套的教学评价体系提供保障

与以往"一言堂"教学相配套的课程考核之所以未能有效激发学生的学习积极性和主动性，是因为期末考试成为课程学习评价的最主要依据，平时评价占的份量太少，以至于使学生形成这样的思维惯性：平时课堂表现无关紧要，期末考前突击学习即可过关。于是，学不学一个样，学好学差一个样，无压力意味着无动力。随堂演讲教学注重学生的平时学习，要求学生现学现用，而且采取直观的检查方式，让原来不肯用功的学生也要认真对待，而学生之所以不敢怠慢，不仅基于荣誉问题，还因为演讲的效果与课程学习评价相关性大。可见，提高平时评价在课程学习评价中所占的份量是重要保障。

（四）掌控演讲题目的难易度

演讲题目的难与易是相对而言的，它是由教师对学生能力的判断与学生的实际水平之差距决定的。一般而言，题目难度过低，缺乏挑战性，不仅无法使学生得到锻炼，也吸引不了学生；相反，如果难度过高，让人望而生畏，学生即使勉强完成任务，效果也定然差强人意。最好的情形是让学生刚看到题目时，觉得很好理解，难度不高，但仔细思考却发现不容易应付，必须花费一番周折才能理清头绪。只有教师对教材、学生、社会环境及其相互联系有较好的把握，才能设置出这种高质量的题目。但是，只要演讲仍未开始，这种把握只是或然性的，只有演讲完成了，题目的难易度才得到确认。正因为题目是多因素相互作用的结果，所以教师在设置题目时无法做到一蹴而就、一劳永逸，只能在教学中根据教材、学生和社会环境的变化适时对其进行调整。

科研与教研的双向驱动：
马克思主义原理课程教学创新实践

陈志伟[*]

导言

在新时代背景下，广州大学马克思主义学院马克思主义基本原理教研室始终秉持"马院姓马、在马言马"的理念，以国家一流本科专业建设为引领，构建起"科研反哺教学、教学深化科研"的双向驱动体系，冉杰、赵楠楠、陈志伟、高燕、王行知、李丽红、黄罡、陈伟、刘莉、王晓萍、邵小文、陈咸瑜、李振华等老师耕教学与科研一线，通过理论创新、实践探索与团队协作，推动马克思主义原理课程教学改革，形成了具有岭南特色的育人模式。

一、以科研强根基：构建学科交叉融合的理论创新体系

教研室成员依托学科平台，聚焦"马克思主义与当代社会发展""粤港澳大湾区意识形态建设""岭南红色文化传承"等议题，在《哲学研究》《政治学研究》等期刊发表论文多篇，出版学术专著多部。将理论研究与地方实践相结合，为课程教学提供了鲜活案例。教研室坚持"科研选题源于教学问题，研究成果反哺教学实践"的原则，将前沿理论转化为教学内容。依托广东省中国特色社会主义理论体系研究基地，教研室构建了"校地协同、双向赋能"的实践育人机制。教研室成员带领学生团队参与"红色文化资源普查"项目，

---

* 陈志伟，广州大学马克思主义学院副教授、硕士生导师。

组织"乡村振兴调研队"赴清远连樟村开展实践教学,将习近平总书记视察该村的重要讲话精神融入课堂。

面对"互联网+教育"的新趋势,教研室积极探索智慧教学模式。团队通过"学习通""雨课堂"等平台开展线上答疑、主题讨论,形成"课前预习—课中互动—课后拓展"的闭环管理。

二、以团队聚合力:锻造专业化、差异化的师资队伍

教研室实行"老中青传帮带"机制,由资深教授牵头组建科研团队,青年教师承担教学改革任务。教研室建立常态化教研机制,每周开展"教学沙龙"与"科研推进会",共享教学案例与研究进展。

面向未来,教研室将进一步深化"科研+教研"双轮驱动机制,重点推进三项工作:一是构建"马克思主义+人工智能"交叉学科平台,探索数字技术赋能思政课教学;二是打造"大思政课"实践教学共同体,联动粤港澳大湾区高校共建共享实践基地;三是加强青年教师培养,实施"名师领航计划",培育国家级教学名师与科研领军人才。

三、扎根科研:形成优秀科研成果

广州大学马克思主义学院马克思主义基本原理教研室以马克思主义理论为根基,聚焦学科交叉融合与现实问题导向,形成了"理论创新—实践应用—教学育人"三位一体的研究格局。近年来,教研室在基础理论研究、重大现实问题攻关、学术平台建设等方面取得成效,为马克思主义理论学科发展和地方经济社会建设提供智力支持。

(一)理论创新与交叉研究:构建多维学术体系

教研室以现象学、空间理论、政治哲学等跨学科视角重构马克思主义基本原理研究,形成特色研究方向。

1. 实践现象学与马克思主义哲学创新

陈伟教授团队通过"胡塞尔现象学—黑格尔逻辑学—马克思政治经济学"三重维度，揭示了马克思《1857—1858 年经济学手稿》中的方法论革命，提出"实践现象学"分析框架。其代表作《胡塞尔的动机引发现象学》系统阐释了意识发生机制与实践哲学的内在关联，获广东省哲学社会科学优秀成果奖。

2. 空间理论与历史唯物主义当代化

黎庶乐教授主持的国家社科基金项目"马克思主义社会空间理论的范畴与逻辑研究"，构建了"空间生产—空间正义—空间治理"分析模型，相关成果发表于《哲学研究》《世界哲学》等期刊。团队提出的"历史—地理唯物主义"理论框架，为城市化研究提供了新范式。

3. 交互主体性与人类命运共同体研究

高燕副教授通过现象学交互主体性理论重构马克思主义主体间性思想，在《学术研究》等期刊发表系列论文，论证了"人类命运共同体"思想对全球治理的理论创新价值。

（二）现实问题与应用研究：服务国家战略需求

1. 城市发展与空间治理

刘莉教授团队深耕马克思主义城市理论，主持完成国家社科基金项目"马克思主义关于城市发展理论与当代中国城市化研究"，提出"空间正义导向的城市治理"理论，相关成果被《中国社会科学报》专题报道，并应用于广州市空间规划实践。

2. 国家治理现代化研究

黄罡副教授主持的国家社科基金项目"国家治理现代化的逻辑与理路"，构建了"制度优势—治理效能—实践路径"分析模型，研究成果发表于《人民日报》和《政治学研究》，相关政策建议获广东省政府采纳。

3. 现代性问题交流

陈志伟副教授关于查尔斯·泰勒哲学的研究成果发表于《哲学研究》，高燕副教授译介现象学经典文献，推动中外马克思主义研究对话。

四、未来展望

教研室将继续深化"基础理论—现实应用—学科交叉"三维研究路径：
首先，推进马克思主义与人工智能、生态科学等新兴领域的交叉研究。
其次，构建"数字人文+马克思主义"研究平台。
再次，打造粤港澳大湾区马克思主义理论创新高地。
最后，加强"大思政课"建设，推动科研成果向教学转化。

结语

广州大学马克思主义学院马克思主义基本原理教研室的实践表明，科研与教研的深度融合是提升思政课教学质量的关键路径。通过学科建设强根基、教学改革促创新、团队协作聚合力，我们不仅实现了教学内容的理论深度与实践温度相统一，更培养了一批"学马、信马、用马"的时代新人。在新的征程中，我们将继续以习近平新时代中国特色社会主义思想为指导，踔厉奋发、勇毅前行，为马克思主义理论教育事业贡献"广大智慧"。

在讲准基础上讲出特色：
习近平新时代中国特色社会主义
思想概论课教学经验

栾欣超*

2019 年 3 月 18 日，习近平总书记在学校思想政治理论课教师座谈会上的讲话中指出：思政课是落实立德树人根本任务的关键课程，思政课作用不可替代，思政课教师队伍责任重大。高校思政课是对大学生进行思想政治教育的主渠道和主阵地，是全面贯彻党的教育方针，解决好"为谁培养人""培养什么人""怎样培养人"这个根本问题以及践行"立德树人"根本目标的重要途径。习近平新时代中国特色社会主义思想是当代中国马克思主义、二十一世纪马克思主义，是中华文化和中国精神的时代精华，实现了马克思主义中国化时代化新的飞跃。推进理论的体系化、学理化，重点研究阐释我们党提出的新理念新思想新战略中的原理性理论成果，把握相互之间的内在联系，是理论创新的内在要求和重要途径。《习近平新时代中国特色社会主义思想概论》（以下简称"概论"）课程全面系统反映了习近平新时代中国特色社会主义思想创立发展的基本脉络、主要内容及其完整的科学体系，体系化、学理化地展示了以习近平同志为核心的党中央团结带领全党全军全国各族人民在新时代进行伟大斗争、实现伟大变革的过程中，在推进马克思主义基本原理同中国具体实际相结合、同中华优秀传统文化相结合的过程中取得的重大理论创新成果，为青年学生深刻理解掌握习近平新时代中国特色社会主义思想的科学内涵、核心要义、实践要求提供了全面指引。

* 栾欣超，广州大学马克思主义学院讲师。

一、理论精准化：夯实课程教学根基

"概论"课程建设在实践中不断积累的规律性认识和成功经验，为该课程的守正创新奠定了重要的基础。这些经验体现在许多方面，结合教研室的实践，至少可以归纳为以下几点。

其一，坚持顶层设计与实践探索相统筹。思政课作为开展党和国家意识形态教育的主渠道，从来都离不开顶层设计的举旗定向作用。无论是新中国成立初期出台的《关于全国高等学校马克思列宁主义、毛泽东思想课程的指示》，还是改革开放后从"85方案""98方案"到"05方案"的系统设计，都是很好的例证。"概论"是一门新课程，涉及新时代思政课课程体系的调整，其顺利推进必须依靠顶层设计和系统谋划。教研室在课程教学中，一方面，坚持以《习近平新时代中国特色社会主义思想概论》统编教材为教学核心框架，围绕"十个明确""十四个坚持""十三个方面成就"等核心内容进行体系化阐释；同时，严格遵循教材规范性要求，统一课件标准和教学流程，确保理论阐释的准确性、完整性。另一方面，制定标准化讲义模板，明确重要观点和重大论断的权威依据，杜绝自由发挥与随意解读；同时，通过集体备课、教学研讨等方式统一教学口径，确保政治性与学理性有机统一。

其二，坚持党的理论创新与理论武装同步。理论创新与理论武装从来都是同步的。从探索经验来看，高校建设"概论"课的历程的一个突出特点，就是始终跟紧党的理论创新的节奏和步伐，坚持把做好新时代党的创新理论进教材、进课堂、进学生头脑作为灵魂和主线。思政课的对象是学生，思想理论是前提，政治要求是方向，教学转化是关键，也就是把新时代党的创新理论转化为这门课程的教育教学资源，从而更好地实现用新时代党的创新理论来武装大学生头脑的政治要求和教学目的。教研室在课程教学中，围绕"中国式现代化""共同富裕""科技自立自强"等重大现实问题，将党的最新理论成果转化为课程专题，通过"原著精读+案例剖析"讲透理论创新的实践逻辑。同时，开发"理论难点解析库"，从"社会主要矛盾转化""新发展格局构建"等维度剖析理论创新脉络，通过中外比较揭示中国特色社会主义的制度效能，针对"中国式现代化""共同富裕"等重大现实问题，整合学术前沿成果与政策文件，提供多维度学理支撑。致力于形成"理论创新引领教学升级—理论武装深化育人实效"的良性循环，为培养担当民族复兴大任的时代新人筑牢思想根基。

其三，坚持问题导向与效果导向统一。问题导向与效果导向的统一，本质是以习近平新时代中国特色社会主义思想的世界观和方法论为指导，将"发现问题—分析问题—解决问题"的实践逻辑贯穿教学全过程，并通过量化评估与质性反馈检验育人成效，最终实现"理论武装—价值塑造—行动转化"的育人目标。习近平新时代中国特色社会主义思想概论课建设的一个重要指向，就是始终把解决这门课程建设中面临的际问题作为打开工作局面的突破口，作为推动课程建设系统工程的重要牵引。教研室在教学中，一方面，始终坚持效果至上、质量为本，把讲准讲深讲透讲活作为教师教学的总目标，把真学真懂真信真用作为学生学习的总目标，使"概论"课程与其地位相匹配，真正成为富有含金量的思政课程。另一方面，联合党政机关、企事业单位开发"理论实践资源包"，提供政策文件、典型案例、数据报告等教学素材，增强课程的现实针对性。此外，还统筹各学段问题导向教学重点，避免内容重复、实现育人效果螺旋上升。

其四，坚持内容建设与教学方法改革创新协调。新时代谋划和推进"概论"课的建设，必须始终坚持内容为王的原则，深刻认识到只有把内容建设好，课程才有内涵，这是推动"概论"课内涵式发展的核心要义。而要把"概论"课打造成金课，不仅需要加强内容建设，还需要不断推动教学方法改革创新。好的教学方法，有利于使课程的教学内容被学生吸收接受，达到润物细无声的效果。在"概论"课的建设过程中，很多地区和高校积极探索多样化的教学方法，如专题式教学法、问题链教学法、案例教学法、情境式教学法、分众式教学法，并积极运用智慧课堂、虚拟仿真技术等现代科技手段，充分激发学生的学习热情和好奇心。这既取得了良好的教学效果，也提供了重要的实践经验。教研室在教学中，一方面，推行"课堂+田野"双场景教学，组织学生参与基层治理调研、红色教育基地实践，将脱贫攻坚、乡村振兴等鲜活素材转化为"行走的思政课"；另一方面，运用数字化手段（如虚拟仿真实验、互动问答平台），模拟"共同富裕政策设计""国际话语权博弈"等情境，增强理论应用的沉浸感与参与度。

其五，坚持教师主导和学生主体双向互动。首先，注重发挥教师在课堂理论教学中的四个主导作用，即导向、导学、导思、导练。导向就是教学目标明确，教师精心组织教学活动，运用教学手段，瞄准教学目标，遵照专业特点，做到"形散而神不散"；导学就是引导学生掌握课本上的基本理论、基本知识，课程的内容涉及政治、经济、文化、外交等多个领域，需要让学生从整体上理解是什么、为什么、怎么做；导思就是引导学生学以致用，理论联系实际，思考如何把学到的基本理论、基本知识与自身实际及社会实际相结合；导练就是引导学生把所学所思提炼升华，形成自己的认识，内化为自己的思想，使理论入脑走心。其次，把课堂教学分为三个阶段：课前，通过理论点睛，提出典型问题，使学生课前有思考；课中，主要通过"四导"，使学生思想上有启发，心灵上有触动；课后，通过"推荐阅读、复习思考、社会实践"三个环节，指导学生学以致用，行动上有体现。最后，课后教师还须及时进行教学反思，总结不足之处，并在今后的课堂上予以持续改进。教师通过价值引领、学理阐释搭建育人框架，学生通过主动探究、实践创新实现自我建构，最终达成"理论武装—能力提升—信仰铸就"的育人闭环。

二、特色化创新：增强课程教学魅力

思政课"抬头率"难题本质上是价值引领与认知需求间的"张力失衡"。因此，要善于通过创新理念、方式和场景，巧妙地化"张力失衡"为"粘力赋能"，全面呈现中国特色社会主义理论体系和实践成就，帮助学生理解中国特色社会主义道路的必然性与正确性。

1. "在地化"实践与文化赋能

一是将"概论"课程核心理论嵌入区域发展逻辑。一方面，将"一国两制""新发展格局"等理论，与粤港澳大湾区"文化融合""协同创新"的实践相结合。例如通过解析《粤港澳大湾区发展规划纲要》与"中国式现代化"战略的关联性，阐明国家战略对区域发展的引领作用。另一方面，以"文化自信"为纽带，挖掘粤港澳大湾区岭南文化、红色文化（如广州农民运动讲习所、深圳改革开放展览馆）中的思政元素，构建"理论溯源—文化阐释—现实应用"教学模块。

二是推动课程内容创新与本土资源整合。一方面，开发"湾区发展专题"

教学单元，围绕"科技创新""规则衔接""青年创业"等议题，结合深圳前海、珠海横琴等地的改革案例，分析"新发展理念"在大湾区的落地成效。另一方面，引入《粤港澳大湾区文化发展报告》等本土研究成果，将敢闯敢试、开放包容等精神转化为课程思政案例，强化学生对国家战略的认同感。

2. 构建面向不同专业的差异化教学框架

差异化课程设置是落实《习近平新时代中国特色社会主义思想进课程教材指南》要求的关键举措。这既是思政课改革创新的必然方向，也是实现"为党育人、为国育才"目标的核心路径。

第一，面对理工科学生，强化逻辑推演与技术应用结合。围绕"科技自立自强""双碳战略"等议题，结合专业案例（如人工智能伦理、新能源技术突破）阐释理论内涵，引导学生运用马克思主义方法论分析科技创新与社会发展的辩证关系。

第二，面对文科学生，突出文化赋能与价值认同。将中华优秀传统文化、红色文化资源（如岭南文化、红色家书）融入课程，通过"经典文献研读+文化创意实践"激发文科生的情感共鸣。针对法学、社会学等专业的学生，解析"习近平法治思想"在基层治理、国际法领域的实践案例（如粤港澳大湾区规则衔接），强化理论对专业研究的指导性。

第三，面对艺术类学生，创新表达形式与情感共鸣。鼓励学生以短视频、绘画、音乐等艺术形式诠释理论精髓，例如创作"中国式现代化图景"主题作品，实现思想性与艺术性的统一；组织"红色文艺作品赏析"活动，通过《觉醒年代》等影视剧片段解析"伟大建党精神"，增强艺术生的历史使命感。

3. 构建"四维协同"的实践平台

一是构建校地联动机制。一方面，与地方政府、企业签订合作协议（如乡村振兴工作站、社区治理实践点），开发具有地域特色的思政课程资源，将习近平总书记地方工作实践案例、新时代地方发展成就转化为教学素材。另一方面，建立流动思政课堂，以"党的二十大精神宣讲团""红色长廊宣讲志愿团"为载体，鼓励学生深入社区、乡村开展理论宣讲，将习近平新时代中国特色社会主义思想与基层治理、乡村全面振兴等实践案例结合，形成"理论输出—实践反馈—认知深化"的互动模式。

二是构建数字赋能机制。一方面，依托虚拟仿真技术开发"21世纪海上丝绸之路""粤港澳大湾区建设"等沉浸式体验项目；同时，接入国家政务数据平台动态更新贸易数据、区域协同政策案例，实现教学场景与真实社会发展同频共振。另一方面，基于学习通、雨课堂等平台采集的在线讨论活跃度、作业完成质量等行为数据，建立"学生数字画像—教学成效关联分析—策略迭代"模型，为数字化转型背景下精准化教学提供可复制的实施框架。

三是打造课程内容创新机制。一方面，围绕"中国式现代化""人类命运共同体"等概念，构建"理论阐释—案例解读—实践验证"的国际话语转化链。例如，将粤港澳大湾区建设实践转化为"制度创新赋能区域协同发展"的课程模块，通过对比欧盟区域治理模式凸显中国方案独特性。另一方面，以《习近平新时代中国特色社会主义思想概论》为核心教材，将党的创新理论融入各学段课程目标与内容中，实现纵向递进、横向衔接的课程体系设计；及时将党的最新理论成果（如党的二十大、党的二十届三中全会精神）纳入教材与课堂，确保教学内容与中央决策部署同步。

四是构建常态化教学反思机制。一方面，构建"理论学习—技能实训—实践反思"三维能力提升平台，定期举办"新思想教学创新工作坊"，重点提升教师将政策话语转化为教学话语的能力；同时，实施青年教师"双导师制"，配备理论导师和技能导师同步指导教学反思，完整记录"问题发现—改进实施—成效评估"全流程数据。另一方面，建立"理论掌握度—价值认同度—实践行动力"三维教学评价指标体系，基于评价数据召开教研会，聚焦"学生参与度低""理论与实践脱节"等共性问题，优化课程设计，推动"概论"课程教学评价实现从"结果量化"到"过程优化"、从"校内考核"到"社会检验"的转型升级。

总体而言，在"概论"的课程教学中，教研室力求从教学供给侧的角度，改变对思政课课堂教学"配方"比较陈旧，"工艺"比较粗糙，"包装"不那么时尚的刻板印象，力求贴近社会实际、贴近生活实际、贴近学生实际，主动回应社会热点、生活难点、校园焦点，从教学内容、形式和方法手段上创新，使学生把课本上的理论知识内化于心，外化于行，强化课堂教学的效果。

教学"小课堂"与社会"大课堂"互动育人：《中国近现代史纲要》课程教学特色

谢 红 谢圣庚*

《中国近现代史纲要》课程，作为我国普通高校本科学生必修的思想政治理论课程之一，主要阐述了中国自近代以来争取民族独立、人民解放以及实现国家富强、人民幸福的历史进程，旨在帮助学生深入了解党史、国史、国情，深刻理解历史和人民为何必然选择马克思主义、中国共产党、社会主义道路和改革开放。中国近现代史教研部通过多年实践，突出思政课的实践性，把思政小课堂同社会大课堂结合起来，把思政课的场域有效扩展至社会大舞台，把思政课堂搬到更多现实场景中，让理论在实践中得到印证支撑，让青年学生在具体可感的实践中经风雨、见世面、壮筋骨、长才干，生动诠释了"大思政课"建设中理论性与实践性、历史感与时代性的辩证统一。

一、构建传统纲要课程"1234"融合式教学模式

针对高校思政课存在的"学生参与度低""理论灌输僵化""价值引领悬浮"等倾向，纲要教研室构建"1234"融合式教学模式，秉持"守正创新、深度挖掘、技术融合"的核心理念，通过"一个历史主题和一条历史主线引领、两大支撑平台保障、三大史观和三个结合方法论、深刻领会四个选择"的系统改革，旨在实现知识传授、能力培养与价值塑造的深度融合。

"1"代表一个历史主题和一条历史主线引领。一个历史主题是实现中华

---

* 谢红，广州大学马克思主义学院副教授；谢圣庚，广州大学马克思主义学院讲师。

民族伟大复兴，一条历史主线是中国近现代历史就是中国人民为实现中华民族伟大复兴而英勇奋斗、艰辛探索并不断取得伟大成就的历史，中国共产党团结带领全国各族人民历经革命、建设和改革开放，走向国家富强、人民幸福的历史主线。

"2"涉及两大支撑平台的保障作用。一是广州大学的"大思政课"教学团队构成的平台，二是以吴阳松、吴九占、张雪娇、欧阳景根、徐德莉、张丽璇、谢红、杨军、孟人杰、张琳、叶丽萍、刘田、谢圣庚、李依睿等教师为主体的优秀教学科研团队。两大支撑平台在教学资源整合与协同育人，课程体系与教学方法创新，教学成果转化与社会服务等方面协同推进，互相支撑。

"3"涵盖了三大史观和三个结合方法论。三大史观包括唯物史观、大历史观、正确党史观，对中国近现代史，尤其是对党的百年奋斗光辉历程、重大成就、历史意义和历史经验的总结和评价中体现的唯物史观和正确党史观。三个结合方法论指的是史实与理论结合、历史与现实结合、地方史与中国近现代史结合。

"4"深刻体现对"四个选择"的深入理解，即历史与人民如何选择了马克思主义、中国共产党、社会主义道路和改革开放。

二、实践探索线上线下混合式的"三位一体"教学模式

依托于全国地方高校优质"UOOC 联盟"MOOC 课程资源共享平台，纲要教研室成功探索出线上线下相结合的"三位一体"教学模式。

第一，搭建慕课平台的社会"大课堂"。在"UOOC 联盟"上创建国家精品在线开放课程（国家级一流本科课程）《中国近现代史纲要》，向全社会开放共享。以教育部统编的《中国近现代史纲要（2021 年版）》、《中国近现代史纲要（2023 年版）》和广州大学《中国近现代史纲要》MOOC 教学团队编写的 MOOC 配套教材为基础，制定 32 学时的慕课。学生按照闯关模式要求，根据课程公告的进度和节奏，从前到后依次完成教学视频、课件、教案、课内讨论、测验、资料视频等日常学习任务；并开设主题讨论、互动讨论区开放讨论学习。该课程秉持"学术引领、问题导向、自主学习、多项互动"的

线上教学理念，通过创新的教学模式提升线上教学的高阶性，获得了国家精品在线开放课程（国家线上一流本科课程）认证。

第二，"小课堂"的主题式教学模式。线上线下教学团队依据《中国近现代史纲要（2023 年版）》及其配套课件，开展为期 16 周、共计 32 学时的线下课程。该课程着重于理论与实践的深度融合，强化历史与现实的联系，并提升学生的主体性。深入挖掘纲要教材内容，构建以"主题式"为核心的教学内容新体系，旨在激发学生的历史思辨能力。同时，采用"问题链教学法"推进纲要课程的改革，以创新实践解决教学中的难点。该方法坚持问题导向，构建了从"问题生成—史料解构—逻辑推演—价值升华—经验启示"的五级问题链，以实现教学的深刻性与生动性的有机结合。

第三，"翻转课堂"，育人互动。通过线上线下混合式教学流程的重塑，加强学生的主体地位。"翻转课堂"基于前期线上知识学习，完成线下知识内化，主要是提高学生分析问题的能力和培育正确的"三观"；线上线下相互配合、相辅相成，达成教学目标。学生以《中国近现代史纲要》教材为蓝本、以线上开放的问题讨论为切入点，通过"任务驱动—协作探究—成果展演"的教学链条，打破传统"教师讲授为主"的模式。学生通过自主备课、课件制作、课堂 15 分钟展演等环节，实现从"被动接受者"到"主动建构者"的角色转换；同时，在协作中深化历史认知，提升史料分析、逻辑表达与团队协作能力。纲要团队最终探索出慕课平台、主题式与问题式教学、学生翻转课堂"三位一体"的线上线下深度融合教学模式。

三、"小课堂"与"大课堂"协同育人模式在红色文化长廊教学中的创新实践

把高校思政课教学开在红色大地上，把立德树人目标融于生活点滴中。广州大学党建红色文化长廊是我校坚守为党育人，为国育才初心，因地制宜所打造的集展览宣教、思政育人、景观展示、文化交流等功能于一体的多角度、立体化思政课教科书。红色文化长廊总长约为 1 千米，正向行走在由 228 根展柱、18 面主题景观墙所构成的主体展区时，以时间为线索，配有关键词，展现了百年党史中的 300 多个重大事件、重要人物；反向行走在红色文化长

廊时则以党的精神谱系为线索，展示了中国共产党人的精神谱系中的 68 个精神。师生们在日常的行走间就可以利用碎片化的时间学习党史知识，打造出一种"润物细无声"的沉浸式学习体验氛围。

"中国近现代史纲要"教学团队依托广州大学红色文化长廊开展"小课堂"与"大课堂"协同育人模式的创新实践。红色文化长廊犹如一条纽带，宛如一条红色血脉，流淌在葱郁校园中，用心用情地讲述着中国共产党的百年峥嵘岁月，引领我们构建全员参与、全程覆盖、全方位渗透的育人新格局。

每学期，"中国近现代史纲要"教学团队皆会有序组织，带领各教学班前往红色文化长廊开展现场教学。授课教师们匠心独运，将长廊内容与课程巧妙融合，极大地激发了学生们的学习热情。有的老师曾任红色文化长廊讲解队指导教师，带领学生讲解参观时妙语连珠、张弛有度；有的老师风趣幽默，善于点拨学生思考"历史的细节"；有的老师娓娓道来、循循善诱，引导学生思考"历史本体"背后的"历史认识"。我部教师还以红色文化长廊为依托，创新思政课教学形式，并在 2024 年广东省大中小学思政课一体化建设展示交流活动中荣获二等奖（《走向辉煌：百年爱国主义伟大实践》）。该课例的获奖是我院思想政治理论课教学内涵式发展、协同育人的又一佐证。

四、基于广州红色资源开展"行走的思政课"教学实践

"中国近现代史纲要"教学团队依托广州红色资源，开展"行走的思政课"教学实践，形成了"资源在地化、教学场景化、成果社会化"的三位一体教学模式。

每一个红色资源景点都是一堂"行走的思政课"，蕴含着丰富的政治智慧和道德滋养。广州有"革命策源地"的荣誉称号，革命资源丰富，包括有革命博物馆、革命纪念馆、革命展览馆、革命历史公园、烈士陵园等革命遗址遗存，也包括文献、文学、传记、影视、戏剧、歌曲等革命历史艺术作品。革命旧址类：一是反侵略斗争相关，包括虎门炮台、三元里抗英旧址，聚焦民族觉醒与抗争精神；二是思想启蒙相关，如万木草堂旧址，维新思想与近代变革；三是革命实践相关，如中共三大会址、农讲所旧址，聚焦马克思主义中国化与中国共产党的群众动员；四是国共合作相关，如国民党一大旧址、

黄埔军校旧址。纪念场所类：一是事件纪念相关，如广州起义纪念馆、辛亥革命纪念馆；二是人物纪念相关，如孙中山大元帅府纪念馆。学生们参观后进行课堂展示，分享观后感，主题包括"从思想启蒙到革命实践""从广州出发看中国道路""红色基因解码行动"等，激发学生的内在动力与创新能力，引领他们深入探索历史的深层意蕴。

"中国近现代史纲要"教学团队致力于推动广州红色资源与中国近现代史纲要主题的深度融合，并取得了显著成效。通过"行走的思政课"教学实践，实现了"在地化资源激活历史记忆、场景化体验深化理论认知、社会化传播扩大育人效能"的目标，构建了"可触摸、可参与、可延续"的思想政治教育新模式。此举为纲要课程改革提供了红色资源育人的"广州大学范式"。

结语

中国近现代史教研部通过构建"1234"融合式教学模式与"三位一体"线上线下混合式教学体系，有效破解传统思政课的困惑，实现知识传授与价值引领的深度融合。"小课堂"与"大课堂"协同育人模式以红色文化长廊为依托，通过沉浸式场景、科技化手段激活历史记忆，打造了全员全程全方位的育人新格局；"行走的思政课"教学实践深耕广州"革命策源地"资源，以红色资源串联历史逻辑，推动学生从"被动听讲"转向"主动探究"，在实地考察、角色扮演、成果演示中深化"四个选择"的历史认知。教学团队通过慕课平台辐射社会"大课堂"，以国家级一流课程资源打破校园边界，同时以问题链教学法、翻转课堂等形式强化学生主体地位，培育历史解释力与现实迁移力。在今后的工作中，我们将继续深化教学改革，不断创新教学模式，更好地服务于立德树人的根本任务，致力于培养担当民族复兴大任的时代新人，为实现中华民族伟大复兴贡献力量。

在教学示范课中提升高校
《思想道德与法治》课程品质

李丽丽　邓　妍*

　　《思想道德与法治》课程作为高校思想政治理论课的重要组成部分，在培养学生核心价值观和法治意识方面发挥着关键作用。然而，当前该课程在实施过程中存在一些不良倾向，如教学内容与实际脱节、教学方法单一、评价体系不完善等，制约了课程品质的提升。在此背景下，教学示范课作为一种有效的教研形式，为课程改革和品质提升提供了重要契机。本文旨在探讨如何通过教学示范课提升高校《思想道德与法治》课程品质，分析教学示范课在课程改革中的作用，并提出具体的实施策略，以期为高校《思想道德与法治》课程的质量提升提供有益参考。

一、教学示范课与高校《思想道德与法治》课程品质的提升

　　教学示范课是指由优秀教师或教研团队精心设计和实施，旨在展示先进教学理念、方法和技能的公开课。它具有示范性、引领性和可复制性等特点，能够为教师专业发展提供学习范例，促进教学质量的整体提升。在高校《思想道德与法治》课程中，教学示范课不仅展示了有效的教学策略，还体现了课程理念的更新和教学内容的优化。

　　课程品质是指课程在目标设定、内容选择、实施过程和效果评价等方面所体现出的质量特征。高质量的《思想道德与法治》课程应当具备目标明确、

---

* 李丽丽，广州大学马克思主义学院副教授；邓妍，广州大学马克思主义学院讲师。

内容适切、方法多样、评价科学等特点。提升课程品质是落实立德树人根本任务、培养学生核心素养的必然要求，也是深化课程改革、提高教育质量的重要途径。

教学示范课与课程品质提升之间存在着深层次的互动关系，这种关系构成了《思想道德与法治》课程发展的动力机制。

一方面，教学示范课通过展示先进的教学理念、创新的教学方法和有效的课堂组织，为课程品质提升提供了可观察、可借鉴的实践范例。这些范例不仅包括教学内容的深度挖掘，还涉及教学手段的灵活运用，以及师生互动的有效开展，为课程改革提供了具体的方向指引。

另一方面，课程品质的持续提升为教学示范课确立了更高的质量标准和更丰富的创新空间。随着课程目标的不断优化、教学资源的持续丰富、评价体系的逐步完善，教学示范课得以在更高的起点上进行创新探索。这种提升不仅体现在教学内容的时代性和针对性上，还反映在教学方法的多样性和有效性上。

两者之间的良性互动形成了课程建设的双轮驱动机制。教学示范课推动课程品质提升，而课程品质的提升又催生出更高水平的教学示范。通过这种双轮驱动机制，课程建设将实现从量变到质变的跨越，最终促进课程育人效果的全面提升。

二、高校《思想道德与法治》课程面临的挑战

当前，高校《思想道德与法治》课程在实施过程中面临诸多挑战。

第一，教师的专业素养存在不同程度的欠缺。《思想道德与法治》课程具有道德和法治两个部分的内容，这就决定了教师必须具备马克思主义理论和法学双重学科背景。这种复合型知识结构不是简单的知识叠加，而是要求教师在两个学科领域都达到专业水准，并能够实现学科间的深度融合。其中，马克思主义理论素养是课程教学的根基，法学专业素养则是课程教学的重要支撑。双重学科背景要求教师具备跨学科整合能力，但在实际的教学中，能做好这种跨学科整合的教师少之又少。

第二，教学内容与实际生活脱节，难以引起学生共鸣。许多教师在教学

过程中过分依赖教材，缺乏对时事热点和社会问题的关注，导致课程内容陈旧、缺乏吸引力。教材中的案例和理论往往与现实生活存在较大差距，学生难以将所学知识与实际生活联系起来，从而降低了学习的积极性和主动性。例如，在讲解法律知识时，教师往往只注重法律条文的解读，而忽视了法律在现实生活中的应用和意义。这种脱离实际的教学内容，不仅难以激发学生的学习兴趣，也无法有效培养学生的法治意识和道德判断能力。

第三，教学方法相对单一，以讲授为主，缺乏互动和实践环节，难以激发学生的学习兴趣和参与热情。传统的《思想道德与法治》课程教学多以教师讲授为主，学生处于被动接受的状态，课堂互动较少，学生的参与度不高。这种单向的知识传递方式，不仅限制了学生的思维发展，也使得课堂氛围沉闷，难以激发学生的学习兴趣。例如，在讨论道德问题时，教师往往直接给出标准答案，忽视了学生的独立思考和多角度分析。这种教学方法不仅无法培养学生的批判性思维，也难以引导学生在实际生活中践行道德原则。因此，如何创新教学方法，增加课堂互动和实践环节，成为提升课程品质的关键问题。

第四，课程评价体系有待完善。现有的评价方式过于注重知识记忆，忽视了对学生价值观、思维能力和实践能力的考查。传统的评价方式多以笔试为主，考察内容局限于教材中的知识点，评价标准单一，难以全面反映学生的学习效果。这种评价方式不仅无法准确评估学生的综合素质，还可能误导教学方向，使得教师和学生过分关注考试成绩，而忽视了综合素养的培养。例如，在评价学生的道德素养时，教师往往只关注学生对道德概念的记忆，而忽视了其在日常生活中的道德行为和实践能力。这种片面的评价方式，不仅无法全面反映学生的道德发展水平，也不利于学生核心素养的培养。

三、在教学示范课中提升高校《思想道德与法治》课程品质的策略

教学示范课为课程改革提供了重要契机。通过观摩优秀教师的教学实践，教师可以学习到先进的教学理念和方法，进而改进自己的教学。同时，教学示范课也为课程内容的更新和教学评价的改革提供了实践平台，有助于推动高校《思想道德与法治》课程的整体优化。为了在教学示范课中有效提升高

校《思想道德与法治》课程品质，可以从以下几个方面着手。

第一，选拔优秀教师进行示范课展示。教学示范课不仅是展示优秀教学实践的平台，也是促进教师专业成长的重要途径。通过组织教师观摩、评课和反思等活动，可以促进教师之间的交流学习，提升整个教师队伍的教学水平。在示范课展示前，可以选拔获得过教学比赛奖项，教学评价较好的教师进行示范课展示。例如，教研室选拔具有伦理学、中国哲学、马克思主义理论、法学等专业背景的优秀教师定期开展专题性教学示范、公开课展示等活动，使不同学科及专业背景的教师发挥自身专业优势，从而提升教师理论素养、强化教学质量。

第二，优化教学目标设计。教学示范课应当明确课程的重难点，体现《思想道德与法治》课程的核心素养目标，将知识传授、能力培养和价值引领有机结合。例如，在设计"公民的权利与义务"这一主题时，不仅要让学生了解相关法律条文，还要培养他们的权利意识和责任担当，引导他们思考如何在现实生活中践行公民责任。

第三，创新教学内容与方法。教学示范课应突破传统教材的局限，将时事热点、社会问题融入课堂，增强课程的时效性和针对性。教师可以结合当前的社会热点事件，设计案例分析和角色扮演活动，让学生在实践中深化对人生问题、道德现象、法律原则的理解。同时，教师应积极探索翻转课堂、混合式教学、项目式教学等新型教学模式，提高学生的课堂参与度和学习自主性。

第四，完善课程评价体系。教学示范课应展示多元化的评价方式，将过程性评价与结果性评价相结合，注重对学生思维能力、实践能力和价值观的考察。例如，可以采用课堂表现记录、小组项目评估、反思日志等方式，全面评估学生的学习效果和成长变化。此外，还可探索将本科专业评估方式融入思政课教学评价的具体模式。

四、教学示范课在提升高校《思想道德与法治》课程品质中的实施效果

通过在教学示范课中实施上述策略，《思想道德与法治》课程品质得到了

显著提升。

首先，教师专业发展取得了明显成效。持续的示范引领和互动交流，不仅提升了教师个体的专业素养，更推动了整个教师队伍教学水平的整体提升，实现了教师专业发展的良性循环。参与教学示范课的教师普遍反映，通过观摩、研讨和实践，他们的教学理念得到了更新，教学技能得到了提高，对课程的理解也更加深入。这不仅提升了教师的教学自信心，也激发了他们对教学改革的热情。以这种示范课为载体的教研活动，打破了教师间的专业壁垒，形成开放、共享的教研文化。

其次，学生学习效果显著提高。教学示范课中采用的新型教学方法和评价方式，有效激发了学生的学习兴趣和参与热情。学生普遍表示，现在的《思想道德与法治》课程更加贴近生活，更有趣味性和挑战性，他们在课堂中不仅学到了知识，还提高了分析问题、解决问题的能力，增强了对社会主义核心价值观的认同。

最后，教学示范课为课程改革提供了宝贵的实践经验。通过总结和推广教学示范课中的成功做法，各高校可以不断完善《思想道德与法治》课程的教学内容和教学方法，推动课程的持续改进和创新。同时，教学示范课也为其他课程的改革提供了借鉴，促进了高校整体教学质量的提升。

教学示范课在促进教师专业发展、提高学生学习效果、推动课程改革等方面发挥了重要作用。未来，高校应继续重视和推广教学示范课，不断探索和创新《思想道德与法治》课程的教学模式，以更好地落实立德树人的根本任务，培养德法兼修的高素质人才。

青春之问：躺平的人生何以不值得过
——基于戏剧实验教学

邓　妍*

"思想道德与法治"课程教学设计

一、课程基本信息

（一）基本信息：走进"思想道德与法治"课程

课程名称	思想道德与法治	英文名称	Ideological Morality and Rule of Law
课程类型	非思想政治教育专业全校公共必修课	教学学分	3学分
节选内容	第一章第二节	授课时长	45分钟
授课对象	大学一年级学生		
授课专业	汉语言文学专业		
选用教材	【统编教材】《思想道德与法治》编写组：《思想道德与法治》（马克思主义理论研究和建设工程重点教材），高等教育出版社2023年版。【辅助教材】（部分）1. 王颖主编：《"思想道德与法治"专题教学研究》，首都经济贸易大学出版社2024年版。2. 李瑞奇编著：《"思想道德与法治"教学十二讲》，上海交通大学出版社2024年版。3. 牛菲主编：《〈思想道德与法治〉实践教程》，安徽师范大学出版社2022年版		

* 邓妍，广州大学马克思主义学院讲师。

（二）教学设计理念：启智润心，知行合一

习近平总书记指出，思政课是落实立德树人根本任务的关键课程。"思想道德与法治"是教育部规定的高校思想政治理论课程体系中的核心课程，也是一门融思想性、政治性、科学性、理论性、实践性于一体的全校思想政治理论必修课程。该课程以习近平新时代中国特色社会主义思想为指导思想，以培养担当民族复兴大任的时代新人为主线，依据大学生成长成才规律，以马克思主义理论学科为基础，同时综合运用多学科知识，旨在教育、引导大学生加强马克思主义的世界观、人生观、价值观、道德观和法治观修养，全面提高大学生的思想道德素质和法治素养。

本课程教学秉持"启智润心，知行合一"的教学理念，采用知识、能力、价值培养的"三维一体"教学策略，旨在通过知识传授启发智慧、滋润心灵，在知行合一中实现能力培养与价值塑造。

本专题教学以学生为中心、以问题为导向、以学理为支撑、以实践为依托，采用戏剧实验教学法、项目式教学法、问题链教学法、案例式教学法、基于 SPOC 的翻转课堂教学法、云课堂教学法等，在知识传授上引导学生理解躺平观念的核心意涵是一种错误的人生态度，在此基础上把握躺平的成因与危害，在能力培养上提升学生的逻辑思辨能力，引导其明辨人生躺平的危害，在价值塑造上激励学生自觉树立积极进取的人生态度、发扬奋斗精神积极担当民族复兴大任的时代使命，从而实现教学目标

二、学情与教学内容

（一）学情分析：系统考察，精准把握

身心特点
大学时期是世界观、人生观、价值观形塑的重要阶段，这一时期学生有较强的自尊心、自信心，有充沛的精力和较强的求知欲、表达欲。因此，在课前教师应当更多了解学生的学习需求与思想实际，通过访谈、问卷等调研方式准确、全面地把握学情，了解学生在躺平这一问题上的关注点和困惑点；在课中授课过程，教师要善于通过提问、讨论等方式引发学生进一步思考，提高学生课堂参与度；在理论方面则应展现思政课的理论魅力，使教学具备高阶性、创新性与挑战度，以满足大学生旺盛求知欲。此外，教师还应充分发挥思政课紧密联系社会生活实际、便于开展实践教学的优势，设置高质量实践教学主题，以充分调动学生的学习热情

续表

知识储备
在中学"道德与法治"课程七年级上册的第二和第四单元、八年级上册第三单元、九年级下册第三单元中，学生已分别学习了包括正确认识自己、做更好的自己、感受生命的意义、活出生命的精彩、勇担社会责任、少年当自强等内容，对于人生态度问题也有一定感性认知，为本课程学习奠定了一定的基础。但学生对躺平这一倾向认知不足，对如何拒斥这一错误的人生态度也欠缺深入思考。因此，本专题教学应当超越一般感性认识，将对躺平的认知从互联网热词上升到人生态度的理论高度，讲透其成因、危害，再提出破解策略，达到激发学生奋斗精神的价值引导目标

认知能力
这一阶段的学生普遍强于形象思维而弱于抽象思维。因此，教学可从活动、事实、案例、数据切入，让课堂有声有形有色；基于中学的学业基础，学生具有一定的独立思考能力，质疑解构能力强，但辨别分析能力弱，同时受学业基础、艺术类专业背景的影响，学生的马克思主义理论基础尚且薄弱，运用理论分析和解决实际问题的能力有待提高。因此，本专题教学在优化学生知识结构、提升理论水平的基础上，要切实增强其知识迁移与运用能力，引导学生尝试运用马克思主义的立场观点方法分析躺平的人生何以不值得过，从而自觉树立积极进取的人生态度

学习特点
"05后"作为互联网原住民，移动新媒体使用能力强，对云媒体互动感兴趣，喜欢在讨论与活动中自主建构知识体系、分析解决问题。因此，必须实现教学方法多元创新，强化信息化手段的应用，积极引导学生自主参与课堂、自主学习和分析解决问题；大一学生的学习兴趣和学习热情正处于整个大学的全盛时期，大多数同学开始逐渐适应大学的学习生活，并逐渐找到适合自己的学习方法，开始尝试独立思考并深入挖掘理论的内涵，课堂表现也更为积极，因此要多向学生抛出问题以启发思考，多维度分析问题以培养逻辑思辨能力，运用多学科理论知识解决问题以开拓理论视野

学生对本专题的关注点与疑惑点
在前期对学生进行访谈、调研的基础上，通过综合分析调研结果与教材内容，发现就本专题教学内容而言，学生普遍关注两个问题：①躺平的观念是如何形成的？②躺平的人生到底有什么后果？ 　　学生普遍感到疑惑的也有两个问题：①躺平一定是负面意义吗？如果是，究竟错在哪里？②如何破解躺平？对于这些问题，教师在本专题教学中应当予以高度关注与彻底解答

（二）教学内容分析：章节目联系与内容剖析

内容定位
【章】"人生何为"是本课程的重要内容，本专题正是对这一问题的回答。本专题内容选自教材第一章第二节。第一章紧承绪论中"时代新人"的具体要求，接续讨论时代新人应当树立何种人生观的问题。 　　【节】第一章第二节接续第一节对人生观的内涵、内容等问题的讨论，集中阐释正确人生观的内容，包括高尚的人生追求、积极进取的人生态度、人生价值的评价与实现等问题，为第三节"创造有意义的人生"打下理论基础。 　　【目】本专题授课主题聚焦第二节第二目"积极进取的人生态度"这一问题，是本章节中承上启下的重要内容，不仅为学生提供重新审视自身人生态度的机会，也为开启第二节第三目"人生价值的评价与实现"的学习提供必要的逻辑线索与理论准备

内容剖析
"躺平的人生不值得过"是本专题的核心教学主题，主要内容遵循"现象透视→成因剖析→后果审视→困境破解"的逻辑。 　　【现象透视】"躺平"的人生不值得过，那么究竟何谓"躺平"？从语言学角度、生活视域、现实表现、互联网场域四个维度来看，"躺平"中蕴含消极因素。"躺平"在某种程度上影射了年轻人对消极的人生态度的一种表达。同时，基于其现实表现，有必要将之与口语意义上的"休息"进行区分，集中反对和批驳将"躺平"嵌入人生立场和人生态度中的错误观点和做法。 　　【成因探析】躺平之所以成为流行词，甚至主导一些年轻人的人生态度，其成因是多方面的。包括社会维度的转型压力与生活期望的超载、文化维度的"避世""出世"心态和利己主义思想浸染、主体维度的精神危机与意义缺失、媒介维度的网络媒体塑造"躺平族"身份认同等，由此引导学生正确认知"躺平"由来，进而理性分析其影响。 　　【后果审视】躺平的人生之所以不值得过，正是因为它会从个体和社会两个维度侵蚀生命的价值与意义。新时代的青年应满怀理想激情与奉献精神，在磨砺中经风雨、长才干、壮筋骨，是推动社会进步、国家发展的重要力量。然而我们如果以"躺平"为借口，主动剥离自己生命的社会价值与责任，那就不仅是放弃了人之为人的使命，更是一种最差的生存策略，将使我们与时代机遇失之交臂。 　　【困境破解】如何破解"躺平"带来的人生困境呢？首先应当以理性思维走出"躺平"的逻辑悖论，从驳斥其低欲望化生存的前提和去社会化生存的手段的错误入手，进而推导出其结论的错误。其次，应倡导学生以经典阅读探寻生命存在的意义，激励他们以自强不息之精神担当责任使命，以媒介素养"破壁出圈"省思人生，走出"躺平"的人生困境，创造有意义的人生

三、教学目标与重难点

(一) 教学目标厘定:"知识→能力→价值"三维一体目标

基于以上教学内容与学情分析,本专题教学目标设定如下:

【知识目标】

1. 理解"躺平"观念的核心意涵是一种错误的人生态度。

2. 把握"躺平"的成因与危害。

【能力目标】

1. 能够辩证分析"躺平"的逻辑悖论。

2. 能够结合理论与实际阐述"躺平"的破解之道。

【价值目标】

1. 自觉树立积极进取的人生态度。

2. 高度认同大学生应当以积极有为的人生态度承担起民族复兴的历史使命和时代责任,成为时代的弄潮儿

(二) 教学重难点提炼:理由及突破策略

教学重点
【重点】理解"躺平"的意涵、成因与危害。 　【理由】鉴于"躺平"在日常生活中经常被作为一种口头禅使用,学生对"躺平"性质的把握受其影响,产生一种"正当性"倾向,同时对"躺平"意涵的理解也因其在生活场景中的使用与"休息"等词汇近义而可能产生失焦的问题,而如果这一问题不能得以澄清,将无法聚焦问题、无法剖析成因、难以阐释危害。 　【突破策略】让学生准确把握"躺平"的意涵、理解其成因、认同其危害,需要以事实为依据、以感受为前提、以理论为依托、以逻辑为准绳。教师通过引导学生开启多学科视野,从不同视角剖析躺平的内涵,从不同维度分析其影响因素,从生活经验中总结"躺平"的危害,帮助其从"是什么、为什么、怎么样"等角度把握躺平问题

教学难点
【难点】辨析"躺平"的逻辑悖论;掌握躺平的应对策略。 　【理由】为何躺平的人生不值得过?不仅因为它对大学生自身及整个社会产生的现实危害,还要运用多学科理论资源讲清其中的逻辑悖论。教师只有用清晰的逻辑、深刻的学理,才能彻底说服学生,在此基础上才能进一步提出系统化的应对策略。 　【突破策略】一是通过培养学生的逻辑思维能力与理论驾驭能力,明晰躺平的错误前提;二是在剖析躺平的成因与危害的基础上,一步步推导出应对策略,帮助学生理解"怎么做";三是通过课中教学案例与课后实践教学环节引导学生知行合一,激发学生自觉树立正确的人生态度、真正走出"躺平"困境

四、教学方法与手段

（一）教学方法选择：目标导向原则

教师讲授法
教师通过列举"躺平族"的案例和青年奋斗者的积极人生，将"躺平"是什么、从何而来、有何后果、如何应对等问题讲透，以彻底的理论说服学生。教师还应注意用富有逻辑的讲授，层层剖析，展示理论的魅力，同时以富有感情的讲授吸引、感染学生，引导其情感上高度认同积极进取人生态度对青年成长成才的重要意义

戏剧实验教学法
戏剧实验教学法作为一种创新的教法，目前在思政课教学中运用不多。本专题教学结合学生汉语言文学专业的背景，导入环节通过组织学生开展戏剧文学创编活动，将学生吸引到课堂中，提升关注度与参与度，强化学生认同正确人生态度的重要价值，对比当前网络上有关"躺平"问题的错误观点和主流媒体对躺平的批评意见，从差异中启发学生思考

问题链教学法
本专题教学以问题链贯穿课堂教学，按照是什么、为什么、怎么样、怎么做的思路，以"何谓躺平？→躺平如何形成？→躺平有何危害？→如何应对躺平？"基本逻辑向学生发问，一步步引导学生掌握基本知识，同时启发学生深入思考，达到能力训练的目的。随着教学的展开与深入，教师基于问题的驱动带领学生得出结论，达到价值塑造的目的

案例教学法
本专题教学对象为大一新生，他们思维活跃、对影视剧关注度高，因此教学中将融入大量电影、电视剧案例，吸引学生关注的同时启发思考。

电影《小丑》描写犬儒主义的"黑暗人生"　　电影《小时代》聚集个人、物欲、功利　　电影《楚门的世界》

续表

案例教学法
此外，针对教学内容中的相关问题，本专题教学也会结合案例进行分析，如"躺平"现象是中国独有的吗？基于全球视野，列举发达国家如美国、日本、英国、澳大利亚等国在经济发展过程中出现的青年亚文化现象，说明"躺平"现象的出现是经济社会发展到一定阶段的产物，并非中国独有，由此讲清其成因。教学过程中还会结合内容列举相关案例，如中国共产党的百年奋斗史、多位青年榜样等案例，以增强理论的说服力与感染力，从而实现知识、能力和价值目标

基于 SPOC 的翻转课堂教学法
第一章安排了1课时的线上学习任务，课前环节学生完成线上慕课学习，包括观看教学视频、学习 PPT 课件和教案、完成章节测验等，其中涉及本专题的内容主要是掌握人生态度的理论内涵，并对错误人生态度的消极影响有一定了解，为本专题教学内容的接受做好理论与情感准备。课后环节通过在 SPOC 平台设置知识后测、拓展思考、实践成果展示与交流等模块，帮助学生巩固理论知识、强化能力训练、内化价值认同

云课堂教学法
教师借助云课堂主观题、弹幕等工具提出问题，如"你怎么看躺平""你认为长期躺平的人生可能带来哪些人生后果"等，学生在手机端操作并分享观点，教师运用平台词云功能聚合、展示学生答案，通过突出关键词引导学生总结提炼观点，达到充分调动学生学习兴趣、提升课堂参与度的目的

（二）教学资源选取：文献资料与多媒体资源

文献资料
1. 毛泽东：《为人民服务》，载《毛泽东选集》第3卷，人民出版社1991年版。 　　2. 习近平：《青年要自觉践行社会主义核心价值观——在北京大学师生座谈会上的讲话》，人民出版社2014年版。 　　3. 习近平：《在同各界优秀青年代表座谈时的讲话》，载《论党的青年工作》，中央文献出版社2022年版。 　　4. 习近平：《不断书写奉献青春的时代篇章》，《论党的青年工作》，中央文献出版社2022年版。 　　5. 中央党校采访实录编辑室：《习近平的七年知青岁月》，中共中央党校出版社2017年版。 　　6. 中华人民共和国国务院新闻办公室：《新时代的中国青年》，人民出版社2022年版。 　　7. 张英：《幸福论》，人民出版社2004年版。 　　8. 梁爱强：《马克思人的本质理论源流探微》，《人民论坛·学术前沿》2017年第20期

续表

多媒体资源
1. 纪录片：《中国脊梁》之"大山的女儿 黄文秀"（中央电视台，2024 年）。 2. 电影：《守岛人》（2021 年）、《我本是高山》（2023 年）。 3. 电视剧：《恰同学少年》（2007 年）。 4.《感动中国》年度人物颁奖盛典系列节目（中央电视台）

五、教学思路与过程

（一）教学思路与学时分配

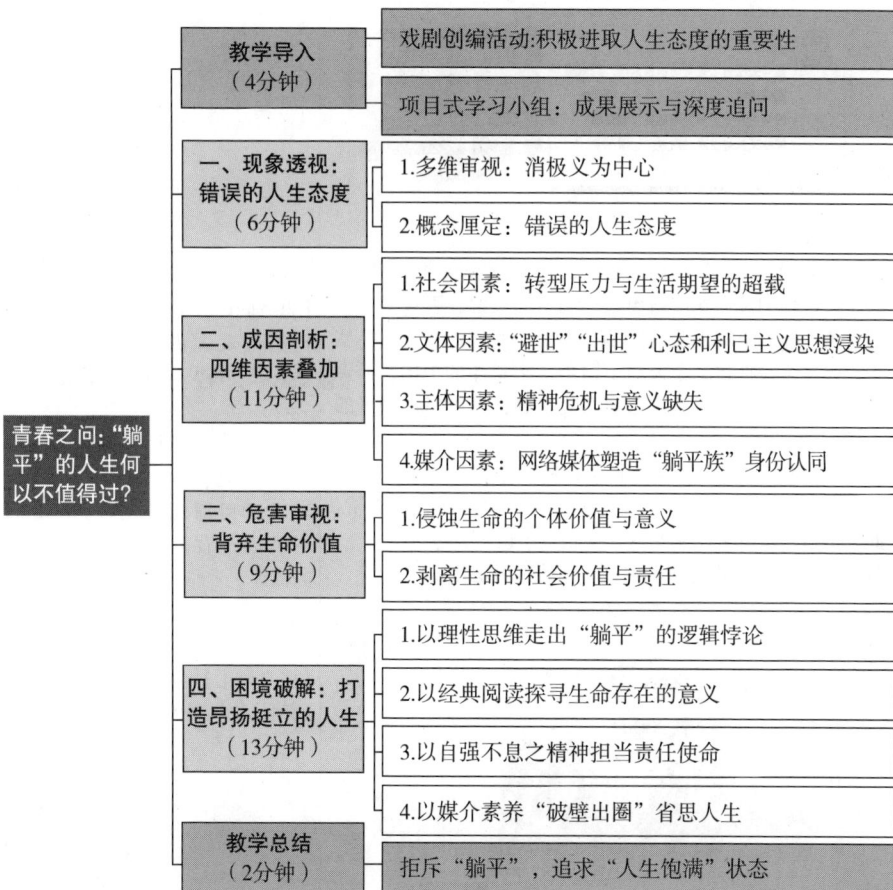

教学导入（4分钟）
- 戏剧创编活动:积极进取人生态度的重要性
- 项目式学习小组：成果展示与深度追问

青春之问:"躺平"的人生何以不值得过?

一、现象透视：错误的人生态度（6分钟）
- 1.多维审视：消极义为中心
- 2.概念厘定：错误的人生态度

二、成因剖析：四维因素叠加（11分钟）
- 1.社会因素：转型压力与生活期望的超载
- 2.文体因素："避世""出世"心态和利己主义思想浸染
- 3.主体因素：精神危机与意义缺失
- 4.媒介因素：网络媒体塑造"躺平族"身份认同

三、危害审视：背弃生命价值（9分钟）
- 1.侵蚀生命的个体价值与意义
- 2.剥离生命的社会价值与责任

四、困境破解：打造昂扬挺立的人生（13分钟）
- 1.以理性思维走出"躺平"的逻辑悖论
- 2.以经典阅读探寻生命存在的意义
- 3.以自强不息之精神担当责任使命
- 4.以媒介素养"破壁出圈"省思人生

教学总结（2分钟）
- 拒斥"躺平"，追求"人生饱满"状态

（二）教学过程安排：活动导入，四维剖析，总结激励

第一步　开展活动　引入新课		
教师活动	学生活动	设计意图
【活动开展】结合本专题教学对象的戏剧影视文学专业背景，开展戏剧创编活动，主题是"今天你的幸福与不幸"接龙。 【学习任务1】分组思考并创编剧本。 【讲解】人生总是由一幕幕幸福和不幸衔接而成的。我们在面对不幸、克服困难、实现崇高的人生追求的过程中，积极进取的人生态度十分重要。 	【参与活动】强化对人生过程的体验感，进而认同正确的人生态度的重要性。	【激发兴趣】参加活动、观看图片能够增强学生学习兴趣，并激发学生的求知欲、提供学习动力。
【导入案例】展示网络错误观点，主流媒体的批评意见。躺平合理性的观点在网络舆论场中不断发酵，引起了大量的讨论。部分年轻人受影响，提出一些错误观点。一些主流媒体纷纷批评。今天的中国是一个奋斗的中国，而青年是国家和民族的希望，从而明确主题，不应当过躺平的人生。	【思考问题】为何错误观念仍然有人支持？	【学会思考问题、提出问题】强化问题意识。
【呈现项目式学习小组成果】小组调研报告从什么是"躺平"，"躺平"的危害以及对策建议三个方面进行了分析，此处重点展示有关"躺平"之舆论场争议。 【雨课堂互动】"你怎么看躺平？你的理由是什么？" 	【思考问题】尝试思考何谓躺平及躺平背后的成因。	【能力训练】自主思考、自主探索。
	【课堂讨论】你如何评价躺平？	【问题串联 头脑风暴】根据学生小组的调研报告提出系列问题链，开动学生大脑，让学生在积极思考中推进学习进程

续表

第一步 开展活动 引入新课		
教师活动	学生活动	设计意图
【明确学习任务】基于慕课平台学生的发问进一步追问，需要进行深入的分析。本节课程从以下四个维度展开：①透视"躺平"现象——错误的人生态度；②剖析"躺平"成因——四重因素叠加；③审视"躺平"危害——背弃生命价值；④走出"躺平"困境——打造昂扬挺立的人生。 		

第二步 新课讲授 四维剖析		
一、透视"躺平"现象：错误的人生态度		
教师活动	学生活动	设计意图
（一）何谓"躺平"？ 【提问1】到底何谓躺平？它的核心意涵是什么？ 【讲解】从语言学视角、生活视域、现实表现、互联网场域，综合考察躺平概念，指出消极义是核心意涵。 （二）"躺平"的概念厘定 【讲解】明确指出本课程主要讨论的是将"躺平"视作对待人生的惯常性态度而嵌入人生立场之中的错误做法。 【提问2】为何"躺平"这类错误人生态度仍然拥有一些青年粉丝？通过提问引出第二部分对"躺平"成因的分析	【提出问题】为何互联网场域中不断出现类似"躺平"的错误观念？ 【提出问题】把"躺平"作为口头禅、嘴上说说而已是否可行	【能力训练】提升学生理论联系实际的知识迁移应用能力。 【思维训练】引导学生将已有的知识、经验与应用到新的问题域中，加深对"躺平"问题的认识

续表

第二步 新课讲授 四维剖析		
二、剖析"躺平"成因：四重因素叠加		
教师活动	学生活动	设计意图
（一）社会因素：转型压力与生活期望的超载 1. 转型压力 【展示数据】中国人民大学中国调查与数据中心（NSRC）《中国青年发展调查》（2023）的一项关于"躺平利弊"的观点调查。 【提问3】为何这一年龄段的群体认为"躺平"利大于弊的比率比其他年龄段群体要多？ 【讲解】这与这个年龄段正值青壮年，对压力的感受最直接、反应也最明显的表现，说明社会压力是促使"躺平"形成的影响因素之一。 2. 生活期望 【讲解】当代青年的成长过程与生产力不断提高和物质资源相对丰富相伴，一部分人有了可以"躺平"的物质基础，而另一部分人则在拜金主义、享乐主义、消费主义的刺激下，出现追求高品质生活与自身有限收入之间的矛盾和冲突，于是部分年轻人产生了习得性无助、防御性悲观的心理。 【提问4】"躺平"现象是中国独有的吗？ 【讲解】以全球视野观之，"躺平"现象并非中国独有。正因为它经济社会发展到一定阶段的产物，所以尤其在西方一些发达国家，"躺平"以不同的形态和面貌出现。列举不同国家相关事实予以说明。 	【思考问题】"躺平"的出现与成为热词，背后有哪些影响因素？ 【思考问题】为何是这个年龄段？说明什么？ 【思考问题】国外有类似青年"躺平"的现象吗？ 【延伸阅读】根据教师课后提供的二维码，就英国"尼特族"问题进行延伸阅读。半月谈微信公众号：《不就业不社交，"尼特族"如何走出"家里蹲"困境？》	【能力训练】开拓学生的理论视野，使其学会运用理论解释现实问题。 【能力训练】学会提出问题、分析问题。 【拓展思考】开启世界眼光，深入剖析青年躺平的世界性症候及其影响

续表

第二步 新课讲授 四维剖析		
二、剖析"躺平"成因：四重因素叠加		
教师活动	学生活动	设计意图
（二）文化因素："避世""出世"心态和利己主义思想浸染 1. 对中国传统文化的误读 【讲解】"躺平族"对中国传统文化的误读，包括对道家、佛家相关思想的片面化理解，以及对儒家刚健有为、积极进取思想的忽视。以孔子 55 岁始周游列国 14 年为例。 2. 西方新自由主义思潮的负面影响 【提问 5】"躺平即正义""躺平是我的权利"这些说法背后实质体现了一种什么样的价值观？ 【讲解】西方新自由主义思潮中极端利己主义思想对青年的影响和腐蚀，主要体现为青年以自身利益为中心。"躺平"实则暗含的正是这种纯粹利己、个人至上的价值倾向，而将他人与社会、责任与担当视之为无物。 	【思考问题】中华传统文化的核心精神是什么？ 【思考问题】"躺平"是正义吗？"躺平"是权利吗？	【拓展学习】激发学生学习中华传统文化的兴趣。 【思维训练】分析有关网络话语背后的潜在逻辑，强化理论的实际运用与逻辑思维能力的培养。
（三）主体因素：精神危机与意义缺失 【讲解】躺平的深层原因在于主体的"空心病"，即精神饥荒与生命意义缺失，是犬儒主义与"小时代"心理的结合体。 【提问 6】拓展思考：为什么现代人会遭遇精神饥荒与生命意义的缺失？ 【讲解】现代社会物质生活丰富，人们反而容易忽视精神世界的建构，一旦缺乏支撑其存在感和意义感的世界观、人生观和价值观，就会导致人们对人生意义缺乏正确的把握，无法通过生活实践充实生命意义，精神世界中更加缺乏主体性的挺立，使得他们现实世界中选择"躺平"	【思考问题】空心病的表现是什么？原因是什么？ 【思考问题】现代人如何克服空心病？	【能力训练】提出开放性问题，开拓多学科视角。 【拓展思考】思维延伸、拓展学习

第二步　新课讲授　四维剖析		
二、剖析"躺平"成因：四重因素叠加		
教师活动	学生活动	设计意图
 （四）媒介因素：网络媒体塑造"躺平族"身份认同 【提问7】如果经常在网络媒体中浏览到类似信息，你认为会对你的心理、价值观、行为产生哪些影响？ 【讲解】在新媒体时代，虚拟的网络社区为"躺平"者提供了聚合身份的话语平台，并在虚拟社区中形成了一种"躺平"的亚文化氛围。这无疑将会吸引一些年轻人加入其中以寻求身份接纳，进而促使"躺平"群体认同的网络媒介叙事的生成，由此进一步强化"躺平族"的身份认同，使更多年轻人被裹挟其中	【思考问题】网络相关信息对青年网民会产生哪些影响？如何克服？	【能力训练】从现象中总结规律、提炼观点
三、审视"躺平"危害：背弃生命价值		
教师活动	学生活动	设计意图
【雨课堂互动】"你认为长期躺平的人生可能带来哪些人生后果？" 【学习任务2】请学生尝试用一些关键词来描述自己所了解的"躺平族"在生活上的突出特点。 （一）侵蚀生命的个体价值与意义 【展示图表】展示"躺平族"的生活现状，揭示其行为背后的实质，指出其人生后果。	【课堂讨论】思考长期"躺平"可能产生哪些负面影响？	【实践训练】让学生多方位关注躺平青年的生活现状，以此反思自己的生活现状

续表

三、审视"躺平"危害：背弃生命价值		
教师活动	学生活动	设计意图
 【讲解】本该是最有希望的青年却选择躺平，热血日渐温吞，骨质日渐松软，理想日渐丧失，精神日渐颓靡，生命的个体价值与意义得不到彰显，"躺平"的人生了无生机。	**【参与活动】**描述躺平族的人生追求与行为方式，思考其负面影响。	
（二）剥离生命的社会价值与责任 **【名言分享】**李大钊在其散文《青春》中的选段。 **【讲解】**人不仅对自己的生命负有责任，对家庭、对社会、对国家更负有责任。我们如果以躺平为借口，主动剥离自己生命的社会价值与责任，那就不仅是放弃了人之为人的使命，更是一种最差的生存策略，将使我们与时代机遇失之交臂。待到暮年回顾人生，徒留扼腕悲叹。	**【思考问题】**"躺平"的青年能拥抱时代、创造精彩人生吗？	**【价值认同】**通过名言分享、图表展示，加深学生对青年承担时代使命的感性与理性认识，促进价值引导的内化

四、走出"躺平"困境：打造昂扬挺立的人生		
教师活动	学生活动	设计意图
（一）以理性思维走出"躺平"的逻辑悖论 1. 低欲化生存的前提错误：人的存在远高于动物性存在 **【提问8】**"躺平"有一个前提，那就是认为低欲化生存方式是合乎理性的，你认为它合理吗？	**【思考问题】**低欲化生存为何是错误的？	**【思维训练】**深入思考人的应然生存状态，进而指导自身

续表

四、走出"躺平"困境：打造昂扬挺立的人生		
教师活动	学生活动	设计意图
（一）以理性思维走出"躺平"的逻辑悖论 【提问9】从需求层次理论来看，人除了满足生理需求，还有哪些需求需要满足？这些都是什么性质的需求？ 【讲解】人非动物，人的存在远高于动物性存在。低欲化生存是对人的精神需要的忽视与压抑。同时，"躺平"的"低欲化"策略尽管可以提供暂时的所谓平静、快乐，但这是以放弃追求、缺失意义为代价的，并非长远、真正的幸福，实质就是虚度生命。 2. 去社会化生存的想法错误：社会属性才是人的本质属性 【提问10】马克思是如何看待人的本质的？ 【讲解】本课程第一章当中讲到社会属性才是人的本质属性。因此躺平采取的去社会化生存是背离人的本质的，通过切断人的社会关系与社会化进程，实质是放弃社会责任和使命，阻断生命价值实现。 （二）以经典阅读探寻生命存在的意义 【讲解】进一步回应前面的拓展思考题：现代人如何应对精神饥荒与生命意义的缺失？中国哲学的特点是关注人生哲学，相关经典有助于我们探寻生命的意义与价值。其中对人的地位有"最为贵"和"最为灵"的观点提示我们，人应通过对人生意义的追求实现自我价值和自我超越。人的自我价值要在社会关系的意义之网中实现，自我超越则需要发挥精神的。 【提问11】除了哲学经典，我们还能通过哪些经典的阅读帮助"躺平族"走出"躺平"困境？	【提出问题】人的精神需要不被满足是否可行？ 【思考问题】青年能否选择离群索居的生活？ 【延伸阅读】根据教师课后提供的二维码就人的社会属性问题进行延伸阅读：杨耕：《"人的问题"研究中的五个重大问题》，《光明日报》2015 年 8 月 5 日。 【思考问题】除中国传统文化中有关人生哲学的经典，还有哪些经典能够帮助大学生探寻生命存在的意义和价值？	【学会思考】自主提问、自主探索 【拓展思考】激发探索兴趣 【理论学习】通过延伸阅读深化对人的本质问题的理解。 【思维训练】深入思考人的应然生存状态，进而指导自身。 【能力训练】引导学生进一步探索思考自身人生问题的具体方法和路径

续表

四、走出"躺平"困境：打造昂扬挺立的人生		
教师活动	学生活动	设计意图
（三）以自强不息之精神担当责任使命 1."躺平"从来都不是大多数人的选择 【呈现数据】复旦发展研究院传播与国家治理研究中心《中国青年网民社会心态调查报告（2009—2021）》中有关躺平观念的调研数据 【讲解】真正"躺平"的只是少数 2.用"碾平"击碎"躺平" 【呈现系列图片】全军优秀士兵王雅乐啃下大部头专业理论书籍，成为空军雷达能手。因为意外导致下身瘫痪但以坚强的毅力克服一切困难，成为北京冬残奥会闭幕式中国体育代表团旗手的杨洪琼。陆军首位初放单飞的女飞行员、90后的徐枫灿。参与国家重大课题研究、30岁便已晋升哈工大副教授的吴凡。 【讲解】无数青年正以奋斗姿态度过人生。我们应当以坚定的意志、大无畏的精神克服生活、工作、学习中的困难，击碎躺平的幻梦。 3.以"奋进"担当"使命" 【呈现系列图片】中国共产党追逐救国梦，实现兴国梦、富国梦，新时代托举强国梦。	【提出问题】大学生应当如何培养碾平一切困难的勇气与毅力？	【学会思考问题、提出问题】激发学生的求知欲。 【价值认同】通过真实的人物案例激励学生强化精神修养、提升精神品质

四、走出"躺平"困境：打造昂扬挺立的人生		
教师活动	学生活动	设计意图
【讲解】一切伟大成就都是接续奋斗的结果。中国共产党百年党史就是一部奋进史。新时代青年更应继承党的奋斗精神，勇担民族复兴的时代重任。 4. 以"创新"破解"内卷" 【讲解】成功的标准应当是多元化的，走向成功的路径应当是差异化的，成功的结果也应当是多样态的。在此基础上注意澄清内卷与有效竞争之间的边界。着力培养创新思维，才能超越无效竞争、实现换道超车。	【观察图片并思考】大学生能够从中国共产党的百年奋进史中汲取哪些人生启示？ 【思考问题】如何看待成功的标准、路径、样态？	【实践训练】通过图片展示，激发学生承担民族复兴大任的奋斗精神。
（四）以媒介素养"破壁出圈"省思人生 【呈现图片】电影《楚门的世界》画面 	【回忆剧情】联系课堂，电影剧情说明什么？	【思维训练】自主探索新问题，进行自我反思。
【学习任务 3】通过手机查询新媒体对日常生活的渗透程度。 【讲解】1. 生活在新媒体时代的我们同样面临现实世界和虚拟世界。虚拟世界正越来越深刻地影响我们在现实世界中的生存方式。 2. 媒介素养决定了我们能否正确地理解和看待媒介及其传递的信息和价值观。 3. 提升媒介素养，走出信息茧房，破壁出圈，反思价值观念，检视人生态度，拒斥躺平的人生	【思考问题】我的世界观、人生观、价值观受到虚拟世界的影响了吗？是好的影响还是坏的影响？该如何提高媒介素养，强化反思能力？	【思维训练】通过电影的感性材料，启发理性思考。 【实践训练】通过活动参与，深刻体会到虚拟世界对现实世界的影响程度

续表

第三步　教学小结　价值激励		
教师活动	学生活动	设计意图
【小结】1. 本节课从何谓"躺平","躺平"的成因、危害、对策四个维度与同学们共同进行了分析与讨论。尽管当下导致一些青年选择"躺平"的人生态度原因多样,但内因无疑是决定性的。 2. 疗治"躺平"这一人生之疾的关键在于要认清"躺平"的逻辑悖论,重建人生意义,激发奋斗精神,担当责任使命,以创新精神破解"内卷"困境,以媒介素养破壁出圈,才能获得奥斯特洛夫斯基所说的"人生饱满"状态	【学习任务 4】慕课后测、拓展思考、主题活动	【巩固教学效果】巩固知识学习、能力训练、价值内化的效果

六、教学板书与课后作业

(一) 教学板书设计：呈现思路，明确结论

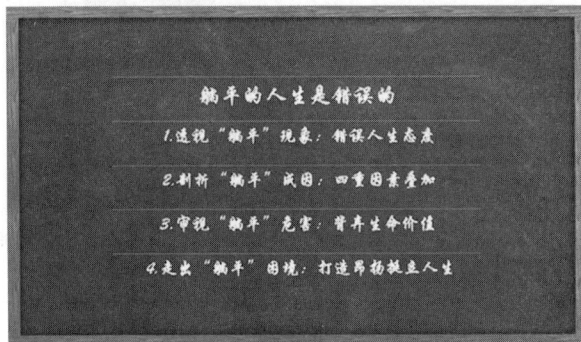

(二) 课后作业安排："知识巩固→能力强化→价值内化"

作业一：慕课后测，巩固知识学习

续表

作业二：阅读思考，强化能力训练
1. 拓展阅读 书目导航 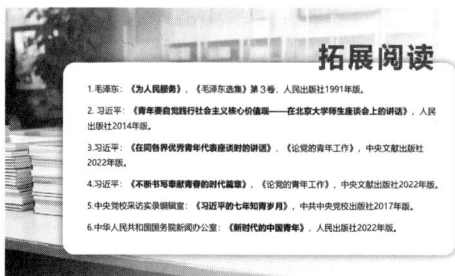 2. 拓展思考 试借助语言哲学理论分析：当"躺平"成为你的口头禅，可能产生哪些消极后果？ 
作业三：实践活动，内化价值引导
开展"寻找身边的自强之星"微视频创作活动，对身边榜样人进行物随采随拍，挖掘背后的青春自强故事。微视频成果将择优在慕课平台讨论模块展示

七、教学评价与反思

（一）教学评价：教学目标达成度评价与检验

教师教学评价
从教学内容与教学设计看，本课程以"躺平的人生何以不值得过"这一贴近学生生活和思想实际的问题为线索，围绕问题链的解答设计教学思路，充分激发学生的求知欲，体现了课程的挑战度；有机融入马克思主义理论与多学科理论资源，体现课程的高阶性；课前安排小组项目任务，课中导入部分结合学生汉语言文学的专业背景设置了戏剧创编活动，有效调动了学生的学习积极性与参与性，体现了课程的创新性

续表

教师教学评价

　　从教学过程看，通过戏剧创编、项目学习、案例分析、云课堂互动、课后实践等多元任务，给予学生参与活动的体验感、深度思考的获得感、价值内化的自主感，切实改变传统思政课"一言堂"现象，突出学生主体地位。

　　从教学工具的使用看，综合使雨课堂、云平台、MOOC 等信息化手段，解决传统思政课教学工具单一、互动不佳等问题，再配合线下课堂教学，充分提升学生参与度与积极性。

教学理念：启智润心　知行合一

教学设计：高阶性、创新性、挑战度

教学过程：心动与思动相融合、情动与行动相结合

教学工具：手动与脑动相配合

学生学习评价

　　学生总体学习情况良好。慕课前测后测中客观题分数较高，主观题能提出一定见解；课堂互动积极，主动参与小组讨论，随堂考评中评价良好；课后拓展思考题的参与度也较高，实践活动"寻找身边的自强之星"微视频创作活动开展过程中，学生普遍参与度较高，部分同学提交了较高质量的作品，活动效果良好。

　　学生学习的具体评价按照以下教学目标达成度评价表开展：

教学目标	考核环节	评价标准				促进学生反思学习
		优（90~100 分）	良（75~89 分）	中（60~74 分）	不及格（0~59 分）	
知识目标	慕课前测后测	学生在慕课前测后测的客观题中能够正确回答90% 以上的客观题	学生在慕课前测后测的客观题中能够正确回答75% ~ 89% 的客观题	学生在慕课前测后测的客观题中能够正确回答60% ~ 74% 的客观题	学生在慕课前测后测的客观题中只能正确回答59% 以下的客观题	慕课前测后测分数及答案提示
	随堂考评	学生在课堂互动与讨论中能够准确、全面把握错误人生态度是"躺平"观念的意涵	学生在课堂互动与讨论中能够较为准确、全面把握错误人生态度是"躺平"观念的意涵	学生在课堂互动与讨论中能够一定程度地把握错误人生态度是"躺平"观念的意涵	学生在课堂互动与讨论中不能把握错误人生态度是"躺平"观念的意涵	教师随堂点评

续表

教学目标	考核环节	评价标准				促进学生反思学习
		优 （90~100分）	良 （75~89分）	中 （60~74分）	不及格 （0~59分）	
知识目标	课后作业	学生在拓展思考题中能够较熟练掌握躺平现象的成因与危害等知识	学生在拓展思考题中能够较为熟练掌握躺平现象的成因与危害等知识	学生在拓展思考题中能够一定程度掌握躺平现象的成因与危害等知识	学生在拓展思考题中不能掌握躺平现象的成因与危害等知识	慕课中教师评价与生生互评
	期末考试	学生在名词解释、简答题、判断题等题型中能熟练地掌握"躺平"的意涵、成因、危害等内容	学生在名词解释、简答题、判断题等题型中能较为熟练地掌握"躺平"的意涵、成因、危害等内容	学生在名词解释、简答题、判断题等题型中能一定程度地掌握"躺平"的意涵、成因、危害等内容	学生在名词解释、简答题、判断题等题型中不能掌握"躺平"的意涵、成因、危害等内容	答题情况反馈与分析
能力目标	慕课前测后测	学生在慕课前测后测的主观题中能够熟练运用"躺平"现象的成因与危害等知识去帮助自己分析和解决问题	学生在慕课前测后测的主观题中能够较为熟练运用"躺平"现象的成因与危害等知识去帮助自己分析和解决问题	学生在慕课前测后测的主观题中能够一定程度运用"躺平"现象的成因与危害等知识去帮助自己分析和解决问题	学生在慕课前测后测的主观题中不能运用"躺平"现象的成因与危害等知识去帮助自己分析和解决问题	慕课前测后测答案提示
	随堂考评	学生在课堂互动与讨论中能够熟练运用"躺平"现象的成因与危害等知识去帮助自己分析和解决问题	学生在课堂互动与讨论中能够较为熟练运用"躺平"现象的成因与危害等知识去帮助自己分析和解决问题	学生在课堂互动与讨论中能够一定程度运用"躺平"现象的成因与危害等知识去帮助自己分析和解决问题	学生在课堂互动与讨论中不能运用"躺平"现象的成因与危害等知识去帮助自己分析和解决问题	教师随堂点评
	课后作业	学生在课后拓展思考题、活动参与中能够熟练运用"躺平"现象的成因与危害等知识去帮助自己分析和解决问题	学生在课后拓展思考题、活动参与中能够较为熟练运用"躺平"现象的成因与危害等知识去帮助自己分析和解决问题	学生在课后拓展思考题、活动参与中能够一定程度运用"躺平"现象的成因与危害等知识去帮助自己分析和解决问题	学生在课后拓展思考题、活动参与中不能运用"躺平"现象的成因与危害等知识去帮助自己分析和解决问题	慕课中教师评价与生生互评

教学目标	考核环节	评价标准				促进学生反思学习
		优（90~100分）	良（75~89分）	中（60~74分）	不及格（0~59分）	
能力目标	期末考试	学生在判断题、论述题、材料分析题等题型中能熟练地运用"躺平"的逻辑悖论与破解之道等知识帮助自己分析和解决问题	学生在判断题、论述题、材料分析题等题型中能较为熟练地运用"躺平"的逻辑悖论与破解之道等知识帮助自己分析和解决问题	学生在判断题、论述题、材料分析题等题型中能一定程度地运用"躺平"的逻辑悖论与破解之道等知识帮助自己分析和解决问题	学生在判断题、论述题、材料分析题等题型中不能运用"躺平"的逻辑悖论与破解之道等知识帮助自己分析和解决问题	答题情况反馈与分析
价值目标	慕课前测后测	学生在慕课前测后测的主观题中能够展现出对正确人生态度及担当民族复兴历史重任的坚定认同	学生在慕课前测后测的主观题中能够展现出对正确人生态度及担当民族复兴历史重任的较为坚定的认同	学生在慕课前测后测的主观题中能够展现出对正确人生态度及担当民族复兴历史重任的一定程度的认同	学生在慕课前测后测的主观题中不能展现出对正确人生态度及担当民族复兴历史重任的认同	慕课前测后测答案提示
	随堂考评	学生在课堂互动与讨论中能够展现出对正确人生态度及担当民族复兴历史重任的坚定认同	学生在课堂互动与讨论中能展现出对正确人生态度及担当民族复兴历史重任的较为坚定的认同	学生在课堂互动与讨论中能展现出对正确人生态度及担当民族复兴历史重任的一定程度的认同	学生在课堂互动与讨论中不能展现出对正确人生态度及担当民族复兴历史重任的认同	教师随堂点评
	课后作业	学生在课后拓展思考题、活动参与中能够展现出对正确人生态度及担当民族复兴历史重任的坚定认同	学生在课后拓展思考题、活动参与中能够展现出对正确人生态度及担当民族复兴历史重任的较为坚定的认同	学生在课后拓展思考题、活动参与中能够展现出对正确人生态度及担当民族复兴历史重任的一定程度的认同	学生在课后拓展思考题、活动参与中不能展现出对正确人生态度及担当民族复兴历史重任的认同	慕课中教师评价与生生互评
	期末考试	学生在论述题、材料分析题等题型中能够展现出对正确人生态度及担当民族复兴历史重任的坚定认同	学生在论述题、材料分析题等题型中能够展现出对正确人生态度及担当民族复兴历史重任的较为坚定的认同	学生在论述题、材料分析题等题型中能够展现出对正确人生态度及担当民族复兴历史重任的一定程度的认同	学生在论述题、材料分析题等题型中不能展现出对正确人生态度及担当民族复兴历史重任的认同	答题情况反馈与分析

（二）教学反思：不足与改进

本课程围绕青年躺平问题展开教学设计，必须透过现象深入问题内部，以透彻的学理性回应学生思想中的难点和盲点，才能彻底说服学生。因此，如何进一步实现教师的主导性与学生的主体性、教学的单向性与启发性相统一等问题，是本课程要继续思考和改进的地方

八、课前预习（下节课）

【预习一】

观看我校慕课《思想道德与法治》第一章第三节"创造有意义的人生"，并完成慕课前测。

【预习二】

预习教材中相关内容，尝试回答：正确的人生态度为何有助于我们实现人生价值？

高校思政课线上线下混合教学模式研究

薛　菁[*]

　　数字化变革发生在社会生活各个角落，教育领域数字化转型成为新潮流。线上线下混合教学模式，是集传统线下课堂教学模式与数字化教学模式二者优势融合而成的新教学模式，越来越受到国家层面和教育部门的重视，学生对线上线下混合教学模式的期待与要求也日益高涨。线上线下混合教学模式强调既要发挥教师引导、启发、监控教学过程的主导作用，又要充分体现学生作为学习过程主体的主动性、积极性与创造性，从而提升教学实效。

　　当前学界和部分高校对线上线下混合教学模式的认知方式、教学模式、教学策略、教学内容和教学角色进行了许多有益的研究，国家也出台了系列支撑政策，建立了综合性较强的平台资源，为高校思政课线上线下混合教学模式提供了坚实的基础。同时，面对日新月异的社会发展、学生对更高水平思政课的需要，新发展不久的线上线下混合教学模式仍然有较大的优化、提升空间。

一、政策法规述评

　　《中华人民共和国教育法》第六十六条指出"国家鼓励学校及其他教育机构推广运用现代化教学方式"。2019 年 2 月，中共中央、国务院印发《中国教育现代化 2035》强调"必须加快推进教育现代化，把我国建设成为教育强国"，将"加快信息化时代教育变革"纳入面向教育现代化的十大战略任务之

　　* 薛菁，广州大学马克思主义学院讲师。

一。2022 年 7 月，教育部等十部门印发《全面推进"大思政课"建设的工作方案》，提出"改革创新主渠道教学""创新课堂教学方法"，并明确"搭建大资源平台"，为思政课线上教学提供了丰富的平台支撑。

党的十八大以来，思政课在党中央治国理政战略全局中的地位日益凸显，思政课成为落实立德树人根本任务的关键课程。在全面建成社会主义现代化强国的新征程中，持续提升思政课的教学质量更是有着举足轻重的战略作用。党的二十大报告指出，"加快建设教育强国""教育是国之大计、党之大计。培养什么人、怎样培养人、为谁培养人是教育的根本问题。育人的根本在于立德"，将思想品德、理想信念教育摆在教育工作的首要位置，对思政课提出了新的更高要求。党的二十大报告着眼教育高质量发展，首次将"推进教育数字化"写入"办好人民满意的教育"部分。习近平总书记在中国人民大学考察时指出，思政课的本质是讲道理，要注重方式方法，把道理讲深、讲透、讲活。作为高校德育工作的主渠道，高校思政课更需要与时俱进，不断丰富教学内容、教学方式方法，让最经典的、最前沿的思想理论能够进入学生的视界，并且听得懂、听得进、感兴趣，有渠道、有条件获取即时的解疑释惑，真正实现"懂道理""讲道理"，成长为合格建设者和可靠接班人，赓续党和国家事业。线上线下混合教学的模式，既形成了丰富的实践经验，也有着深厚的政策法规依据，更有着迫切的发展完善需求。因此，基于当前经济社会发展形势和国家发展战略要求，高校思政课线上线下混合教学模式应取得更大的突破。

二、主要思路

首先，优化线上线下混合式教学模式下思政课"线上课堂"方案设计。思政课"线上课堂"是通过数字化模式呈现思政课教学内容的一种授课方式，具有便捷性、及时性、交互性及教学资源丰富性等优点，与当前大学生的学习习惯、学习环境相契合，是创新思政课教学模式、提升教学效果的重要手段。本课题计划根据思政课自身的课程特点与要求，运用学习通、雨课堂等相关平台并结合新媒体技术，通过对"功能定位""栏目设计""内容选择""系统构建""运行维护"等问题的研究，制订思政课"线上课堂"建设方案，探寻对平台资源利用的最优解。

其次，推进线上线下混合式教学模式下思政课"线下课堂"改革发展。"线下课堂"作为师生交流的主要途径，在学习氛围、师生沟通、学习纪律等方面优势突出，有着不可取代的地位。信息化社会的发展，教学对象、教学环境的变化，要求"线下课堂"的教学理念、教学方式紧跟时代步伐，线下课堂的教学改革势在必行。突出对思政课"线下课堂"教学改革进行深入研究，高校应从"教学内容改革""教学方式改革"和"考评体系改革"等方面改革传统的"线下课堂"教学，探索建立能够与"线上课堂"相适应、相配合的思政课线下课堂的全新教学体系。这一全新的线下课堂教学体系将突出专题式、研讨式教学，配合"线上课堂"的相关知识学习从而有效激发学生的主体性地位。

最后，促进高校思政课线上线下混合教学模式高质量发展。作为"推进教育数字化"的重要落实方式，高校思政课线上线下混合教学模式需要有力融合"线上课堂"与"线下课堂"，把传统教学与数字化教学的优势充分结合，实现优势互补，获得更佳教学效果。笔者针对高校思政课教学的特殊性并结合教学实践的实施反馈，从教学内容分解与拓展、教学重点难点的答疑与分析、教学讨论的组织实施与有效互动、学生考评指标体系的分解与重构等方面来探讨思政课"线上课堂"与"线下课堂"的分工、互动和融合方式，探析思政课混合式教学的有效的互动模式和有效实施方案，确保两个课堂成为一个有机整体从而切实提升教学实效。

三、需要解决的现实问题

其一，结合时代要求和高校思政课的课程特点，充分利用大平台自资源，科学设计"线上课堂"的具体内容及其呈现方式，以优化"线上课堂"的知识内容建构、充实社会热点解析及实用引导方式，充分满足学生求知解惑需要。

其二，依托"线上课堂"的优势改革传统"线下课堂"，优化专题式和研讨式教学在"线下课堂"的实践，融合"线上"资源丰富"线下课堂"教学方式与内容，帮助学生更好掌握基础性、拓展性及时政性知识。

其三，实现"线上课堂"与"线下课堂"有机结合，实现两个课堂有效分工、互动和融合，探索两个课堂有效运行的互动机制和有效模式，从而提升思政课的教学实效性。

四、实施计划

第一阶段：（2023 年 9 月—2023 年 12 月）研究的初始阶段，主要任务是收集相关资料并进行综述性研究，进行相关理论分析，讨论设计研究方案，做好研究计划。第二阶段（2024 年 1 月—2024 年 6 月）：研究的实施阶段，主要任务是开展课题研究，开展教学改革尝试并利用 2023—2024 年两学期进行课题的实践运行研究，总结阶段性成果。第三阶段（2024 年 7 月—2024 年 12 月）：研究的完成阶段，主要任务是总结理论研究和实践探索的成果和经验，完成高质量的结题报告和学术论文。

高校《马克思主义基本原理》课
"哲理与诗情"融合式教学改革案例

陈咸瑜[*]

一、以哲理与诗情融合为路径建构教学新模式的目标与现实情况

首先，开展调查、访谈与理论研讨，结合实际，构建"哲理与诗情融合式"课堂教学实施方案。项目组有序开展调查研究和访谈，适时掌握准确情况，整理分析数据，撰写研讨提纲和研讨的具体问题，重点探讨高校《马克思主义基本原理》（以下简称"原理"课）教学改革的实践，总结其一般特征和已取得的成效，就"原理"课构建哲理与诗情融合式教学改革的对策与方案进行探讨，为不断形成具有自身风格和独特品质、可操作的原理课课堂教学改革创新提供基本遵循。方案从教学理念与融合方法、实施路径与步骤、专题内容的选择与设计、考核方式等方面，为"原理"课实施"哲理与诗情融合式"教学提供了依据。方案把"问题"作为整合教学内容的基本线索，精选专题重点讲授问题，实施专题化教学，在哲理深度上推进课堂教学；方案根据不同对象和不同专题的教学内容，充分运用原著经典品鉴、哲理诗词欣赏、中英双语对照、课堂金句展示、听歌说哲学、哲理思想实验等新颖手法，创设新鲜活跃的教学语境和丰富可感的思想情境，形成卓有成效的课堂深度思辨互动方式，推动教学向高阶性、挑战性深度拓展，实现教学的深刻性与吸引力的融合，教学效果显著，并发表相关教研论文。

其次，以"哲理与诗情融合式"教学为中心线索，编写创新教学大纲和特色教案。厘清哲理与诗情融合式教学改革在教材体系与教学体系中运行的

* 陈咸瑜，广州大学马克思主义学院副教授。

总体思路和实现路径，完成教学创新的设计模型，从审美的维度探讨艺术的哲理性特征和哲理的诗化表达方式，以较为全面的视角探索哲理与诗情的融合在原理课教学层面的复杂呈现，编写内容美和形式美统一的原理课特色教案。特色教案重点围绕原理课教学哲理感悟金句的设计，根据不同的教学内容，画龙点睛，原创性地设计内涵丰厚、耐人寻味的哲理金句，让哲理的思想在课堂上闪光，也让学生在理解哲理观点的同时加深人文和艺术的感悟，发挥"哲理与诗情"在多重意义上勾连产生的课堂教学感召力、聚合力、审美体验及其对于马克思主义理论传播力的价值影响。以课堂教学为试点，在教学实践中不断完善。项目组自 2020—2021 学年开始，分别在校内选择文科、理科和工科等不同专业的 2 年级学生，以 1~2 个班级的课堂教学为试点，结合学生专业特征和学科特点，全面整合教学内容，以哲理与诗情融合为路径，实施专题化深度教学，以诗性的旋律孕育有情感温度的哲理教导，在哲学的生活化和生活化的哲学交融中引领学生思想和精神成长，取得良好教学效果。

最后，搭建线上与线下相结合的慕课教学平台，推进"哲理与诗情融合式"创新教学的广度和深度。项目组根据哲理与诗情融合式教学的要求和特点，在认真研讨基础上精心组织课程内容，经过 3 年建设，初步把原理课打造成为一门以"哲理与诗情融合式"为特色的、优质的在线开放课程。慕课以中国诗词为主线编排教学内容与逻辑线索，凸显诗词、诗性、诗意在哲理阐释和解读中的特殊意味，并通过对诗词的哲理解读与哲理的诗性阐发，追求用美的旋律进行哲学思考，始终贯穿"哲理与诗情的融合"理念。按照高教社 2018 年版教材总分 8 章目，每章目下设"诗词+标题"结构的主题，共制作 29 个微视频，基本涵盖了课程的主要内容；视频情景交融，情理相通，营造"一对一"的教学现场感和沉浸感，课件、图片、画面与语音协调搭配，主讲教师面对镜头，表达清晰，既有严谨的哲理性，又有诗情的优美性，恰当地采用多种教学策略，层层铺展，引导、启发学习者走向深度学习。2022—2023 学年第一学期，"原理"课慕课开始在线运行。作为课堂教学的延伸，慕课坚持以哲理与诗情融合式教学理念，在解读马克思主义基本原理丰富的思想内涵、深刻的理论价值、突出的实践品格和强烈的理想感召，实现求真与审美相统一的教学模式与教学效果中发挥重要作用。

二、以哲理与诗情融合为路径建构教学新模式及其主要成果与成效

以哲理与诗情融合为路径建构教学新模式，实施教学改革创新，有效提升了课程教学的可信性、吸引力和实效性，对于推动原理课教学从浅表化、平庸化、客体化、教条化向深刻化、精致化、主体化、生活化的深度转变，具有普遍启示和借鉴作用。

问卷调查和学生网络评教显示，学生对创新教学设计、教学过程和教学效果高度肯定；绝大部分学生高度认同教学创新帮助他们增进了对马克思主义认知和认同；学生对创新策略的多个维度均持高度肯定的评价，尤其认可课堂金句的深刻性、生动性、新颖性和启发性；绝大部分学生体验到情、理、美交融的课堂魅力，高度认可原理课教学创新的价值。"原理"课"哲理与诗情融合式"创新教学模式多次吸引广东省内兄弟高校的同行观摩、交流，已形成较好的辐射效应。由课题组团队精心打造并已在线运行的《马克思主义基本原理》慕课，是课题组教学改革与创新的实践成果。慕课的构建秉持哲理与诗情融合、理性与情怀共鸣的核心教学理念，在解读马克思主义基本原理丰富的思想内涵、深刻的理论价值、突出的实践品格和强烈的理想感召过程中，哲理与诗情作为一对孪生姐妹，共同致力于实现求真与审美相统一的原理课优质教学效果。

2019—2020 学年，《马克思主义基本原理》被评为广州大学第二批四星级课程；2020—2021 学年，项目主持人所授《马克思主义基本原理》被评为广州大学第三、四批四星级课程。

课程团队以"原理"课课堂教学为场域和范例，全面梳理教学内容，重组教学架构，编织教学逻辑，美化教学设计，凝练个性特色，注重教学内容的更新与融合，教学改革取得了较好的进展和成绩。以课程创新教学实践为基础形成的教学改革模式获 2020 年度教育部高校思想政治理论课教师研究专项立项，团队近三年获得省市校不同层次教学奖项多项，课题负责人近三年获得的教学荣誉有：南粤优秀教师（2021 年）、广州市思政课优秀教师（2019 年）、广州大学教学名师（2020 年）、广州大学课堂教学优秀一等奖（2019/2020/2021/2022 学年）；广州大学"最受学生欢迎老师"荣誉称号（2020 年）。

三、以哲理与诗情融合为路径建构教学新模式的经验、特色或创新及推广应用

首先，建构"哲理与诗情融合"的原理课教学新模式，是要寻找一种既能保持严谨的思想规范、兼及哲理的深刻之美，又能洋溢厚重的人文艺术气息、充满灵动乐趣、具有一定原创性和可操作性的原理课教学新形态。项目建设以课程存在的主要问题的解决为导向，以"让有意义的内容更富有哲理，让有深度的思想更富有诗情"为价值引领，立足宽厚学理，扎根经典原著，关注时代生活，以哲理与诗情的融合恰当处理教与学之间的契合，创设多种情理相融的特色教法。实践表明，"哲理与诗情融合"的原理课教学新模式较好塑造了大学生的哲学思辨能力与政治理论素养，增强了大学生对马克思主义的思想情感认同，提升了思政课内在的魅力和马克思主义理论的传播力。

其次，哲理与诗情融合的教学新理念在课程慕课平台的构建与运行中得到较好地体现，并借助慕课平台予以共享与推广。慕课平台借助现代信息技术，初步建构起资源比较丰富、线上线下融合、互动模式多元、课内课外分层兼顾的课程教学体系；慕课以中国诗词为主线，通过对诗词的哲学解读与哲理的诗性阐发，追求用诗美的旋律进行哲学思考，始终贯穿哲理与诗情的融合，散发艺术与人文的气息；在教学方式和手段上，注重关怀学习者的思想与情感需求，有效调动其学习兴趣、学习自主性，引导教学互动的深入开展和在线学习的有效延伸。

2022年9月，该课程慕课由专业公司制作完成，并在粤港澳大湾区高校在线开放课程联盟平台运行、共享，作为课堂教学的补充和延伸，供本校学生在线修读。